KB188176

HAVE TO KNOW JAPAN TO SEE KOREA

일본을 알아야 한국이 보인다

일본을 알아야 한국이 보인다

한국과 일본의 역전과 역전

2024년 10월 25일 초판 1쇄 발행
지은이   김동우

펴낸이   권혁재

편 집   권이지
교정교열   천승현
디자인   이정아

인 쇄   성광인쇄
펴낸곳   학연문화사
등 록   1988년 2월 26일 제2-501호
주 소   서울시 금천구 가산디지털1로 16 가산2차 SKV1AP타워 1415호

전 화   02-6223-2301
전 송   02-6223-2303
E-mail   hak7891@naver.com

I S B N   978-89-5508-700-0 (03910)

일본을 알아야
한국이 보인다

한국과 일본의 역전과 역전

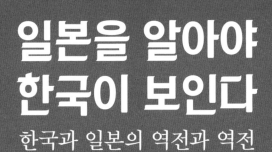

김동우 지음

학연문화사

지일(知日)이 필요한 시대

나는 기업을 경영하는 경영인이다. 사업차 일본을 자주 방문한다. 일본에 친구들이 많아지면서 일본에 많은 흥미를 갖게 되었다. 일본을 알면 알수록 우리나라와 닮은 점이 너무나 많다는 것을 알게 된다. 우리가 일본에게 배워야 할 점이 많지만, 일본도 우리에게 배웠으면 하는 것이 많다. 한국과 일본은 혈통적으로 매우 가깝다. 이웃한 나라라서가 아니라, 고대 한국인이 일본 열도에 많이 건너갔던 탓이다. 그럼에도 한국인이 일본에 대해 느끼는 감정은 매우 복잡하다.

정서적, 문화적으로 매우 유사해서 일본 문화를 쉽게 받아들인다. 하지만 일제 35년간의 식민지 경험 때문에 일본을 적대시하는 감정 또한 강하다. 한국에서 친미(親美)는 긍정적인 의미가 많고, 최소한 부정적인 말은 아니다. 하지만 친일(親日)이란 말은 부정적인 말이다. 친일파라는 말은 나라를 팔아먹은 매국노를 뜻한다. 일제강점기에 민족을 배신한 사람들은 친일파라는 순화된 말이 아니라, 차라리 매국노라고 불러야 한다. 일제에 적극 협력하고, 추종하면서 개인의 영달을 꾀한 자들은 부일파(附日派)라는 말이 차라리 어울린다. 주체(主體)라는 말은 본래 뜻과 달리 북한의 주체사상을 연상시킨다. 따라서 좋은 말로 쓰이지 못한다. 일본과 친하게 지내자는 친일이란 말도 더 이상 좋은 말로 쓰이기는 어렵다.

그럼에도 한국과 일본은 서로 협력하고, 서로에게 배워 함께 공동의 번영을 누려야 할 상대다. 일본을 추종하고, 일본의 이익을 위해 우리의 이익까지 던져주는 친일파는 배척한다. 하지만 일본을 제대로 아는 지일파(知日派)는 늘어야 한다. 최근 일본을 방문하는 외국인 관광객 1위가 한국인이라고 한다. 일본의 먹거리, 볼거리, 살거리를 즐기는 것은 좋다. 여기에 덧붙여 일본의 장점과 단점까지 공부해서 지일파가 되었으면 좋겠다. 지일파가 되라는 의미는 그들의 장점을 배우고, 그들의 단점을 버려서 우리가 성장하고 발전하는 데 도움을 얻기를 바라기 때문이다. 마찬가지로 일본에도 지한파(知韓派)가 더 늘어야 한다. 일본인도 한국에 대해 좀 더 알았으면 좋겠다. 그것이 양국이 서로 발전하는 길이라고 생각하기 때문이다.

『총, 균, 쇠』의 저자 제러드 다이아몬드는 한국과 일본을 '쌍둥이 형제' 같다고 비유했다. 한국과 일본은 전 세계에서 문화적으로 혈통적으로 가장 가까운 나라다. 한국과 일본은 정치, 경제, 군사, 사회문화적 측면에서 상호 의존적인 관계를 맺고 있다. 한국과 일본이 반목과 대립만 했던 것은 아니다. 두 나라는 교류와 협력을 해온 오랜 역사가 있다. 두 나라가 서로를 배척하면 공멸할 것이다.

현재 일본은 과거처럼 동아시아 패권, 세계 패권을 넘볼 수 있는 나라가 아니다. 군사대국 러시아와, 경제 군사 대국인 중국과 맞닿아 있다. 한국은 과거처럼 약소한 식민지가 아니라, 세계적인 경제 강국으로 우뚝 선 나라다. 일본은 한국과 협력해야 하고, 한국도 일본과 협력해야만 미래에도 선진국으로 살아남을 수가 있다. 극일(克日)과 혐한(嫌韓)을 넘어 서로를 알고, 서로를 존중하고, 서로에게 도움이 주는 관계가 되었으면 좋겠다.

이러한 생각들이 일본사 전문가도, 한국사 전문가도 아닌 내가 펜을 든 이유다.

많은 한국인들이 일본은 1854년, 조선은 1876년 개항을 했다고 알고 있다. 그렇다면 불과 22년 차이가 날 뿐이다. 22년의 차이만으로는 왜 일본이 제국이 되고 조선이 식민지가 되었는지를 설명할 수가 없다. 여기서부터 우리가 일본을 바로 알아야 이유가 생긴다. 일본을 제대로 알자. 일본을 무시하지도, 그렇다고 일본을 찬양할 것도 아니다. 우리역사를 비하하거나, 과장하지도 말자. 우리에게는 현재와 미래가 더욱 중요하다.

일본은 1543년에 이미 개항을 했다. 조선보다 무려 333년이나 먼저 개항했다. 먼저 개항했을 뿐 아니라, 조선과 다른 가치관을 갖고 있었다. 조선은 임진왜란 직전 심각한 내부 문제를 가진 나라였다. 20세기 초까지도 내부 문제를 해결하지 못했기 때문에 일본의 식민지가 되었을 뿐이다. 두 나라의 흥망성쇠의 시간대가 맞지 않았을 따름이다.

한일 두 나라의 역사를 짚어보면서, 두 나라의 장점과 단점을 살펴보도록 하겠다. 우리의 강점을 앞으로도 발전시키고, 단점은 반성하고 고쳐가자. 두 나라가 서로의 장점을 배우고 협력한다면, 양국의 미래는 좀 더 밝아질 것이다. 그래서 우리는 먼저 지일(知日)해야 한다.

두 나라의 이야기는 1543년부터 시작한다.

목차

1

1543년 일본 개항

유럽에서 코페르니쿠스에 의해 지동설이 제기된 1543년 조선과 일본 두 나라에서 흥미로운 사건이 벌어졌다. 당시에는 몰랐지만, 나중에는 큰 변화의 계기가 된 사건이 이해에 발생했다. 조선에서는 풍기군수 주세붕이 조선 최초의 서원인 백운동서원을 설립했고, 일본에서는 포르투갈 사람이 일본인에게 철포(鐵砲-조총, 총)를 전해주었다.[1]

---

1 조선일보 박종인 기자는 『대한민국 징비록』, 와이즈맵, 2019년 책에서 서기 1543년이
   한국과 일본, 유럽의 운명을 가른 중요한 해였다고 말한 바 있다. 필자 역시 동의한다.

1) 다네가시마에 온 배 한 척

1543년 8월 25일 일본 가고시마 남쪽 다네가시마(種子島)에 명나라 배 한 척이 도착했다. 명나라에서 출항한 이 배에는 명나라 사람뿐만 아니라, 포르투갈인 2명이 타고 있었다. 항해 중 표류를 당했기에, 본래 목적지가 아닌 낯선 다네가시마에 도착한 것이다.

당시 동아시아에는 배들이 표류해 도착하면, 일정 기간 머물면서 다시 출항할 수 있도록 편의를 봐주는 암묵적인 규칙이 있었다. 표류한 사람들은 섬에 내려서 섬사람들과 교류했다. 이때 일본은 처음으로 서양인을 만났다. 마침 배에는 포르투갈어를 하는 류큐국(琉球國) 출신 여성이 타고 있었다.

다네가시마는 호기심 많은 젊은 도주 다네가시마 도키타카(種子島時堯)가 다스리고 있었다. 그는 포르투갈인이 갖고 있던 철포에 호기심을 가졌다. 도키타카 앞에서 포르투갈인이 철포를 발사해 사람들을 놀라게 했다. 철포의 정확도와 파괴력을 본 도키타카는 철포 2자루를 거금을 주고 구입했다. 일본인과 서양인 최초의 상거래가 이루어진 것이다.

다네가시마의 14대 도주 도키타카가 철포를 구입한 이유는 복수심 때문이었다. 5개월 전, 오스미 반도에 웅거한 네지메씨의 공격을 받아, 다네가시마 수도가 함락된 적이 있었다. 다네가시마보다 더 큰 야쿠시마(屋久島)를 할양함으로써 13대 도주 시게도키가 할복할 위기를 겨우 넘긴 적이 있었다. 도키타카는 자신의 막하에 있던 대장장이 야이타 킨베 기요사다(八板金兵衛清定)에게 철포를 복제할 것을 명령했다. 다네가시마는 사철(砂鐵) 산지여서 제철업이 발달한 섬이었다.

야이타는 철포를 분해하여 연구에 몰두했지만, 1년이 지나도 실패만 했다. 포르투갈 총에는 나사 장치가 있었는데, 이를 알지 못했기 때문이다. 1년 후 철포를 팔았던 포르투갈 사람이 다시 다네가시마에 왔다. 야이타는 그에게 고민을 털어놓았다. 그러자 포르투갈인은 기술을 가르쳐주겠다면서, 야이타의 딸과 결혼시켜 달라는 조건을 내걸었다. 이야기를 들은 야이타의 딸 와카사(若狹)는 아버지의 고충을 잘 알고 있었기에, 포르투갈 사람과 결혼을 승낙했다.

와카사 덕분에 일본은 철포 제작기술을 획득하게 되었다. 현재 다네가시마 니시노오모테 공동묘지에는 와카사 묘소가 있고, 커다란 충효비(忠孝碑)가 세워져 있다. 와카사는 아버지를 구한 효녀일 뿐만 아니라, 일본사를 바꾼 인물이다. 따라서 일본에는 그녀에 관한 여러 이야기가 전해오고 있다. 다네가시마의 도주인 도키타카, 대장장이 야이타, 그의 딸 와카사 3인의 판단

제주도

시쓰마

오스미반도

다네가시마

재방문(1544년)

닝보시

야쿠시마

표류선의 항로
(1543년)

류큐국

타이완

다네가시마의 위치

과 기술, 헌신이 일본의 역사를 바꾸었다.

도키타카는 조총을 앞세워 1544년 야쿠시마로 진격해 네지메씨 세력을 몰아내는 데 성공했다. 철포는 날아가는 새도 맞출 수 있다고 해서 명나라에서는 조총(鳥銃)으로 불렀다. 조총의 발사 소리만으로도 적을 압도할 수 있었다. 그렇게 그는 복수에 성공했다.

그런데 위력적인 무기인 조총을 명나라는 자체 생산하지 않았다. 그저 서양 오랑캐가 잔재주를 부린 물건에 지나지 않는다고 여겼다. 반면 1543년 다네가시마에서 시작된 조총은 곧 일본 전역으로 확산되었다. 오사카 남쪽에 위치한 사카이는 16세기 후반 조총 생산의 중심지로 번영했다. 16세기 일본은 센코쿠(戰國) 시대로, 전란이 끊이지 않았다. 무기 수요가 폭증했다. 살아남기 위해 무엇이든 해야 했기에, 새로운 무기도 쉽게 받아들일 수 있었다. 임진왜란 직전 일본은 세계에서 가장 많은 조총을 보유한 나라가 되었다. 일본 변방의 작은 섬에서 대장장이가 조총을 자체 제작했다는 것도 대단하지만, 조총 제작기술이 빠르게 전파되었다는 것도 놀라운 일이다.

조총은 화승총이다. 화승(火繩)이란 불을 붙이는 심지다. 짚으로 꼰 심지에 불을 붙여 화약이 점화되어야 총알이 발사된다. 화약으로 발사되는 총알인 만큼, 위력이 세고, 정확도가 높다. 하지만 원거리 무기인 화살에 비해 단점도 명확하다. 총을 한 발 쏘기까지 시간이 오래 걸렸다. 그래서 실전에서 총병은 빠르게 달리는 기마병이나, 숙련된 궁수에 비해 위력이 떨어진다. 비가 오면 화약이 젖어 사용하기가 어렵다. 한번 발사한 후 화약재가 남아 폭발의 위험도 있었다.

단점에 주목했다면, 조총은 널리 퍼질 수 없었을 것이다. 일본은 단점보다 장점에 주목했다.

총은 활과 달리 배우는 시간이 오래 걸리지 않는다. 활을 배워 명사수가 되려면 10년 넘게 걸리지만, 총은 평범한 농민들도 능

숙하게 사용하기까지 많은 시간이 걸리지 않는다. 1575년 나가시노 전투에서 오다 노부나가가 거느린 3,000명의 소총수는 당시 최강의 무력을 자랑하던 다케다 신겐의 기병대를 격파한다. 오다 노부나가는 소총수로 하여금 3단 사격술, 즉 병사들이 돌아가며 조총을 쏘게 했다. 발사 속도가 느리다는 치명적인 약점을 전술로서 메꾸니, 장점이 크게 두드러졌다. 정확도와 파괴력이 우수한 탄알이 기병대의 갑옷을 뚫었다. 조총의 활용법을 알게 된 일본은 1592년 임진왜란에서 침략군의 25%를 소총수로 채웠다.

조선도 조총을 모르지는 않았다. 1552년 6월 3일 제주목사가 임금에게 올린 보고서에는 왜구들이 제주도에 침략해왔을 때 철환(鐵丸)을 마구 쏘았다고 하였다. 다네가시마에서 조총이 생산된 지 8년 만에 벌써 왜구들이 조총을 실전에서 사용했고, 조선에서도 그 위력을 실감했다.

1555년 5월 21일 왜인 평장친(平長親)이란 자가 총통과 화약을 가지고 조선에 귀화했다. 조선에서는 그가 가진 총통(銃筒)이 지극히 정교하고 화약 또한 맹렬하다고 평가했다. 평장친이 조총을 조선에 가져온 것이다. 그런데 조선에서는 다네가시마에서 일어났던 사건이 일어나지 않았다. 1559년 6월 6일 전라도에서 왜구의 철환에 조선의 군관이 맞아 즉사하였으며, 참나무 방패도 뚫는 강력한 파괴력을 지녔다는 보고도 있었지만, 당시 국왕인 명종은 비변사 대신과 의논하면서 적의 철환의 파괴력만을 의심할 뿐이었다. 심지어 1589년 7월 1일 일본 사신 평의지가 조총 여러 개를 바쳤을 때에도, 선조는 이를 병기를 제작하는 군기시(軍器寺)에 간직하도록 명할 뿐이었다.

　조선은 오랜 평화를 누리고 있었다. 조선은 가장 위협적인 상대인 명나라에 사대하면서 전쟁을 피했다. 여진 부락과 왜구 정도만을 상대했기 때문에 큰 규모의 군대를 유지할 필요가 없었다. 오랫동안 전쟁이 없으니, 지휘관부터 나태해졌고, 조정과 백성 모두 군대에 관심이 줄어들었다. 대립제는 군역에 가야 할 사람이 뇌물을 써서 다른 사람을 대신 보냈다는 것을 말하고, 방군수포제는 포를 바치고 군역에서 빠져나오는 것을 일컫는다. 병역비리가 만연했던 시대였다.

　1555년 6월 17일 전라도 방어사 남치근이 사찰에 있는 종(鐘)으로 총통을 만들자고 명종에게 상소를 올렸지만, 명종은 오래된 물건을 경솔하게 부술 수 없다며 반대했다. 이때 조선에는 천자총통, 지자총통 등의 화포가 있었다. 조총이 아니더라도, 천자총통, 지자총통 등 기존의 화약무기라도 충분했다면, 임진왜란 초기 조선의 육군이 허무하게 패배하지는 않았을 것이다. 신무기인 조총을 받아들이는 태도가 일본과 조선은 너무 달랐다.

- 1. "조총을 받아들이는 자세가 두 나라가 달랐던 것은 일본은 오랜 전쟁 중이었고, 조선은 오랜 평화 중이었기 때문이다."
- 2. 제철업이 발달한 다네가시마에서 신무기에 관심이 많은 도주 도키타카, 뛰어난 장인 야이타, 조총제작법을 아는 포르투갈 사람이 만난 인연이 일본사를 바꿨다.

2) 너무도 빨랐던 일본의 개항

조총 전래에 관한 2가지 요약이 이 이야기의 결론이라면, 이 주제를 꺼낼 필요가 없다. 조총이 조선과 일본 역사를 바꾼 결정적인 물건은 아니기 때문이다. 조총을 받아들인 것보다 더 대단한 것은 일본 전역에 빠르게 조총이 보급되고, 대량 생산이 이루어졌다는 점이다. 그리고 더욱 더 중요한 것이 있다.

1543년 일본이 개항을 했다.

1498년 포르투갈의 바스쿠 다가마(Vasco da Gama)가 아프리카를 돌아 인도까지 장거리 항해를 한 것은 후추를 구하기 위함이었다. 포르투갈 사람들은 곧 동남아시아의 말루쿠 제도의 여러 향신료에 관심을 가졌고, 계속해서 명나라와 교역하는 것에 관심을 가졌다. 포르투갈 사람들이 지구를 반 바퀴 돌아 명나라까지 항해를 한 이유는 차, 도자기, 비단을 생산하는 당시 세계 최대의 경제대국 명나라와 교역하면 큰 이익이 있기 때문이다. 포르투갈 사람들은 명나라를 도와 왜구를 격퇴하는 공을 세워 1553년 명나라와 공식 무역권을 획득한다. 또한 마카오에 거주권을 얻고 도시를 건설하게 된다. 그들은 더 나아가 일본과 교역을 했다.

아직 마카오에 거점을 마련하지 못했던 1544년 포르투갈 사람들이 다시 다네가시마를 찾아왔다. 그들이 찾아온 이유는 일본이 조총을 비싸게 구입해 주었기 때문이다. 일본과 교역을 하면 막대한 이익이 날 것이라는 확실한 믿음이 있었기 때문이다. 포르투갈 사람들은 조총을 가져와 일본에 비싸게 팔기 시작했다. 일본은 조총 몸통 생산을 위해 남만철(南蠻鐵)로 불리는 주조철(鑄造鐵)을 포르투갈로부터 수입하기도 했다. 포르투갈이 조총을 팔고, 일본에서 구입한 대표적인 물건을 은(銀)이었다. 은에 대한 이야기는 잠시 후에 따로 하겠다.

포르투갈 사람이 일본에 조총을 판지 불과 6년 후인 1549년 인도와 말레이시아에서 선교활동을 하던 예수회 선교사 프란치스코 하비에르(Francisco Javier) 신부가 규슈 남부 가고시마에 도착했다. 그가 탄 배에는 사쓰마번 출신 안지로가 타고 있었다. 안지로는 일본에서 살인을 저지르고 해외로 도피했다가 포르투갈 선교사에게 세례를 받고 가톨릭으로 개종한 인물이었다. 그의 안내로 하비에르는 규슈일대에 가톨릭을 전파한다. 사쓰마의 다이묘 시마즈 다카히사의 초대를 받아, 그에게 화승총을 선물로 준 대가로 종교의 자유를 인정받기도 했다. 하비에르 신부는 『예수의 길』, 『공교요리』라는 가톨릭 책을 일본어로 발간하기도 했다.

그는 1년간 전도로 100~150명 정도의 신자를 확보한 후, 나가

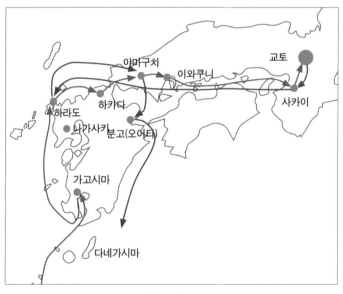

하이에르 신부 여정

사키의 히라도로 가서 가톨릭을 계속해서 전파했다. 그가 포교를 시작한 지 20년째 되는 해에는 서일본 각지에 성당이 200곳 이상 생겼다. 1580년대 나가사키현에 세미나리오(기초신학교)가, 오이타현에 콜레지오(고등신학교)가 설립되었다. 16세기 말에는 일본에 가톨릭 신도 수가 수만 명에서 20만 명에 육박했던 것으로 추정되고 있고, 막부가 본격적인 탄압과 박해를 가한 17세기 초반에는 최소 30만 명 이상의 신자가 있었다고 추정된다.

임진왜란 때 일본군의 선봉장이었던 고니시 유키나가(小西行長)는 아우구스티누스라는 세례명을 가진 기리시탄(キリシタン) 다이묘였다. 당시 일본에는 가톨릭을 기리시탄이라 불렀고, 기리시탄을 믿는 다이묘들은 규슈, 간사이, 도카이 등에 여러 명이 있었을 정도다. 일본 통일을 눈앞에 두었던 오다 노부나가의 적장손인 오다 히데노부(織田秀信)도 페드로라는 세례명을 가진 기리시탄 다이묘였다. 나가사키를 교회령으로 예수회에 기증한 다이묘 오오무라 스미타다(大村純忠)도 기리시탄이었다.

가톨릭의 전파 속도는 조총의 보급 속도에는 못 미치지만, 대단히 빨랐다. 1587년 도요토미 히데요시가 선교사를 국외로 추방하고 신도들에게 가혹한 탄압을 가하지 않았다면, 가톨릭의 전파는 더욱 빨랐을 것이다.

하비에르 신부는 일본인 청년 4명에게 세례성사를 주었다. 이들 가운데 베르나르도는 하비에르 신부가 청나라로 돌아갈 때 함께 건너가서, 인도를 거쳐 1553년 포르투갈에 도착했다. 그는 일본인 최초의 유럽 유학생이자 수도사가 되었다. 그는 1557년 포르투갈에서 사망해 귀국하지는 못했다. 포르투갈 사람이 일본에 온 지 10년 만에 일본인이 포르투갈에 도착한 것이다.

1582년 덴쇼 사절단은 규슈의 기리시탄 다이묘인 오토모 요시시게, 아리마 하루노부, 오무라 스미타다 등이 일본 조정을 대신해 교황을 알현하기 위해 파견한 4명의 소년을 중심으로 한 가톨릭 사절단이다. 예수회 신부 알렉산드로 발리냐노가 제안하여 이루어진 사절단에는 활판 인쇄술을 배우는 소년 2명도 함께 했다. 이토 만쇼 등 4명의 소년은 나가사키현에 있는 세미나리오에서 수도사 양성 교육을 배운 학생들로, 출발 당시 13~14세에 불과했다. 덴쇼 사절단은 포르투갈, 스페인을 거쳐 로마를 방문하여 교황을 접견했다. 이들의 활약으로 유럽에 일본의 존재가 확실하게 알려지게 되었다. 덴쇼 사절단은 1590년 일본으로 귀국했는데, 이들이 가져온 물건 가운데는 구텐베르크 인쇄기가 있었다. 일본은 동아시아 최초로 서양의 활판기술을 도입해 책을 찍어내기도 했다.

1996년 포르투갈 수도 리스본 테즈강 하구에서 보물선에 대한 조사 발굴이 이루어졌다. 보물선의 이름은 '순교사의 성모

(Nossa Senhora dos Mártires)'호로 길이가 40m인 돛이 3개가 달린 대형 카라카(carraca)다. 이 배는 포르투갈에서 인도를 왕래했던 상선이었다. 이 배는 1606년 9월 14일 인도에서 돌아오다가 리스본 항구 200m 앞에서 폭풍우를 만나 침몰했다. 배가 침몰했을 때 후추가 해안을 새까맣게 덮었다고 한다. 대항해시대를 주도한 포르투갈의 주된 수입품은 후추였음을 침몰한 배를 통해서도 확인할 수 있다. 이 배에는 후추 외에도 생강, 시나몬, 정향, 육두구 등의 향신료와 금과 산호 장식품, 그리고 청나라와 일본 도자기가 실려 있었으며, 일본도(刀)의 날밑도 발견되었다. 그리고 더욱 놀라운 것은 이 배에 일본인 미겔이란 인물이 타고 있었다. 미겔이 일본에서 출발했는지, 또는 동남아시아에서 출발했는지는 알 수 없지만, 세례를 받은 것으로 추정된다. 그는 침몰한 배에서 탈출해 무사히 포르투갈 땅을 밟았고, 다시 일본으로 돌아가기 위해 배를 탔다고 한다. 다만 청나라까지 와서 병으로 죽어, 일본으로 돌아가지는 못했다고 한다.

　개인뿐만 아니라, 일본 정부 차원에서도 유럽에 사절단을 보냈다. 1609년 에스파냐의 필리핀 식민지 총독 로드리고 데 비베로가 누에바에스파냐(멕시코)로 돌아가는 도중, 일본의 지바현에 표착해, 탑승자 317명이 촌민들에게 구조된 사건이 발생했다. 이때 쇼군 도쿠가와 이에야스는 이들이 멕시코로 돌아갈 때에,

다나카 쇼스케 등 사절단 21인을 동행하게 했다. 다나카 쇼스케 일행은 에스파냐의 배를 타고 태평양을 건넌 후, 멕시코에서 다시 배를 타고 대서양을 건너 에스파냐를 방문하고 돌아왔다.

또한 1613년에는 센다이번의 다이묘 다테 마사무네가 에스파냐에 게이초 사절단을 보냈다. 이들 역시 도쿠가와 이에야스의 허가를 받고 파견했다.

일본은 포르투갈, 스페인에 사절단을 보냈을 뿐만 아니라, 이들과 더 많은 교류를 위해 동남아로 배를 띄웠다. 명나라는 건국 이후 해금 정책을 펼치며 백성들의 해외 진출을 금지했었지만, 1567년 이후 동남아시아 지역으로 배를 타고 나가 무역 활동하는 것을 인정했다. 반면 일본은 해적들의 소굴로 여겨, 일본으로 가는 것은 금지했다. 또한 조선 해역으로 가는 것도 금지되었다. 명나라와 직접 교역하지 못한 일본은 동남아에서 명나라 사람들과 무역을 시작했다.

이때 쇼군 도쿠가와 이이에스가 대외교역에 개입하기 시작했다. 1601년에는 해적과 구별하기 위한 도항(渡航) 증명서에 붉은 도장을 찍어 교부했다. 도항 허가를 받은 배를 주인선(朱印船)이라 했다. 주인선은 동남아시아에서 포르투갈, 스페인, 네덜란드, 영국, 프랑스 사람들과 만날 수 있었다. 주인선의 수는 350여 척이 넘었던 것으로 보이며, 한 척당 300명 정도가 탈 수 있

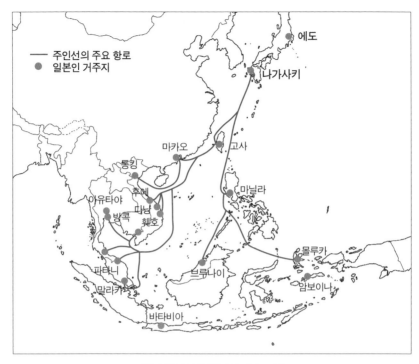

일본 주인선의 동남아시아 교역

는 규모였다. 1635년 쇄국령으로 주인선 무역이 중단될 때까지 연인원 10만 명이 넘는 일본인이 해외로 나갔다. 대만, 필리핀, 말루쿠제도, 브루나이, 베트남, 캄보디아, 말라카, 태국 등에 일본인 촌락이 건설되기도 했다. 포르투갈, 스페인 등이 일본을 찾아온 만큼이나, 일본인도 무역 이익이 큰 향신료가 산출되는 동남아시아로 진출했다. 일본인은 명나라에 직접 갈 수는 없었지만, 동남아시아 지역에서 명나라 사람들로부터 생사와 실크 등을 구입할 수 있었다.

일본의 개항은 자국의 항구에서 외국 상선의 방문을 기다리는 소극적 개항이 아니었다. 적극적으로 공식 사절단도 보내고, 해외로 나가 직접 교역하는 방식이었다. 또한 외국에 군대를 파견해 정벌할 수 있다는 태도를 취하기도 했다. 도요토미 히데요시는 1591년 조선 침공에 앞서 필리핀의 에스파냐 총독에게도 복종을 요구하는 편지를 보냈고, 1593년에는 대만(고산국)에도 편지를 보내 복종을 요구하는 문서를 보내 항복하지 않으면 정벌하겠다고 했다. 물론 이러한 정벌 계획은 실현되기 어려운 도요토미 히데요시 개인의 야심 표현에 불과했다. 하지만 1854년 미국에 의한 강제개항 이후 일본이 보여준 태도는 16세기 개항한 일본의 행동과 닮았다.

일본이 유럽 및 동남아시아 각국과 활발히 교역할 수 있었던 것은 엄청난 은 생산을 바탕으로 한 경제력이 있었기 때문이었다.

- 1. 일본은 개항 후, 사절단을 보내 유럽에 일본을 소개했다.
- 2. 일본은 적극적인 개항을 하여 해외로 주인선을 보냈고, 심지어 외국을 정벌할 계획도 갖고 있었다.

3) 연은분리법과 이와미 은광

1503년 조선에서 놀라운 신기술이 발명되었다.

양인 김감불과 장례원 노비 김검동 두 사람이 납이 포함된 은광석에서 은을 온전히 분리하여 은 생산을 획기적으로 늘리는 방법을 개발한 것이다. 은광석은 납과 함께 산출되는 경우가 많다. 그런데 은과 납은 녹는점이 다르다. 녹는점이 낮은 납을 산화시킨 후, 은을 골라내는 연은분리법은 은의 생산을 획기적으로 높일 수 있는 기술이다.

연은분리법이 사용되기 전까지 대다수 나라들은 광석을 태운 다음 재에서 은을 걸러내는 원시적인 방법을 사용했다. 은은 추출하기가 매우 까다로운 금속이어서, 금을 분리할 때 부산물로 얻어지는 경우가 대부분이었다. 에스파냐는 멕시코와 페루의 은광에서 수은 아말감법을 사용해 은을 추출했다. 수은 아말감 공법은 수은 중독이라는 큰 문제가 있어, 공기 중에 방출된 수은으로 인해 인디오 8백만 명이 사망했다고 한다.

16~17세기 세계 최대 경제대국은 명나라다. 명나라는 은을 화폐로 사용하는 은본위제를 실시하고 있었다. 따라서 은의 수요가 엄청났다. 에스파냐는 아메리카에서 채굴한 은을 태평양을 건너 필리핀으로 가져왔다. 1571년 마닐라를 점령한 에스파냐

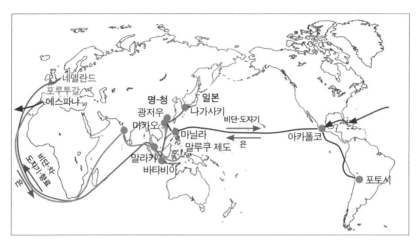

17세기 세계 교역 지도

는 이곳을 거점으로 명나라와 교역하여 비단, 차, 도자기를 수입하고 막대한 은을 명에 지불했다. 포르투갈, 네덜란드, 영국 등은 명나라와 교역하기 위해 은이 필요했다.

조선은 함경도 단천을 비롯한 곳곳에 좋은 은광이 많았다. 연은분리법 발명으로 자연히 은 생산이 늘어났다. 그런데 조선은 은광 개발을 적극 추진하기는커녕, 1516년 8월 27일 중종은 지금의 관점에서 보면 너무도 아쉬운 결정을 해버린다.

"금은(金銀)을 가지고 중원에 들어가서 무역하는 것은 결국은 폐가 된다. 은이 나는 곳은 단천뿐만 아니라 다른 곳에 있다. 만약 그 생산이 무한하다면 모르지만, 가령 생산이 떨어졌는데 명나라에서 찾으면 그 폐가 클 것이다. 은을 캐도록 허락받은 자는 그대로 두고, 앞으로는 은을 캐는 것을 허가하지 않는 것이 옳겠다."

조선은 명나라에서 은을 조공으로 바치라는 것이 두려워, 명과 교역하여 경제가 발전할 기회를 스스로 포기했다. 광산을 개발하면 농민들이 농사를 짓지 않고, 이익만을 추구하게 된다고 조선 정부가 말렸기 때문이다.

1518년 4월 28일 저녁 경연장에서 참찬관 조광조는 중종에서 이렇게 말했다.

"왕안석 같은 자는 학술이 정밀치 못하여 제왕의 대도(大道)를 알지 못하고 도리어 부국강병의 패술(霸術)을 본받고자 하였으니, 학자가 단순히 부국강병으로 계책을 삼는다면 이것을 어찌 유자(儒者)라 할 수 있겠습니까?

사림파의 대표인 조광조의 경제관에는 부국강병이 없었다. 금광, 은광을 채굴해 광업과 상업이 발달하는 것을 달갑게 여기지 않았다. 조선은 엄청난 신기술을 개발하고도, 은을 개발해 경제적으로 도약할 절호의 기회를 놓쳤다.

그런데 연은분리법의 최대 수혜자가 된 것은 일본이다. 『중종실록』 1539년 8월 10일 기록에는 "전주판관 유서종이 연철을 사다가 자기 집에서 불려 은으로 만드는가 하면, 왜놈에게 그 기술을 알려주었으니 엄벌에 처해야 한다."고 했다.

1526년 개발되기 시작한 일본 시마네현 이와미 은광은 한때 세계 은 생산의 30~40%를 차지한 곳이다. 이와미 은광 홍보 자료에는 "하이후키법(灰吹法)은 1533년 하카타(현 후쿠오카)의 거상 가미야 주테이가 조선에서 초청한 경수(慶壽)와 종단(宗丹)이란 기술자에 의해 일본 내에서는 처음으로 이와미 은광에 도입되었다."고 하였다.

연은분리법이 일본으로 유출되었고, 일본은 이를 토대로 은 생산량을 급격하게 늘렸다. 일본에서 금은 귀하고, 은은 흔해졌다. 16세기까지 금은의 비교 가치는 1대 5~6이었지만, 은 생산이 늘면서 1대 10이 되고, 17세기 초에는 1대 12~13까지 되었다. 같은 시기 명나라에서는 금과 은의 교환 비율이 1대 6~8이었다.

유럽 상인들은 두 나라의 금과 은의 교환 비율의 차이를 이용해 크게 돈을 벌었다. 일본에서 금 1개로 은 12개를 바꿔, 명나라에 가면 금을 2개 바꿀 수가 있다. 명에서 받은 금 2개를 일본으로 가져가면 은 24개와 다시 교환할 수 있다. 이러한 이유로 유럽 각국의 상선들은 일본으로 몰려들었다. 1560~1640년 일본의 은 생산량은 8,000~9,600톤인데, 3/4 정도가 명나라로 수출되었다. 금과 은의 상이한 교환 비율을 이용한 환차익은 서양 상인들에게 큰 수익을 가져다주었다.

일본은 막대한 은 생산을 바탕으로 세계와 교역을 할 수 있었다. 일본은 1613년 그리스도교 금지, 1624년 에스파냐와 단교, 1635년 일본인의 해외 도항과 해외로부터 귀국 금지, 1639년 포르투갈 선박의 내항(來港) 금지 등 외국과의 통상을 제한하는 쇄국(鎖國) 정책을 펼치게 되지만, 완전한 쇄국은 아니었다. 크리스트교 전파에 관심이 없이 오직 무역만을 추구하는 네덜란드와는 교역을 지속했다.

일본과 무역을 통해 막대한 이익을 누린 네덜란드 동인도회사는 상품으로 벌어들인 돈이 전체 수익의 22%인데 비해, 환차익이 이용해 벌어들인 돈이 78%였다고 한다. 일본 은은 여전히 유럽인들에게는 매력적인 상품이었다. 또한 네덜란드는 일본의 도자기를 유럽에 수출해 많은 이익을 얻었다. 네덜란드 동인도회사의 주 수입원은 인도네시아의 향신료와 플랜테이션 농업, 그리고 일본과 교역이었다. 이 가운데 일본과 무역에서 얻는 이익이 전체 이익의 70%에 달한 적도 있었다.

네덜란드만 이익을 얻은 것은 아니다. 일본은 1641년 나가사키 데지마(出島)를 만들어 네덜란드인의 출입을 엄격히 통제했다. 일본은 1859년까지 이곳에서 네덜란드인과 교역하면서, 서양의 기술과 문물을 배웠다. 일본은 네덜란드와 교역을 통해 일본의 상품을 수출하고, 세계에 일본을 알렸다.

1543년에서 1635년까지 일본은 유럽 여러 나라와 활발히 교역했다. 이후 막부는 네덜란드와 제한된 교류를 했다. 1854년 미국 페리(Matthew Calbraith Perry) 제독에 의해 개항하기 전까지 200 여 년간 일본이 쇄국 정책을 펼친 것이라고 생각하기 쉽다. 쇄 국(鎖國)이란 말은 독일인 엥겔베르트 캄퍼(Engelbert Kaempfer, 1651~1716)가 쓴 『일본지(日本誌)』를 번역하면서 사용한 단어로 19세기가 되어서야 등장하는 말이다. 일본인이 200년 넘게 섬나 라에 고립되어 섬나라 근성(島國根性)이라 불리는 국민성이 이때 만들어진 것은 사실이지만, 그렇다고 일본이 외국 문물 수용을 거부하고 외국 정보에도 둔감했던 것은 아니었다.

- 1. 조선에서 개발된 연은분리법은 조선 광업을 부유하게 하지 못했으나, 이 기술을 받아들인 일본은 엄청난 은을 생산해 활발한 무역활동을 펼쳤다.
- 2. 1543년 이후 일본은 쇄국을 결코 하지 않았다.[2]

---

2 로널드 토비 저, 허은주 옮김, 『일본 근세의 '쇄국'이라는 외교』, 창해, 2013년. 이 책의 부제는 "일본의 '쇄국'은 '쇄국'이 아니었다."이다.

4) 미우라 안진과 얀 요스텐

Disney+에서 방영한 제임스 클라벨의 베스트 소설을 각색한 10부작『쇼군』드라마 1부의 제목은 안진(安針, Anjin)이다. 이 드라마는 1600년 일본 규슈 분고(豊後-오이타현) 우스키시에 네덜란드 무역선 리후데호가 표착한 것을 시작으로 전개된다. 당시까지 서양 국가 가운데 일본과 무역은 포르투갈이 독점하고 있었다. 스페인 상선이 종종 일본을 방문하기는 했지만, 네덜란드 무역선이 도착한 것은 이때가 처음이었다. 이 배에는 총과 대포, 포탄과 화약 등 다양한 서양 무기가 적재되어 있었다. 그리고 영국 출신 항해사 윌리엄 애덤스도 탑승하고 있었다. 윌리엄 애덤스(William Adams, 1564~1620)가 일본에 귀화해 받은 이름이 미우라 안진(三浦按針)이다.

표류한 네덜란드 선박에 다양의 무기가 있음을 발견한 우스키시 성주가 당시 권력자인 도쿠가와 이에야스에서 알렸다. 도쿠가와 이에야스는 오사카에서 이들을 접견하고, 특히 재능이 많은 윌리엄 애덤스를 총애했다. 그는 12살에 배를 만드는 일을 배우기 시작했고, 1588년 영국 해군에서 화물보급선 선장으로 일을 했었다. 그는 네덜란드에서 극동 지역 항해를 위해 숙련된 항해사를 구한다는 소식을 듣고 지원하여, 배에 탔다가 일본에 표류된 것이다.

당시 일본은 가톨릭을 전파하는 서양인을 처형시켰지만, 종교를 전파하지 않겠다는 네덜란드 사람들은 처형시키지 않았다. 도쿠가와 이에야스는 그에게 쌀과 봉급을 주어 달래고, 그가 가진 기하학, 수학, 항해술 등의 서양 지식을 막부 관료들에게 가르치게 했다. 또한 막부에 물건을 납품하는 어용상인의 딸과 결혼시켰다. 미우라 안진은 그녀와의 사이에서 1남 1녀를 낳고, 평생을 일본에서 살게 된다.

도쿠가와 이에야스는 리프데호가 침몰하자, 그에게 배를 다시 건조할 것을 명령한다. 그는 조선술을 거의 잊고 있었지만, 일본에서 살아남기 위해서는 어쩔 수 없이 배를 건조해야 했다. 그는 일본 최초의 조선용 도크(Dock)를 만들고, 80톤급 배를 새로 건조했다. 콜럼버스가 대서양을 건널 때 탔던 산타마리아호가 100톤급이고, 함께 한 판타호는 60톤급, 니나호는 50톤급이었음을 감안하면, 80톤급 배는 대양을 항해할 수 있는 선박이었다. 다만 조선의 판옥선이 280톤 내외인 것을 생각하면 큰 배는 아니었다.

새로운 선박이 건조된 것에 크게 만족한 이에야스는 더 큰 선박을 건조하라고 지시했다. 미우라 안진은 1607년 120톤급 선박을 완성시킨다. 선박 건조의 공적과 노고를 치하하기 위해 이에야스는 그를 250석 규모의 하타모토(旗本-1만석 미만의 가신)에 임명했다. 그에게 사무라이의 신분으로서 칼을 허리에 찰 수 있도록 허용하였으며, 사가미국에 영지를 수여했다. 이로써 미우라 안진은 서양인으로서는 최초로 사무라이가 되었다. 그의 성 미우라는 영지가 있는 미우라(三浦) 반도에서 따왔으며 이름 안진(按針)은 그의 직업명에서 유래(도선사: 일본어로 水先案内人)된 것이다.

일본은 그가 만든 배를 동남아시아와 무역에 이용했다. 미우라 안진은 영국과도 연결해, 영국 동인도회사에 소속되어 서양 문물을 일본으로 수입해오는 창구역할도 담당했다. 이때 영국에서 수입한 것이 유럽의 대포였다. 일본을 통일한 도쿠가와 이에야스는 자신에게 반기를 든 도요토미 히데요리를 멸망시키기 위해 오사카 전투에 나섰다. 이때 난공불락의 오사카성을 공략할 때 사용한 것이 유럽의 대포였다. 임진왜란에서 신무기 조총을 앞세운 일본 수군은 대포가 주된 무기였던 조선의 수군에게 크게 패했다. 그런데 오사카 전투에서 일본은 유럽의 발전된 대포를 구입해 전투에서 승리한다. 만약 이때 일본이 다시 조선과 전쟁을 벌였더라면 조선은 크게 위험했을 것이다.

미우라 안진이 타고 온 리후데호는 네덜란드 정부에서 배의 모형을 만들어 1980년 네덜란드 수상이 일본을 방문했을 때, 일본 정부에 기증해 현재 도쿄역 주변에서 전시되고 있다. 리후데 (Liefde)는 네덜란드어로 '사랑'을 의미한다. 네덜란드 동인도회사에서 운용하는 300톤 규모의 수송선으로, 100명의 승무원이 탈 수 있는 배다. 1598년 네덜란드를 출항한 리후데호는 대서양을 남하해, 마젤란 해협을 통과한 후, 아시아로 항해다가 좌초된 배다. 일본에 도착했을 때 살아남은 자는 24명. 그 중에는 얀 요스텐 이란 인물도 있었다.

네덜란드 출신 얀 요스텐(Jan Joosten van Loodensteyn, 1556 ~1623)의 총명함을 알아본 도쿠가와 이에야스는 도성 인근에 주택을 마련해주고, 수시로 그를 불러 서양의 신기술과 세계 지리, 정세에 대해 자문을 구했다. 그는 윌리엄 아담스와 함께 쇼군의 총애를 받는 서양인이었다. 그가 살던 집에서 다리 하나면 건너면 쇼군이 머무는 에도성이다. 도쿠가와가 그를 얼마나 우대했는지를 알 수 있다. 그는 야요스(耶楊子)라는 일본 이름을 가졌는데, 도쿄역 주변에는 그의 이름을 탄 지명들이 지금도 많이 남아 있다. 20년 넘게 일본을 위해 일한 그는 1622년 네덜란드로 귀국을 했다가, 다음해 다시 일본으로 돌아오던 도중에 난파당해 익사했다. 일본을 사랑했던 네덜란드인이기에, 지금도 일본에서는 그를 기리고 있다.

16세기 말에서 17세기 초에 일본에 유럽의 물건과 사람들이

들어와 일본에 엄청난 자극을 주고 있었다. 일본은 자국에 유리한 것은 받아들이고, 불리한 가톨릭은 과감하게 내쳤다. 선별적 수용. 일본의 장점 가운데 하나다. 이처럼 일본은 이미 16세기에 세계를 상대로 개항하고 있었다.

- 1. 일본은 미우라 안진과 얀 요스텐을 기용해 서양식 배를 만들고, 무역에 종사하게 하였다.
- 2. 일본은 자국에 유리한 것은 받아들이고, 자국에 불리한 것은 과감히 내쳤다.

요도야 조안(淀屋常安, 1560~1622)
- 천하의 부엌 오사카를 만든 상인

일본이 근대화에 성공하고, 경제 강국이 된 원인의 하나는 조선, 중국보다 상업이 크게 발전해 경제적으로 부유했기 때문이다. 막부시기 일본은 오사카, 교토, 에도 3개의 큰 도시를 중심으로 경제가 성장했다. 천황이 머문 교토, 쇼군이 머문 에도와 달리, 오사카는 오직 상인들의 힘으로 만든 경제도시로 '천하의 부엌'이란 별명을 얻었다.

오사카를 대표하는 상인은 요도야 조안이다. 도요토미 히데요시가 자신의 은거 후 거처로 삼기 위해 후시미성을 쌓으려고 할 때 큰 돌을 치우는 문제로 곤경을 겪고 있었다. 토목업을 하던 조안은 공사금의 10분의 1의 가격으로 공사를 맡았다. 그는 큰 구멍을 파서 바위를 떨어뜨려서 문제를 해결해 도요토미의 주목을 받는다. 그는 오사카를 관통하는 요도강에 제방을 쌓는 일을 맡게 되었다. 그는 백성들에게 돌을 담은 가마니를 가져오면 그 만큼의 쌀을 주겠다고 선전하여, 손쉽게 제방을 쌓았다.

도요토미가 죽은 후, 조안은 도쿠가와 이에야스에게 식량과 천막을 지원해 도쿠가와가 일본의 패자가 되는 것에 기여한다. 그는 세키가하라 전투에서 생긴 시체를 처리하는 일을 무료로 맡아, 죽은 병사의 투구와 갑옷, 무기들을 수거해 많은 돈을 벌었다. 또한 요도강 가운데 있는 나카노지마(中之島)를 개발해, 제방을 쌓고 이곳에 대형 창고를 건설했다. 조안은 1620년 막부의 허가를 받아 쌀 거래소를 열었다. 일본 전체 생산된 쌀의 7% 정도가 그의 거래소로 몰려들었다. 처음에는 경매로 쌀 거래를 했으나, 조안의 후손에 이르면 선물거래 방식에 의해 쌀이 거래되었다. 일본 최초의 선물투자가 이루어진 것이다. 그가 개발한 나카노지마는 현재 오사카의 중심지가 되었다. 그의 후손들은 청과물과 건어물, 생사 원료 거래, 해운업까지 진출해 일본 최고의 부자가 되었다.

오사카에서 조운선 무역과 하천 개착(開鑿) 사업으로 큰돈을 번 스미노쿠라 료이(角倉了以)를 비롯한 많은 상인들이 성장했다. 다케다약품, 닛산식품, 아사히맥주, 산토리위스키, 노무라증권, 미츠코시백화점, 파나소닉그룹, 스미토모그룹 등 많은 기업이 오사카에서 비롯된 것은 결코 우연이 아니다.

요도야 조안은 오사카를 일본의 부엌으로 만든 뛰어난 상인이었다. 일본의 성장에는 뛰어난 상인과 이를 뒷받침하는 상업문화가 있었다.

스미토모
- 구리 제련업에서 성장한 일본 3대 재벌

태평양 전쟁 전 일본 3대 재벌은 스미토모(住友), 미쓰이(三井), 미쓰비시(三菱)다. 가장 오랜 역사를 가진 스미토모의 창업자는 무사 가문 출신인 스미토모 마사토모(住友政友, 1585~1652)다. 부모의 뜻에 따라 그는 열반종의 승려가 되었지만, 곧 승려를 그만두고 교토의 부츠코테라(佛光寺) 절 안에 후지야(富士屋) 점포를 열고 책과 약을 팔았다. 마사모토는 상업 활동을 영위함에 있어 성실성, 신중함, 건전한 경영의 중요성을 강조하고, 이를 시조의 가르침이란 형식으로 남겨 스미토모 경영 철학의 기반이 되게 하였다.

마사모토의 매형 소가 리에몬(蘇我理右衛門, 1572~1636)은 유럽인에게서 구리 추출 기술의 원리를 듣고, 이를 연구해 구리 원석에서 은을 추출하는 구리 제련 기술을 개발했다. 리에몬의 장남으로 마사토모의 딸과 혼인해 스미토모의 일원이 된 스미토모 토모모치(友以)는 오사카에 와서 은과 구리 제련 사업을 시작했다. 토모모치가 세운 센야는 오사카 구리 제련업의 선두주자가 된다. 스미토모가는 구리를 제련하며 나오는 은으로 막대한 이익을 남겼다. 3대 토모요시(友芳, 1647~1706)

는 1691년 시코쿠 벳시 구리광산의 채굴을 막부로부터 허가받는다. 이때를 계기로 스미토모가는 벳시 구리광산을 기반으로 일본 최대 구리 수출업자가 된다. 벳시 광산은 1973년 폐광할 때까지 오늘의 스미토모 자이바츠(財閥)를 만든 곳이다

메이지 유신 이후 서구 기술을 받아들여 광산 운영을 현대화하여, 채굴량을 크게 늘린 스미토모는 이를 기반으로 석탄광산, 임업, 건설, 금속, 화학, 금융 등 관련 사업으로 진출했다. 스미토모 메탈 마이닝(Sumitomo Metal Mining)은 광산부터 제련, 고부가소재 제조까지 수직 계열화된 업체로, 구리를 비롯해 배터리용 양극재에 필요한 니켈 관련 산업에서 세계 최고 경쟁력을 갖고 있다.

스미토모 자이바츠는 1945년 미군정에 의해 해체되었지만, 미국이 한국전쟁을 명분으로 재벌 계열사들을 다시 묶음으로써, 다시 부활에 성공했다. 현재 스미토모 게이레츠(系列)는 스미토모 메탈 마이닝을 비롯해, 거대 은행인 미쓰이 스미토모 은행, 거대 종합상사인 스미토모 상사, 일본의 대표 화학회사인 스미토모 화학을 비롯한 많은 회사들이 가맹되어 있다.

구련 제련업으로 성장한 스미토모는 현재도 광산분야를 비롯해 은행, 화학, 상사 등 다양한 분야에서 일본 경제를 이끌어가고 있다.

2

유교국가 조선

1) 1543년 백운동서원의 건립

2019년 소수서원을 비롯해, 도산서원, 병산서원, 옥산사원, 도동서원, 남계서원, 필암서원, 무성서원, 돈암서원 등 9개 서원이 유네스코 세계문화유산으로 지정되었다. 16세기 중반부터 17세기에 건립된 이들 서원은 성리학 교육기관이자, 유교의 선현(先賢)에게 제사를 올리는 종교시설이다.

조선 서원의 시작인 소수서원은 1543년 풍기군수 주세붕이 세웠다. 1541년에 풍기군수로 임명된 주세붕은 다음해 고려에 주자학을 소개한 안향을 기리는 사당을 세웠다. 그리고 사당 앞에는 주자학을 완성한 남송의 주자(朱子)가 설립한 백록동서원을 본떠 백운동서원을 세웠다. 이름만이 아니라, 서원의 설립 목적 또한 향촌의 교화와 성리학 보급이라는 주자의 목적을 그대로 따랐다.

안향에 대한 제사는 도성에 있는 성균관에서 지내고, 각 군현에는 향교(鄕校)가 있어 교육기관 역할을 하고 있었다. 1451~1542년 풍기 지역에는 큰 가뭄과 기근으로 백성들의 생활이 매우 열악했다. 그럼에도 주세붕은 "백성이 사람이 되는 까닭은 교육에 있다. 사당을 세워 덕이 있는 이를 숭상하고, 서원을 세워 학문을 돈독하게 하는 교육이 난을 그치게 하고 기근을 구제하는 것보다 더 중요하기 때문이다."고 주장하며 서원 건립의 정당성을 역설했다.

1549년 하비에르 신부가 일본에 도착한 그해, 조선의 풍기군수로 이황이 부임했다. 일본에 가톨릭 전파가 시작된 시점에서, 이황은 백운동서원에 대한 사액과 서적, 노비, 토지 등을 내려주기를 국가에 요청했다. 서원 건립 목적이 유교를 국교로 삼은 조선의 국가 정책에 부합하는 것이었기에, 1550년 5월 명종은 손수 소수서원(紹修書院)이라는 편액 글씨를 써서 서책과 함께 하사했다. 조선 최초의 사액서원(賜額書院)이 된 것이다. 국가에서 서원을 공식 인정했을 뿐만 아니라, 자금까지 지원해 주었다.

소수서원은 단순한 학교와 제사 공간을 넘어, 지방 사람의 근거지이자 풍속 교화의 중심지로 성리학적 가치관을 조선에 뿌리내리게 하는 기지가 되었다. 서원은 사림 정치가 본격화되는 선조(1567~1608) 시기에 60여 곳이 건립되었고, 붕당정치가 행해지던 조선 후기에는 전국 곳곳에 건립되었다. 서원은 붕당과 연결된 학연의 근거지가 되었고, 지역 사족들이 지방권력을 장악하는 향촌 운영 기구의 기능까지 하게 되었다.

선현에 대한 제사와 학생 교육이라는 명분을 앞세워 국가로부터 사액(賜額)과 경제적 혜택을 지원받을 수 있게 된 것이 서원이 증가한 결정적인 이유였다. 유교국가 조선에서는 사액 요청을 받으면 거절하기가 점점 곤란해져, 사액서원은 늘어만 갔다. 특정 당파와 연관된 인물이나, 벼슬이 높거나 세력 있는 집안사람을 모시기 위해 서원이 설립되는 경우가 점점 많아졌다. 서원이 마구 설립됨에 따라 교육의 질이 떨어졌고, 서원 건립과 유지비용을 지방관에게 갹출하는 일도 늘어났다. 양인들에게 불법적으로 부역을 시키는 일도 있었다. 서원에 기증된 토지는 면세지가 됨으로써, 국가 수입을 감소시키는 부작용도 커졌다.

충북 괴산의 화양서원은 서인의 영수였던 송시열을 배향한 곳이다. 송시열은 공자, 안자, 증자, 맹자, 주자 등 최고의 유학자에게 붙이는 자(子)를 붙여 송자라고 부르는 인물이다. 노론의 영수였던 그가 1744년 문묘에 배향되면서 학문적 권위와 정치적 정당성을 부여받게 되자, 제자들로부터 그는 감히 비방해서는 안 되는 절대적인 인물이 되기 시작했다. 화양서원이 사액 서원이 되자, 서원의 힘은 막강해졌다. 제수 비용을 모금한다는 문서인 묵패(墨牌)를 각 고을에 보내고, 이에 응하지 않은 수령에 대해서는 탄핵 여론을 조성했다. 또 봄가을 향사(享祀) 때에 유생들을 대접한다는 명분으로 양민의 재산을 함부로 거두어들였고, 말을 듣지 않으면 서원으로 잡아들여 사사로이 형벌을 가하기도 했다. 화양서원의 횡포는 날로 커졌다. 서원은 백성들을 수탈하는 대상으로, 백성의 원성을 사는 곳으로 변질되었다.

결국 1871년 대원군이 서원을 정비할 때 47곳을 제외한 6백여 곳을 철폐할 정도로 유교국가 조선에서도 불필요한 존재가 되었다. 서원은 선현을 숭배하고 학문을 배움으로써, 유학 진흥과 도의(道義)사회 구현이라는 설립 목적에서 벗어나, 점점 조선의 발전을 막는 장애물이 되고 말았다.

- 1. 서원의 설립은 조선이 유교사회로 고착되는 신호였다.
- 2. 서원은 차츰 본래 목적에서 벗어나, 조선 발전에 장애물로 추락했다.

2) 의리의 나라 조선

15세기 다양한 학문을 용인하던 훈구파와 달리, 16세기 이후 조선의 권력을 독식한 사림파는 성리학만을 유일한 진리로 여겼다. 사림파의 집권과 함께 서원이 전국적으로 확산되면서, 사대부들은 오직 성리학만을 공부하게 되었다. 조선에서 성리학이 절대적 진리로 굳어지면서, 성리학 원리주의에 빠져들었다. 특히 17세기 노론의 영수인 송시열은 성리학 이외의 학문을 하는 자들을 사문난적(斯文亂賊)으로 규정했다. 송시열은 성리학을 완성한 주자(朱子)의 말씀은 단 한글자도 고칠 수 없다고 주장했다. 사회가 발전하려면 다양한 분야에서 인재들이 나타나, 서로 경쟁하면서 개선된 무엇인가를 만들어내야 한다. 하지만 조선은 그렇지 못했다.

성리학은 한당(漢唐) 시대의 유학과 달리, 중화주의(中華主義)가 팽배하던 송나라에서 완성되었다. 질서와 의리, 명분, 충, 효 등 관념적인 가치를 중시하고, 실용적인 분야에 있어서는 농민을 위하는 정치를 해야 한다는 정도의 피상적인 수준에 머물러 있었다. 또한 중화와 이적(夷狄)을 철저히 차별했다. 그런데 조선은 불행히도 중화가 아닌 이(夷)로, 중화세계를 다스리는 한족(漢族) 천자(天子)를 섬기는 제후국에 불과했다. 성리학은 명과 조선의 관계를 철저히 종속관계로 고착하는 논리를 제공했다. 조선은 명나라에게 단 한 발의 화살도 맞지 않았음에도 스스로 굴복하여 조공을 바쳤다.

조선이 명나라에게 조공을 바친 것은 2가지 이유가 있었다.

첫 번째, 강대국 명나라와 전쟁을 피함으로써 국경의 안정과 평화를 얻기 위함이었다.

두 번째, 조선은 명나라에게 천자국이란 명분을 주면서, 조공 품(朝貢品) 보다 많은 명나라의 회사품(回賜品)을 받아오는 경제적 실익을 얻기 위함이었다.

즉 실익이 있었기 때문에 조공-책봉 체계를 받아들인 것이다. 명나라는 조선이 조공을 자주 바치러 오는 것을 원하지 않았다. 반면 조선은 명나라에 조공하는 사신을 더 자주 보냄으로써 경제적 실익을 얻으려 했다.

세조가 총애하던 경세가인 양성지(梁誠之, 1415~1482)는 '명나라도 조선에게는 단지 하나의 외국일 뿐이다. 고려가 요, 금을 상대로 싸워 강함을 드러냈기에, 일방적인 수탈이나 무리한 요구를 받지 않았다'고 지적하면서 조선도 그렇게 해야 함을 주장하기도 했다. 하지만 성리학자들은 조선이 명나라에게 조공을 바치는 것이 작은 나라가 큰나라를 섬기는 자연스러운 도리라고 가르쳤다.

1592년 임진왜란이 발생하자, 조선은 명나라에 원군을 요청했다. 명나라는 원군을 보내주었다. 명나라군은 일본군과 전투에 소극적이었지만, 일본군을 저지하는 효과는 분명 있었다. 현대 역사학자들은 이순신을 비롯한 조선수군과 의병의 활약에서 임진왜란의 승리 원인을 찾는다. 반면 당시 조선 정부는 명나라 원군의 역할을 강조했다. 조선 정부는 명나라 원군이 조선을 구해주었다면서, 이를 재조지은(再造之恩)을 입었다고 정의했다. 명나라 때문에 조선이 다시 생존할 수 있었다고 강조한 것은, 조선 정부가 전쟁에서 일본을 물리치기 위해 한 일이라고는 명나라에 원병을 청한 것이 사실상 전부였기 때문이다.

조선의 백성들은 왕이 백성을 버리고 의주로 도망쳤고, 백성들이 의병을 일으켜 일본군을 격퇴했음에도 백성들에게 보상을 하지 않았던 것에 큰 불만을 가졌다. 조선 정부는 이러한 민심을 잘 알고 있었기 때문에, 명나라 원병의 역할을 강조했던 것이다. 정권 안정을 위해 의도적으로 만들어낸 재조지은은 결국 조선이 전쟁 직후, 명나라 사신들에게 엄청난 금전을 수탈당하는 원인을 제공했다. 무엇보다 명-청 교체기에 조선이 경직된 외교정책을 펼칠 수밖에 없게 했다.

1636년 병자호란으로 삼전도에서 만주족 오랑캐에게 치욕스러운 굴욕을 당하였음에도, 조선의 현실인식은 명나라에 대한 의리를 지켜야 한다는 명분론에 사로잡혀 있었다. 명나라가 망하고, 조선이 청나라와 사대관계를 맺었음에도 불구하고, 조선은 명나라에 대한 의리를 고수했다. 송시열은 조선을 구한 명나라 황제에게 제사지내는 만동묘(萬東廟)를 세워, 명나라에 대한 의리를 강조했다. 조선의 사대부들은 청나라의 연호를 거부하고, 명나라가 망한 지 300년이 넘도록 명나라 마지막 황제인 숭정(崇政)의 연호를 계속 사용했다.

조선이 명나라에 대한 의리를 지키면서 내세운 논리의 하나는 소중화(小中華)였다. 중화 제국 명나라는 망했으니, 조선이라도 중화 문화를 보존하여야 한다는 것이다. 즉 오랑캐인 만주족이 중원을 장악하고 천자국이 된 것을 인정할 수 없다는 것이다. 성리학의 종주국 명나라가 망했으면 마땅히 성리학을 폐기하고, 새로운 종교 사상을 수용하거나 새로 만들어야 했다. 하지만 조선은 도리어 성리학에 더 천착하며, 명나라에 대한 의리를 고집했다. 따라서 새로운 사상과 문화가 발전하기가 더욱 어려워졌다.

- 1. 임진왜란 당시 명나라 원군의 도움을 조선은 재조지은으로 규정하고, 명나라와 관계를 부자지간으로 규정하는 등 명나라에 대한 사대 관념을 절대화했다.
- 2. 소중화론은 조선을 더욱 경직화시켜 버렸다.

3) 네덜란드인 하멜이 구경거리가 된 이유는?

　동남아시아에서 동북아시아로 흐르는 쿠로시오(黑潮) 해류가 있다. 검은빛을 띠는 쿠로시오 해류는 주로 일본 열도로 향한다. 동남아시아에서 활동하던 서양의 배들은 쿠로시오 해류를 따라 일본에 자연스럽게 도착할 수 있다. 표류를 하더라도 일본에 도착하는 경우가 많다. 조선이 오랫동안 서양인들과 교류가 적었던 것은 이러한 지리적 요인이 크다.

　1543년 이후 동북아시아에도 서양인이 탄 배들이 등장하면서, 간혹 조선 해안에 표류해 도착하는 사례가 생겼다. 1581년경 일본으로 가던 명나라 선박이 심한 폭풍우를 만나 제주도 쪽으로 밀려 명나라 사람 조원록과 진원경, 마리이 등이 조선에 도착하게 되었다. 마리이는 조선에 처음 온 서양 사람이었다. 조선은 다음해 1월 1일 명나라로 가는 사신에게 딸려 그들을 명나라에 보내버렸다. 조선과 서양인의 만남은 그렇게 짧게 이루어지고 말았다. 1592년 임진왜란 당시 일본군을 따라 온 '루이스 프로이스'라는 포르투갈 선교사가 조선 땅에 발을 디딘 적이 있다. 조선에 출병한 명나라 군에도 포르투갈 사람들이 끼어있었다. 하지만 이들이 한국인과 접촉한 경우는 거의 없었다.

　조선에 서양인이 온 실질적인 첫 사례는 1627년 벨테브레이

(Weltevree) 일행이다. 그가 탄 오버커크호가 일본 나가사키 항구로 항해하던 도중 풍랑을 만나 제주도에 도착했다. 배에서 벨테브레이, 히아베르츠, 피에테르츠 3사람이 내려 물을 구하기 위해 뭍에 올랐다. 그런데 제주도 사람들이 그들을 붙잡았다. 그러자 나머지 선원들이 보트를 타고 도망쳤고, 배까지 떠나버렸다.

조선은 서양인들이 화약무기를 잘 다룬다는 것을 알고 있었다. 조선은 이들 3인에게 식량과 의복 등을 주며 훈련도감에서 일을 하게 했다. 수도를 방어하는 훈련도감에는 조총과 화포를 다루는 군인이 많았다. 1627년 '정묘호란'이 발생해, 조선은 후금에게 패해 많은 재물을 바쳐야 했다. 따라서 조선은 복수를 위해서라도 군사력을 키워야 했다. 때문에 벨테브레 일행을 훈련도감에 배치해 적극 활용한 것이다.

1636년 12월 병자호란이 일어났다. 이때 이들 3인도 조선군으로 참여해 청군과 싸웠다. 불행히도 히아베르츠, 피에테르츠가 죽고 말았다. 홀로 살아남은 벨테브레이는 벼슬을 받고 훈련도감에서 네덜란드에서 사용하던 홍이포(紅夷砲)의 제작과 조종법을 조선의 군인들에게 가르치며 살았다. 그는 무기 분야에 해박했으며, 천문학에 대한 지식도 풍부한 매우 총명한 사람이었다. 큰 키에 노란 머리와 푸른 눈을 가진 그는 추운 겨울에도 솜옷을 입지 않을 정도로 건장한 사람이었다. 그는 조선에 귀화하여 박연(朴淵)이란 이름도 받고, 조선 여인과 결혼도 하며 1남 1녀의 자식을 낳고 안정적인 삶을 살았다.

그런데 그의 일상에 변화가 찾아왔다. 1653년 8월 6일 제주도에 네덜란드인 하멜(Hamel)을 비롯한 38명이 표류해 도착한 것이었다. 조선 정부는 박연에게 하멜 일행의 통역을 맡겼다. 박연은 하멜 일행이 조선에서 살아가는데 필요한 조선의 풍속 등을 3년 정도 가르쳐주었다. 1655년 하멜이 네덜란드로 돌아가자는 제안을 하자, 자신은 고령이라서 갈 수 없다고 거절했다. 다음해 하멜 일행과 헤어질 때도 그는 조선의 수도에 남아 삶을 이어갔다. 일본에 윌리엄 애덤스(미우라 안진)가 있다면, 조선에는 벨데브레이(박연)가 있었던 셈이다.

하멜 일행은 네덜란드 동인도회사 소속이었다. 표류하면서 기술자들은 많이 죽고 살아남은 자들은 대포를 담당하는 이가 10여 명, 조총을 잘 다루는 자, 천문학과 권법에 능한 자, 10대 소년 2명이었다. 조선에 큰 도움이 될 만한 사람은 없었다.

조선은 이들을 훈련도감에 소속시켜 군인으로 활용했다. 하지만 인원이 많다 보니 좋은 대우를 해주지 못했다. 서양인이 괴물 같다는 소문에, 권세가들은 그들을 보고 싶어 했고, 이들은 수시로 권세가의 집에 불려가 구경거리가 되었다. 조선에서 빈곤에 시달리던 하멜 일행은 고국으로 귀환하기를 열망했다.

조선을 통치하던 효종(1649~1659)은 병자호란 때 청에 굴복한
것을 복수하기 위해 훈련도감을 비롯한 군부대에 투자를 늘리
고 있었다. 다만 청나라의 감시를 피하며 몰래 준비를 했다. 하
멜 일행을 훈련도감에 배치한 것은 청나라에게 숨겨야 할 비밀
이었다. 조선에서는 표류해온 자가 도착하면, 일본인이 아니라

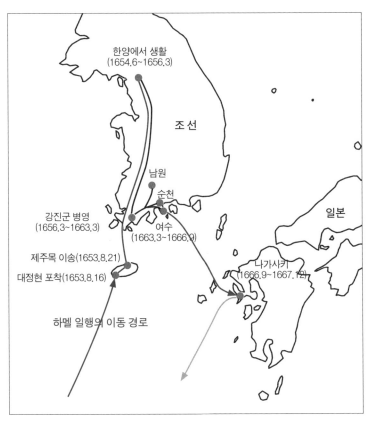

하멜 일행의 여정

면 가급적 명-청으로 보내버렸다. 하지만 하멜 일행은 청나라로 보내지 않았다. 이러한 사정을 알게 된 하멜 일행은 감시가 소홀한 틈을 타서, 조선을 방문한 청나라 사신에게 달려들어 자신들을 구해달라고 요청했다. 조선이 군사력을 늘려 반격할지도 모른다고 청나라가 의심하지 않도록 조선은 하멜 일행을 전라도로 보내버렸다. 박연과 달리 하멜 일행의 삶은 힘겨웠다.

하멜 일행은 강진군에 있는 전라병영에서 복무했다. 그는 성벽과 돌담을 쌓은 노역에 시달렸다. 받는 급여가 적어서 산에서 나무를 하거나 구걸을 하면서 살아야 했다. 1663년 이후에는 여수, 순천, 남원 등 3곳에 흩어져 살게 되었다. 하멜은 여수 전라좌수영에 배치되었다. 서양인을 처음 본 한국인들은 그들을 원숭이와 같은 구경거리로 여겼다. 조선에서 고생을 하며 살던 하멜 일행은 마침내 탈출을 계획했다. 1866년 어부로부터 배를 구입한 후, 하멜을 비롯한 8명이 탈출에 성공해 일본 나가사키 데지마에 도착했다. 하멜은 데지마에 있는 네덜란드 상관을 통해 일본에 강력히 요청하여, 조선에 아직 살아있는 동료들을 구해달라고 했다. 결국 일본이 조선에 네덜란드인의 송환을 요청하자, 조선은 1668년 그때까지 살아남은 네덜란드인 7명을 일본으로 돌려보냈다.

조선에서 13년간 억류된 생활을 마치고 하멜 일행은 마침내 네덜란드로 돌아갔다. 네덜란드에 온 하멜은 조선에서 생활을 기록하여 『하멜표류기』를 펴냈고, 이를 통해 유럽에 조선을 알렸다. 조선에 대한 정보를 얻게 된 네덜란드는 1669년 조선과 직접 교류하기 위해 길이 25m, 탑승인원 20명 정도 되는 코리아(Corea)호라는 배를 만들었다. 조선이 도자기 생산국임을 알았기 때문이다. 하지만 조선과 무역을 하며 큰 이익을 얻고 있던 일본은 네덜란드가 직접 조선과 교역하는 것을 방해했다. 일본이 철저히 방해를 한 탓에, 1679년 코리아호는 조선에 도착하지 못하고 선박이 해체되고 만다. 박연과 하멜 일행 이외에 조선 정부에서 일을 한 서양인은 1882년 11월 독일인 묄렌도르프(Möllendorff)가 조선에 오기 전까지 아무도 없었다.

일본이 미우라 안진과 얀 요스텐을 등용한 것과 달리, 조선이 하멜 일행을 노역을 시키며 냉대한 이유가 있었다.

첫째 청나라의 눈치를 보아야 했기 때문에, 이들은 도성 안 훈련도감에서 더 오래 일하게 할 수 없었다. 둘째 하멜 일행은 조선이 필요로 하는 기술이 없었다. 셋째 조선이 항해술이나, 해외 무역 경험 등 하멜 일행이 가진 능력을 활용할 수 있는 준비가 전혀 되어 있지 않았다. 따라서 일본과 달리 서양인을 제대로 활용하지 못했다.

일본의 경우는 네덜란드인이 지속적으로 일본을 방문해 교류함으로써 난학(蘭學)이라 불리는 서양학문이 일본 사회에 큰 영향을 끼쳤다. 반면 조선은 네덜란드와 정식 교역이 이루어지지 않음에 따라, 하멜 일행의 조선 방문 효과는 거의 없었다. 만약 1670년 네덜란드 코리아호가 조선을 방문했다고 하더라도, 조선이 네덜란드와 직접 교류하기는 어려웠을 것이다. 조선은 일본과 다르게 외국에 폐쇄적인 나라이기 때문이다. 박연과 하멜의 조선 방문은 조선의 역사에 변화를 일으키지 못했다.

- 1. 조선이 청의 눈치를 본 탓에 하멜 일행을 제대로 활용하지 못했다. 이들은 조선에 필요한 특별한 기술이 없어, 군인, 노역병으로 일하며 고생스럽게 살았다.
- 2. 벨테브레이와 하멜 일행은 조선에 아무런 변화를 가져오지 못했다.

시마즈 나리아키라(島津斉彬, 1809~1858)
- 사쓰마번의 개혁 당주

시마즈 나리아키라는 사쓰마번을 조슈번과 함께 막부를 타도하는 강력한 번으로 만든 인물이다. 그는 막부 말 현명한 제후 4명 중 한 사람으로 꼽힌다. 그가 1851년 3월 사쓰마번의 11대 번주에 취임했을 때, 번의 재정 상태는 매우 나빴다. 그는 이 문제를 개선하고, 서양세력의 침략에 대비해 먼저 사쓰마번이 부강해지는 길을 모색했다.

난학에 관심이 많았던 나리아키라는 1851년 7월 존 만지로(ジョン万次郎)가 표류되어 미국에 건너가 공부하고 귀국하자, 그를 만나 서양 정보를 들었다. 그는 사쓰마의 번사인 타하라 나오스케와 목수들로 하여금 존 만지로에게 미국의 조선(造船) 기술과 배를 조종하는 기술을 배우게 했다. 그 결과 옷토선(越通船)을 비롯한 여러 배를 만들 수 있었다.

시마즈 나리아키라는 1854년에는 서양식 군함인 쇼헤이마루(昇平丸)를 건조하여 에도 막부에 헌상하며 일장기를 함선에 내걸 것을 제안했다. 또한 그는 네덜란드의 증기선 서적을 입수해 난학자를 시켜 번역하게 한 후, 증기기관 제작을 명했다. 그 결과 1855년 일본 최초로 자국산 증기선인 운코마루(雲行丸)를 만들었다.

그는 도자기인 사쓰마야키 판매와 사탕수수 재배를 통한 설탕 생산 증대로 재정 개혁을 이루고, 류큐를 통한 중계무역 활성화를 시도했다. 가고시마 슈세이칸(集成館)에 일본 최대 방적공장을 비롯해, 서양식 조선소, 반사로 및 용광로를 건설하고, 지뢰, 수뢰, 유리, 가스 등의 제조를 비롯한 서양식 공업을 일으켰다.

그는 서양 문물 수입과 사쓰마번의 공업화, 해군 육성에 집중해 사쓰마번을 부강하게 만들었다. 또한 사이고 다카모리, 오쿠보 도시미치 등 인재를 발탁해 키웠다. 그러나 그는 1858년 콜레라에 걸려 급사한다. 그는 서구 침략의 위험성을 깨닫고, 일본의 부국강병을 위해 노력한 인물이다. 사쓰마번이 막부를 타도하는 힘을 갖추게 되고, 이후 일본 해군을 장악했던 것은, 그의 개혁 정치 덕분이다.

시마즈 나라아키라의 사쓰마번 개혁이 일본이 군사 강국이 되는 토대가 되었다.

미츠이
- 포목점에서 성장한 일본 3대 재벌

1673년 에도의 니혼바시에 미쓰이 다카토시(三井高利, 1622~1694)가 에치고야(越後屋)라는 작은 포목점이 개업했다. 에도는 당시 인구 100만을 가진 세계적인 대도시로, 니혼바시에도 수십 개의 포목점이 있었다. 그는 조그만 점포가 살아남기 위해 특별한 장사기법을 발휘했다. 그는 당시 관행이던 외상 판매를 없애고, 현금거래를 고집했다. 방문판매가 아닌, 점포에서 모든 취급상품을 진열하고 고객이 선택한 상품을 판매하는 점두판매 방식을 고수했다. 1필(疋) 단위로 포목을 팔던 관행과 달리, 고객이 원하면 수건 한 장 크기라도 절단해 팔았다. 재단사가 고객의 구미에 맞는 의류를 디자인해 즉석에서 의류를 제조해 팔았다. 다양해진 고객의 요구에 맞춰 대응했고, 할인혜택을 제공해 고객을 유인했다. 인파가 몰리는 곳에서 에치고야 로고가 그려진 우산이나 광고지를 뿌리는 마케팅으로 점포를 홍보했다. 에치고야의 혁신적 경영방식으로 돈을 번 다카토시는 환전업에도 진출해 거부가 된다.

막부 시절 번창하던 상인들 가운데 메이지 유신 이후 적응하지 못해 도산하는 자들도 많았다. 마쓰이 가문에서는 미노무라 리자에몬(三野村利左衛門, 1821~1877)을 경영자로 영입했다. 영국산 목면 수입으로 포목점 경영이 위축되던 시기, 미노무라는 1869년 보신(戊辰)전쟁에서 물자 납품과 운송 독점권을 따냈다. 그는 포목점은 미쓰이 가문이 맡도록 분리하고, 금융업은 미쓰이 재벌의 모기업으로 분리한다. 1876년 미쓰이 물산과 일본 최초의 민영은행인 미쓰이 은행을 설립해 미쓰이 자이바츠의 기초를 놓았다. 에치고야 포목점은 1904년 아시아 최초 백화점인 미츠코시(三越) 백화점으로 변모한다. 미츠코시 백화점은 정찰제, 대형매장, 다양한 종류의 물건 판매로, 유통업에 새로운 혁신을 가져왔다. 1920년 미쓰이 은행을 중심으로 미쓰이 그룹은 150개 자회사를 거느린 일본 1위의 자이바츠로 성장한다.

　미쓰이 자이바츠는 일본 제국주의 팽창에 협력했기에, 1945년 미군정에 의해 해체 명령을 받았다. 1948년 미군정이 끝난 후, 다시 미쓰이 게이레츠(系列)로 결집해, 현재 미쓰이 물산, 미쓰이 부동산, 미쓰이 스미토모 은행, 후지필름, 도레이, 토요타, 이세탄 미츠코시 홀딩스, 삿포로 맥주, 도시바 등이 가맹되어있다.

미쓰이 일가는 혁신적인 경영과 유능한 경영자 영입으로 작은 포목점에서 시작해, 일본 대표 재벌로 성장했다.

3

동아시아 국제질서에서 조선과 일본

1) 소중화 조선과 소외된 일본

조선과 일본이 역사적으로 다른 길을 걷게 된 원인에는 지정학적 요인이 크게 작용한다. 조선은 대륙의 국가들과 직접 국경을 접하고 있지만, 일본은 바다에 가로막혀 있다. 조선은 동아시아 국제질서 변화에 민감하게 반응해야 하지만, 일본은 동아시아 국제질서의 변화에 관망하는 태도를 취할 수가 있었다. 이런 차이가 두 나라의 강점이자, 약점이 되었다.

대륙에 잇닿아 있는 조선의 경우를 보자. 14세기 말 명나라는

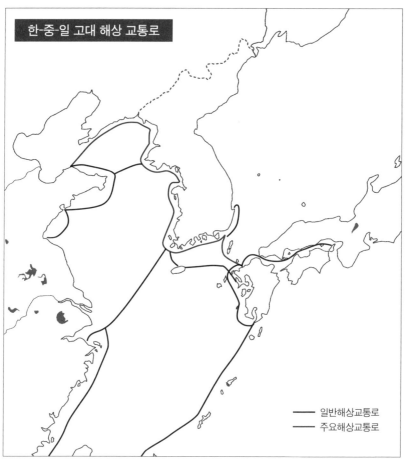

고대 동아시아 해상항로 - 고대에는 한반도가 해상 교통로의 요지였고,
일본은 고대 해상교통로의 변방이었다.

세계 제국 몽골을 만리장성 밖으로 밀어내고 고려에게 이전의
몽골-고려 관계의 재현을 요구했다. 몽골이 고려에게 빼앗아 지
배했던 철령 이북 땅을 내놓으라며, 고려를 압박해 왔다. 고려

는 힘겹게 되찾은 땅을 그냥 내줄 수는 없었다. 고려는 1388년 요동 정벌에 나섰지만, 위화도 회군으로 실패했다. 위화도 회군의 주역인 이성계는 권력을 장악하고, 조선을 세웠다. 조선의 선택은 명나라에 사대(事大)함으로써 무력 충돌을 피하는 것이었다.

명나라는 동아시아 최강의 국가로 명나라를 중심으로 한 이른바 중화(中華)질서를 구축했다. 중화질서의 핵심은 조공과 책봉이다. 고대 주나라의 봉건제도를 국제관계로 확대시킨 것이다. 주변의 작은 나라들이 명나라를 천자국으로 인정하고 조공을 바치면, 명나라는 주변 나라들의 왕을 제후 왕으로 책봉하고 회사(回賜) 물품을 주었다.

중화질서를 유지하는 원동력은 명나라의 무력과 경제력이다. 명나라와 전쟁을 피하고자 주변국은 중화질서를 받아들였고, 동시에 명과 무역을 위해 중화질서에 적극 참여했다. 조공과 회사는 동아시아 국제무역을 지탱하는 가장 중요한 형식이었다. 대체로 회사 물품이 조공 물품보다 많았기 때문에, 주변국은 조공 횟수를 늘려달라고 요구했고, 명나라는 반대로 조공 횟수를 줄이고자 했다.

조선은 명나라에 1년에 3회 정기 사행을 할 수 있는 나라로, 명과 가장 많은 무역을 할 수 있었다. 반면 일본은 10년 1회 사신을 보낼 수 있었다. 조선은 중화질서에 가장 충실한 구성원이었으나, 일본은 5년 1회 사신을 보내는 오스만 튀르크보다 중화질서에서 소외된 나라였다. 조선은 15세기에는 1년에 3번 명나라에 정기사행을 보냈으나, 중종(재위:1506~1544) 이후에는 1회를 추가했고, 여기에 온갖 명목의 부정기 사행을 포함해 1년에 6~7회 이상 사행을 보냈다.

  1400년을 전후해 조선은 명나라의 침략 위협을 받았다. 그러나 조선이 중화질서에 적극 참여함으로써 조선은 명과 항구적인 평화를 유지할 수 있었다. 조선은 국방비를 절약함은 물론, 명과 교역을 통한 막대한 이익을 얻는 효과를 거두었다. 다만

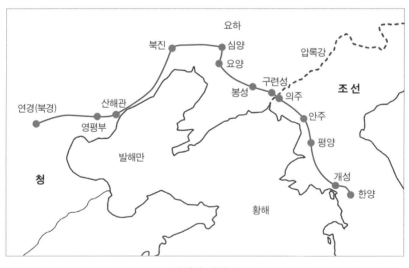

연행사 사행로

이 과정에서 군사 분야에 투자를 소홀히 함으로써, 조선이 예상하지 못한 임진왜란에서 곤욕을 치른 점은 심각한 부작용이라고 할 수 있다.

삼국시대와 고려시대 왕은 하늘의 자손, 또는 신성한 혈통을 가진 존재라고 백성들이 믿었기에, 왕의 지위는 견고하게 유지될 수 있었다. 반면 조선시대 왕의 지위는 혈통의 신성함보다, 명나라 천자의 책봉을 받았다는 외부적 명분에 더 크게 의지하게 되었다. 명나라에 대한 사대가 초기에는 실리적 관점에서 이루어졌으나, 임진왜란을 계기로 사상적으로 절대적인 원칙으로 여겨졌다.

명나라가 청나라에게 멸망한 이후에도 조선은 명나라에 대한 사대주의를 버리지 않고, 도리어 멸망한 명나라에게 충성하는 태도를 취했다. 과거 질서에 대한 집착은 변화를 반대하는 위정척사(衛正斥邪) 사상으로 변화되었다. 이것이 조선이 19세기 말 서구화, 근대화의 과정에서 장애 요소가 되었다.

그럼에도 조선은 청나라와 실제 관계에 있어서 사대의 예를 거부할 수는 없었다. 청나라는 명나라 보다 훨씬 강력한 제국이었다. 조선은 청나라의 침략을 받아 1637년 삼전도의 굴욕을 당하며 청에게 항복했었다. 또한 국경도 접하고 있었다. 사대의 예를 거부할 경우, 조선은 또다시 침략을 받을 수밖에 없었다.

효종이 북벌을 외치기도 했지만, 사실상 실현될 수 없는 구호였을 뿐이다.

그렇게 조선은 청나라에 사대의 예를 다함으로써, 1637년 이후 1866년 병인양요가 일어날 때까지 전혀 전쟁을 치르지 않았다. 조선은 명나라에게 사대하여 전쟁을 피했던 것처럼, 청나라에게 사대하여 평화를 얻을 수 있었다. 조선은 외교를 통해 국방 문제를 해결한 나라였다. 군사력을 강화하면 도리어 청나라의 의심을 받아 전쟁을 야기할 수 있었다. 오랜 평화로 인해 조선의 국방력은 점점 약해졌다. 조선은 200여 년간 큰 변화가 없는 국제질서 속에서 안주할 수 있었다. 조선은 중화질서에 완벽하게 길들어져, 이를 벗어나기가 어려웠다.

반면 일본은 명나라 중심의 국제 질서에서 철저히 소외된 나라였다. 명나라 주변 제국은 명나라의 풍부한 물산을 얻기 위해 무역을 확대하기를 원했다. 반면 명나라는 주변국 사신의 왕래를 제한했다. 이에 따라 밀무역이 성행했다.

명나라는 밀무역을 단속하기 위해 정규 조공 사절단에게만 무역 허가증인 표찰을 발급해 주고, 외국에서 사신이 오면 관리가 나와 황제의 도장이 찍힌 문서를 확인하는 감합(勘合-합해서 조사한다) 제도를 시행했다. 일본은 1404년 명나라로부터 감합 무역을 허가 받았다. 하지만 무역 확대를 위해 가짜 문서를 만드는 일이 발생했다. 1523년 가짜문서를 가진 일본인끼리 서로 싸우다가 명나라 백성과 관리가 살해당한 닝보(寧波)의 난은 일본의 감합무역에 치명타를 안긴다. 1547년 명나라는 일본과 감합무역을 중단시켰다. 그러자 명나라를 방문할 수 없게 된 일본의 상인들과 해적들은 중국의 해적 또는 해적으로 위장한 상인들과 밀무역을 했다. 다네가시마에 표류해온 중국 해적 왕직도 이 당시 활동한 인물이다.

임진왜란 당시 일본은 명나라에게 감합 무역 재개를 요구했다가 거절당했다. 이후 에도막부는 다이묘를 견제하기 위해 주인선(朱印船) 등의 해외 무역을 철저히 금지해, 명과 무역이 재개되지 못했다. 청나라도 명나라의 부활을 외치며 타이완을 거점으로 저항한 정성공 세력을 진압하기 위해 1661년 해안봉쇄령인 천계령(遷界令)을 선포하여 공식적인 중국과 일본 사이의 무역은 이루어지지 않았다.

따라서 일본은 중화질서에 포함되지 못한 동아시아의 소외국가였다. 중국 천자에게 책봉을 받아 왕의 권위를 안정시킨 조선과 달리, 일본의 쇼군은 오직 자신의 무력에 의해서만 자신의 권위를 유지할 수 있었다. 명나라 및 청나라와 교류가 단절된 일본은 국제 정세 변화에 민감할 수밖에 없었다.

1274년과 1281년 몽골의 침략을 받아본 경험을 가진 일본은 외부 세계에 대한 두려움을 갖고 있었다. 일본어에 '무쿠리 고쿠리(むくりこくり)라는 말은 몽골과 고려군을 지칭하며, 무서운 것을 비유할 때 쓰는 표현이다. 여몽연합군이 일본 열도를 침략한 기억이 어린아이의 울음도 그치게 하는 무서운 말이 된 이유는 일본이 오랫동안 고립된 세계에 살았기 때문이다. 따라서 일본은 언제든지 외부에서 강한 적이 나타날지도 모른다는 두려움을 갖고서, 외부세계의 변화에 경계심을 갖고 있었다. 또한 명-청 중심의 동아시아 국제질서에 포함되지 못했기 때문에, 명-청을 객관적으로 볼 수 있는 태도를 취할 수가 있었다.

조선은 성리학을 수용하면서, 성리학이 강조하는 질서의식, 충-효의 관념을 조선과 명의 관계로 확대했다. 조선은 명나라를 부모의 나라로까지 격상시켰다. 반면 일본은 조선을 통해 성리학을 받아들였지만, 성리학적 질서를 국제관계로 확대시키지 않았다. 일본에게 명-청은 단순한 외국이었다. 이러한 일본의 위치는 청나라보다 강한 서구 열강이 등장하자, 그들로부터 배워야겠다는 즉각적인 변신을 꾀할 수 있게 했다.

동아시아 각국의 서구화, 근대화 과정에서, 중화질서에 철저히 순응한 조선은 경직된 태도를 취했다. 반면 중화질서에 철저히 소외된 일본은 유연하면서도 적극적인 태도를 취했다. 이것은 19세기 두 나라 지도자들의 차이가 아닌, 수백 년 역사의 결과였다.

- 1. 조공-책봉 체제를 중심으로 이루어진 동아시아 국제질서에 적극 참여한 조선은, 중화질서를 쉽게 벗어날 수 없어 근대화 과정에서 경직된 태도를 취했다.
- 2. 일본은 동아시아 국제질서에서 소외되었기 때문에, 국제질서 변화에 민감하게 반응했다.

2) 한국인이 본 도쿠가와 막부시기 일본

1404년 일본 무로마치 막부의 쇼군 아시카가 요시미쓰(足利義滿)는 조선에 서계(書契)를 보냈다. 아시카가 요시미쓰가 일본국왕을 칭하자, 조선은 그를 일본의 외교권자로 인정하고 교역을 시작했다. 조선은 왜구 통제를 위해 일본과 교류를 시작하며 신숙주 등을 파견했다.

1443년 서장관으로 통신사행을 다녀온 신숙주는 일본어를 할줄 아는 인물이다. 그는 당대 제일의 외교 전문가로, 1471년『해

동제국기』를 남겼다. 이 책은 개인의 사행록(使行錄)이 아닌, 왕명에 의해 만들어진 외교 자료집의 성격을 갖고 있다. 조선의 일본 통교에 있어 교범이 되었고, 조선 후기 통신사행원들이 일본에 갈 때 반드시 갖고 가는 필수품이 되었다.

신숙주는 일본은 이적(夷狄)이며, 이적을 대하는 방책으로 이 책을 저술했다고 적었다. 일본의 모든 사신들을 내조(來朝)라고 표현하여 조선은 화(華), 일본은 이(夷)라는 차별적인 인식, 즉 조선이 우월한 입장에서 일본을 저술했다. 하지만 신숙주는 일본을 결코 멸시하거나 무시하지 않았다. 그는 일본의 실정을 정확히 알아야 하며, 변경을 방어하기 위해서는 무력적 대응보다, 외교를 통해 평화를 유지하는 것을 목표로 해야 함을 강조했다. 그래서 일본에게 증여(贈與) 무역과, 예의로 교화하는 방책을 건의했다. 신숙주는 일본이 상업이 발달하였음을 인정하고, 해외 무역도 활발함을 지적했다. 그리고 일본이 상무(尙武) 사회임을 지적하면서, 일본에 대한 경계를 늦추지 말아야 함도 지적했다. 또한 일본의 이국적 문화와 풍속의 독자성을 인정했다. 신숙주는 일본에 대한 객관적인 태도를 견지하려고 노력한 인물로, 일본의 실체를 조선에 제대로 알린 인물이라는 평가를 받고 있다.

하지만 곧 일본 무로마치 막부가 약해지며 일본을 대표해 외교를 할 힘을 상실했다. 그러자 조선에서는 남쪽 국경을 안정시키기 위해 대마도를 통한 왜구억제책이 중요해진 반면, 일본에 사신을 파견할 이유가 사라졌다. 따라서 통신사 파견이 1443년부터 1590년까지 150년간 중단되었다. 150년간 조선은 일본에 대한 정보를 제대로 수집하지 못했다.

그런데 1591년 3월 일본에 통신사로 다녀온 황윤길과 김성일은 정파적 이익에 의해 일본에 대해 서로 다른 견해를 밝혔다. 특히 김성일은 일본이 조선에 위협이 되지 못한다고 평가하여, 임진왜란에서 조선이 초반에 고전하게 만든 원인을 제공했다. 조선 정부가 잘못된 정보를 가려내지 못한 것은, 150년간 삼포 (부산포, 제포, 염포)와 대마도를 통해 일본에 대해 극히 부분적인 정보밖에 얻지 못했기 때문이었다. 반면 일본은 오랜 전쟁을 치른 나라답게, 임진왜란 전에 미리 조선에 첩자를 파견해 많은 정보를 수집했다. 이러한 차이가 임진왜란 초기 전개에 큰 영향을 끼쳤다.

임진왜란 이후 조선은 포로인 송환 및 전쟁 재발 방지를 위해 일본과 국교를 재개해야 할 필요성을 갖게 되었다. 조선은 일본에 통신사를 파견함으로써, 일본에 대한 정보를 입수하고, 일본을 교화한다는 목표를 가졌다.

통신사 일행은 에도를 방문해 막부의 쇼군을 직접 만나 조선국왕의 국서를 전달하고, 접대를 받았다. 뿐만 아니라 통신사 일행은 성리학, 시문학, 의학, 미술, 마상재(馬上才) 등 다방면에서 문화를 교류했다.

조선의 통신사가 지나갈 때면, 통과하는 지역 전체가 들썩이고 파장이 컸다. 통신사의 글이나 그림, 글씨 작품을 얻으려고 줄을 서기도 했다. 문명인이란 자부심을 가진 통신사 일행들은 일본의 학문수준이 저열하다고 평가했다. 하지만 조선 통신사 일행이 놀란 것은 자신들의 방문 기간에 써준 글들이 오사카나 교토 등의 서점에서 벌써 책으로 출판된 것을 본 일이다. 1764년 조선통신사의 정사 조엄(趙曮)은 일본에서 고구마를 가져와 조선에 전파했다. 고구마는 감자와 함께 조선 후기 많은 백성들을 굶주림에서 구해낸 구황작물로 사랑받았다. 통신사 왕래는 양국에게 도움이 되는 점이 많았다.

통신사 일행은 일본이 상업이 발달하고 도시가 크고 화려하다는 등 일본의 경제력과 기술에 대해서는 긍정적으로 평가했다. 또한 일본의 정치 구조를 파악하고, 일본의 정세 변화까지 예측하는 등, 통신사 본래의 목적을 달성하는 일에도 충실했다. 하지만 일본을 오랑캐(夷狄)로 여기는 관점을 버리지 못했다. 일본은 교화의 대상일 뿐, 배워야 할 나라가 아니었다. 일본의 앞선 기술과 문화도 오랑캐의 작은 재주로만 여길 뿐이었다.

통신사와 별도로, 조선은 부산 왜관을 통해 일본과 무역을 계속했다. 공무역, 사무역, 밀무역이 모두 왜관을 중심으로 이루어졌다. 조선은 일본에 생사, 인삼 등을 수출하고, 일본으로부터 은을 받았다. 그러나 1752년 이후 일본에서 은 수입이 단절되었고, 구리, 후추, 면포, 쌀 등 교역 규모도 크게 감소했다. 개항 이전까지 양국의 교류는 지속되었지만, 무역 규모는 점점 줄어들었다.

조선통신사는 1811년까지 약 200년 이상 지속되었다. 하지만 실질적인 조선통신사의 마지막은 1764년으로 보아야 한다. 1811년 조선통신사는 쓰시마섬을 방문해서 일본의 대리인과 만나고 돌아왔을 뿐이기 때문이다. 그럼에도 조선은 1598년 이후, 일본과 작은 전쟁조차 없었기 때문에 경계심을 놓아버렸다. 따라서 일본의 변화에 점점 둔감해졌다. 조선은 일본을 오랑캐, 조선이 가르쳐야 하는 나라 정도로 여겼을 뿐이다. 1764년 이후 일본의 변화에 대해 거의 알지 못했다. 조선은 일본을 궁금해하지도 않았다.

■ 1. 조선은 문화적 우월감을 바탕으로 일본을 오랑캐로 멸시해, 그들의 경제력과 기술은 인정하면서도 배우려고 하지 않았다.

3) 조선통신사를 바라본 일본인의 시각

임진왜란 이후 조선과 일본의 국교는 단절되었다. 하지만 조선은 포로 송환과, 일본과의 전쟁 방지를 위해 국교를 다시 맺을 필요가 있었다. 일본 역시 외교적 고립을 피하기 위해서는 조선과 교류가 필요했다. 특히 조선과 일본 사이에서 무역을 통해 큰 이익을 얻어 온 쓰시마번이 중재 역할에 나섰다.

결국 두 나라의 국교는 다시 맺어졌다. 국교는 재개되었지만, 양국의 사신 왕래에는 차이가 있었다. 조선이 일본의 요청을 받아 통신사 일행을 파견한 것과 달리, 조선은 일본 사신을 부산 왜관에 머물게 하고, 도성으로 상경하지 못하게 했다. 일본이 사신을 빙자하여 조선의 실체를 알게 될 것을 두려워했기 때문이다. 반면 일본은 쇼군이 머문 에도까지 조선통신사 일행을 오게 했다.

연도	정사	통신사 파견 목적	총인원	사행 기록 등
1607(선조 40)	여우길	회답겸 쇄환, 국교 회복	467	경섬, 『해사록』
1617(광해군9)	오윤겸	회답겸 쇄환, 오사카평정 경하	428	후지미성 방문
1624(인조 2)	정립	회답겸 쇄환, 이에미쓰 습직경하	300	에도즈(江戸圖) 병풍에 묘사
1636(인조 14)	임광	태평의 경하	475	병자호란 중 파견
1643(인조 21)	윤순지	이에쓰나 탄생	477	조경, 『동사록』
1655(효종 6)	조형	이에쓰나 습직 경하	485	조형, 『부상일기』
1682(숙종 8)	윤지완	쓰나요시 습직 경하	473	김지남, 『동사일록』
1711(숙종 37)	조태억	이에노부 습직 경하	500	아라이 히쿠세키의 의례 개혁
1719(숙종 45)	홍치중	요시무네 습직 경하	475	신유한, 『해유록』
1748(영조 24)	홍계희	이에시게 습직 경하	475	조명채, 『봉사일본시견문록』
1764(영조 39)	조엄	이에하루 습직 경하	477	조엄, 『해사일기』, 고구마 도입
1811(순조 1)	김이교	이에나리 습직 경하	328	쓰시마번에만 머묾. 마지막 통신사

문제는 비용이었다. 조선통신사는 예조참의급 정사를 비롯해 400~500명 규모로 파견되었다. 체재 기간은 6~12개월 정도였다. 대마도에서 에도까지 가는 통신사 행렬의 규모는 통신사 일행뿐만 아니라, 이를 수행하는 대마도번사, 접대를 맡은 지방의 번사(藩士)까지 약 2천 명 이상이 동원되는 거대한 규모였다. 조선통신사를 접대하는 비용은 도쿠가와 막부 1년 수입액을 상회

하는 막대한 규모였다.

그렇다면 왜 도쿠가와 막부는 엄청난 비용을 들여가며, 쇼군이 새로 즉위할 때마다 통신사 파견을 조선에 요청했을까?

도쿠가와 막부가 조선통신사를 요청한 가장 중요한 이유는 쇼군의 지위를 국제적으로 인정받고, 전국의 다이묘들에게 막부의 정치적 우위를 과시하기 위함이었다. 도쿠가와 막부는 권위 획득을 위해 엄청난 비용을 부담한 것이다.

15~16세기 무로마치 막부시기에는 조선에 대해 유연한 자세를 취했다. 대장경을 수입하고, 경제적 이익을 위해 저자세를 취하기도 했다. 국서에 조선을 상국(上國), 대국으로 표현하기도 했다. 하지만 17~19세기 도쿠가와 막부시기에는 조선을 조공국으로 얕잡아보려는 의식이 점점 커졌다. 몽골과 고려가 일본을 침략했으나, 신풍(神風)이 불어 2번이나 위기를 극복했다. 그러자 일본에서 일본은 신국(神國)이라는 관념이 등장하기 시작했다. 일본 천황은 명나라 천자와 동급이고, 일본 쇼군은 조선 왕과 동급이라는 의식이 생기기도 했다. 조선통신사와 일본 막부의 행정관료 사이에는 용어, 의식, 절차 등을 두고, 서로의 자존심을 세우며 외교적인 논란을 벌이기도 했다. 일본은 조선에 회답사를 보내지 않는 것을 자신들의 우월성을 드러내는 것이라고 평가했다. 또한 네덜란드나 자국민에게는 조선통신사가 조

조선통신사 이동로

공을 바치러 오는 것(來朝)이라고 속이기도 했다.

　양국은 교류를 하면서도 서로를 보는 관점이 매우 달랐다. 조선은 일본을 오랑캐로 멸시하고 하대했으나, 일본은 조선을 정치적으로 하대하려고 했다. 그럼에도 양국이 각자 얻으려는 이익 때문에 조선통신사 파견이 지속될 수 있었다.

　하지만 도쿠가와 막부가 권위를 획득하기 위한 비용이 너무나 과다했다. 결국 경제적 부담을 견디지 못한 막부는 1711년 아라이 하쿠세키의 개혁을 계기로 통신사 접대비를 간소화하려고 시도했다. 그러나 조선의 반발과 항의를 받아 비용을 줄이기 어려웠다. 1764년 조선통신사의 에도 방문 이후, 도쿠가와 막부는 조선통신사 파견 요청을 주저했다.

도쿠가와 막부 11대 쇼군 도쿠가와 이에나리(德川家齊)는 1787년에 쇼군 직위를 계승했음에도, 조선통신사 파견을 1811년에야 요청했다. 이때 조선통신사를 에도까지 방문하게 한 것이 아니라, 쓰시마에만 머물게 했다. 조선도 통신사의 규모를 크게 줄여 파견했다. 약 100만 냥이 소요되던 비용은 31만 냥으로 크게 줄였지만, 여전히 도쿠가와 막부에게 부담이었다. 이후로 4명의 쇼군이 계승할 때 도쿠가와 막부는 조선에 통신사 파견을 요청하지 않았다. 조선통신사의 내방으로 얻는 막부의 이익이 점점 작아졌기 때문이다. 조선과 무역도 축소되고 있었고, 조선으로부터 특별히 배울 것이 없다고 판단했던 것도 이유에 포함된다. 이후 두 나라의 관계는 다시 멀어졌다.

- 1. 도쿠가와 막부는 막대한 비용을 들여가며 조선통신사의 내방을 통해, 막부의 권위를 높이고자 했다.
- 2. 조선통신사를 접대하는 비용이 과다한데 비해, 방문 효과는 감소했기 때문에 일본이 1811년 이후 통신사 파견 요청을 중지해 두 나라의 관계는 다시 멀어졌다.

4) 막부시기 일본의 세계와 교류

　조선은 건국 이후 쇄국 정책을 지속했다. 명나라가 해금 정책을 펼쳤기 때문에, 조선은 명나라와 해상 무역을 할 수가 없었다. 또한 고려 말, 조선 초 왜구의 노략질로 인해 바다를 멀리했다. 따라서 조선은 일본과 교류를 시작했을 때에도 3포를 개항했지만, 조선 상인들이 일본으로 건너가 무역할 수 있는 항구를 요구하지 않았다. 임진왜란 이후에도 마찬가지였다. 대항해시대가 개막된 이후에도 유럽 각국의 선박이 거의 찾아오지 않는 나라가 조선이었다. 조선이 지리적으로 유럽과 가장 멀리 떨어진 나라였고, 게다가 수익성 높은 상품도 없는 나라였기 때문이다. 조선 또한 서양과 교류를 원하지도 않았다.

　일본은 1635년 일본인의 해외 도항과 해외로부터 귀국을 금지했다. 명나라 선박의 입항도 나가사키 한 곳으로 제한했다. 또한 500석 이상을 싣는 대형 주인선은 모두 불태워버려 해외로 나가지 못하게 했다. 1637년에 규슈의 시마바라, 아미쿠사 등에서 가톨릭교도를 중심으로 한 4만 명의 농민이 봉기를 일으키자, 도쿠가와 막부가 이를 진압하며 대대적으로 가톨릭을 금지했다. 가톨릭의 전파를 막기 위해 막부는 1639년에 포르투갈 선박의 방문을 금지했다. 유독 가톨릭 전파에 관심이 없는 네덜란드 선박의 입항만을 허가했다. 1641년 네덜란드 상관을 히라도에서 데지마로 이전하고, 이곳에서 제한된 교역을 할 수 있게 했다.

이러한 일련의 조치들을 취한 일본을 '쇄국' 정책을 실시해 1854년 미일화친조약 체결로 개항될 때까지 외국에 문을 닫은 나라'라고 오해하는 사람들이 종종 있다. 로버트 토비의 책 『일본 근세의 '쇄국'이라는 외교』에서 지적하듯이 일본의 '쇄국'은 '쇄국'이 아니었다. 도쿠가와 막부는 막부 체제를 흔들 번(藩)의 성장을 억제하고, 가톨릭의 전파를 막기 위해 외국과의 교역을 규제한 것이다. 그러면서도 엄청난 이익이 발생하는 외국과의 무역은 도쿠가와 막부가 독점했다.

도쿠가와 막부는 4지역에서 외국과 지속적으로 교류하고 정보를 입수했다. 조선과는 쓰시마번을 통해 교류했고, 명-청 및 네덜란드 상인과 나가사키에서 교역했다. 류큐는 사쓰마번을 통해, 에조(홋카이도)는 마쓰마에번을 통해 지배, 종속 관계를 맺고 있었다.

1645년 명나라 무역상이 나가사키에 도착해, 일본에 군사적 요청을 했다. 명나라와 일본은 오랜 인연이 있으니, 함께 청나라를 물리치자는 것이었다. 이후에도 40년간 10여 차례 명나라 부흥을 시도한 남명(南明) 정권이 일본에 사신을 보내 군사 원조를 요청했다. 하지만 일본은 남명 정권에게 나가사키에서 무역은

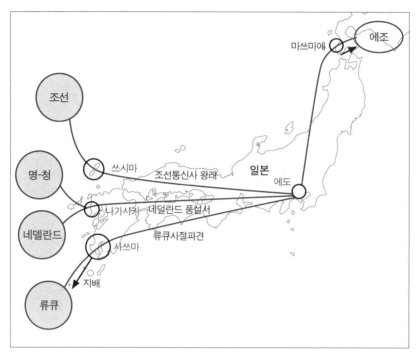

일본의 4대 교역 항구

허가하지만, 원병은 거절하는 실리적인 태도를 취했다. 1652년 부터 1661년까지 연평균 46척의 남명과 청나라 선박이 나가사키에 입항했다. 1656년 청나라가 해금을 강화하면서, 10년간 겨우 34척만이 일본을 방문했다. 1683년 청나라가 대만 정벌에 성공하면서 해금 정책이 풀리자, 1685년에는 청나라 배가 70척이나 일본을 방문했다. 동남아시아 배도 9척이나 일본을 찾았다.

조선이 정기 사행을 통해 청나라와 무역을 한 것과 달리, 청과 일본의 무역은 청나라 상인이 일본을 찾아가서 교역하는 방식이었다. 일본의 은이 청나라 상인을 유혹하는 힘이었다. 일본을 찾아오는 청나라 상선을 통해 일본은 청나라의 정보를 입수했다. 또한 류큐를 통해 동남아시아와 청나라의 정보를, 에조인과 교역을 통해 러시아가 남하하려는 움직임도 파악하고 있었다. 도쿠가와 막부를 우물 안 개구리에서 벗어나게 해준 가장 중요한 교역상대는 네덜란드였다.

네덜란드는 명-청 교체기에 세계 최대의 도자기 생산지인 징더전(景德鎭)에서 도자기를 주문하지 못하자, 마침 도자기를 생산하기 시작한 일본에 주문을 넣어 일본 도자기를 유럽에 가져갔다. 이후 일본은 도자기 생산 분야에서 청나라의 강력한 경쟁자로 떠오르게 된다. 네덜란드가 일본 경제 발전에도 기여한 셈이다.

네덜란드인과 일본의 교섭에는 통사(通詞)라는 통역관이 필요했다. 19세기에는 140명이 넘는 통사가 있었다고 하므로, 네덜란드어를 아는 사람들이 상당히 많았다고 할 수 있다. 이들이 서양의 과학을 배워 난학(蘭學)이란 서양학을 성립시켰다. 일본은 18세기 중엽 이후 적극적으로 서양 서적을 수입했다. 19세기에는 막부가 네덜란드어 능통자로 하여금 네덜란드 서적을 번역하게 했다. 난학을 배우려는 사람들이 차츰 늘어났다. 독일인

의사 시볼트(Siebold, 1796~1866)가 나가사키에 개설한 나루타키 주쿠(鳴瀧塾), 오가타 고안이 오사카에 개설한 데키주쿠(適塾)에 난학을 배우려는 학생들이 몰려들었다. 난학은 일본의 서구화 과정에서 예방 주사와도 같았다.

반면 조선에서 일부 실학자들이 천주학을 연구하기는 했지만, 곧 탄압을 받았다. 조선에서 만약 1645년 소현세자가 죽지 않고, 왕이 되어 천주교를 용인하고 서양학문을 공부하게 했었다면, 19세기 말 서구화에 대한 저항은 적었을 것이 분명하다. 하지만 조선에서 그런 일은 벌어지지 않았다.

아편전쟁은 동아시아 역사의 분기점에 해당된다. 천하의 중심 청나라가 한낱 서양오랑캐로 여기던 영국에게 패배하는 굴욕을 당한 것이다. 그렇지만 청나라는 잠시 서양오랑캐의 소란으로 여겼을 뿐, 아편전쟁의 패배를 인정하지 않았다.

조선은 청나라가 패한 소식을 10년 뒤에 알았고, 그것도 청나라의 관보를 통해 간접적인 정보만을 들었다. 왜곡된 정보를 입수했다. 아편전쟁을 청나라가 주장한대로 서양오랑캐가 잠시 소란을 일으킨 정도로만 알았다. 조선의 유학자 이항로 (1792~1868)가 "천지간에 오직 한 줄기 빛이 조선에 닿아 있으니 동양의 도를 지키는 일에 나라의 존망이 달렸다."고 주장한 것은 서양에 대한 제대로 된 정보가 부족했던 탓이 크다.

일본은 달랐다. 일본은 네덜란드에게 일본 무역을 독점하는 대가로 세계 정보를 막부에 제공해야 하는 의무를 부과했다. 네덜란드 상선이 매년 가져온 해외정보를 통사가 번역해서 올리면, 나가사키 행정장관인 봉행(奉行)이 『풍설서』라는 이름으로 곧바로 막부에 보고했다. 일본은 『풍설서』를 통해 네덜란드를 비롯한 유럽 정보, 샴 등 동남아시아 정보, 그리고 청나라와 동중국해 해역에서 전개되는 서구 열강의 해군 구성에 대해서도 정보를 얻었다. 특히 아편전쟁에서 청나라가 영국에게 참패를 당한 실상을 객관적인 정보를 통해 정확하게 알게 된 일본은, 서구 열강이 일본을 공격해올까 봐 두려움을 갖게 되었다.

일본은 『풍설서』를 통해 미국 페리 제독의 내항 사실을 미리 알았다. 뿐만 아니라 미국 함대의 위력이 일본이 상대할 수준이 아님도 알았다. 그렇기 때문에 일본은 저항하지 않고 미국의 요구를 받아들여 개항을 했다. 그러자 도쿠가와 막부의 권위가 크게 떨어졌다. 하지만 서양의 힘을 제대로 알고 개항한 일본은, 개항 이후 서양의 문물을 받아들이는 태도가 청나라, 조선과는 크게 달랐다.

1850년대 일본의 유학자들은 이미 중국의 절대성을 부인하기 시작했다. 사쿠마 쇼잔은 "중국도 유럽도 일본에게는 모두 외국, 그 각자의 좋은 점을 받아들여 일본 스스로를 보완해야 한다."라고 주장했다. 사쿠마 쇼잔은 성리학을 신봉하는 사람이었지만, 과감하게 새로운 사상과 문물을 익혔다. 그는 아편전쟁 후 네덜란드 학문을 연구하는 난학자로 변신했다. 그는 직접 대포도 제작하고, 포술을 가르쳤으며, 개국론자가 되었다. 일본 근대사를 바꾼 요시다 쇼인, 가쓰 가이슈, 사카모토 료마, 가토 히로유키 등은 사쿠마 쇼잔에게 배운 제자들이었다.

- 1. 일본의 쇄국은 쇄국이 아니었고, 4곳에서 외국 정보를 꾸준히 입수했다.
- 2. 네덜란드에서 매년 제출한 『풍설서』를 통해 서양 사정을 정확히 알고 있던 일본은 서양의 사상과 문물을 빠르게 받아들일 수 있었다.

> **오가타 고안**(緒方洪庵, 1810~1863)
> - 에도 후기의 난학자

　오사카시 주오쿠 기타하마에 위치한 데키주쿠 건물은 에도시대에
서양 학문을 가르쳤던 학교 건물 중, 유일하게 지금까지 남아있는 건
물이다. 데키주쿠는 후쿠자와 유키치를 비롯한 1천 명 이상의 학생을
배출한 당대 최고의 사립학교(私塾)였다. 메이지 유신에 앞장선 많은
인물들이 이곳 출신이며, 일본 보건 위생에도 기여한 많은 의사들도
이곳에서 배출되었다. 이처럼 일본사에서 중요한 의미가 있는 데키주
쿠의 설립자는 오가타 고안이다.

　오가타 고안은 아시모리번(현재 오카야마현)의 무사 가문 출신으로,
1826년 오사카에서 서양학 학자인 나카 텐유(中天游, 1783~1835)의
학원에서 서양의학을 배우기 시작했다. 1830년에는 에도로 이사하
여, 난학자인 쓰보이 신도(坪井信道, 1795~1848) 등에게 배웠다. 고안은
1836년부터 1838년까지 나가사키에서 2년간 공부를 한 후, 1838년
3월 오사카에서 데키주쿠를 개원했다. 그는 데키주쿠에서 학생들을
가르치면서 연구와 저술을 했다. 1849년 일본에서 처음으로 '병학통

론(病學通論)'을 저술하였고, 독일의사 후펠란토의 내과학(內科學) 책을 번역하는 등, 서양서적을 일본에 소개했다.

1849년 천연두가 창궐해 많은 사람들이 죽어갈 때 그는 다른 의사들과 함께 오사카에 종두소를 설치하여, 에드워드 제너의 종두법으로 사람들에게 접종했다. 1858년 콜레라가 대규모로 발병했을 때는 '콜레라 치료를 위한 가이드'를 간행해 유행병 치료에 지침을 제공했다. 그는 일본 예방의학과 공중위생 분야에서 선구적인 업적을 쌓았다.

그의 뛰어난 업적을 인정한 에도 막부는 1862년 그를 에도로 초청해, 막부 전임 의사 및 서양 의학소 소장에 임명했다. 하지만 이듬해 그는 병사하고 말았다. 그가 죽자 데카주쿠는 가족과 학생들이 이어받아, 1886년까지 운영되기도 했다.

그는 뛰어난 의사였을 뿐만 아니라, 학자, 번역가, 교육자로서 일본 근대화에 큰 기여를 한 인물이다. 그가 서구의학을 일본에 널리 알린 덕분에, 일본의 개화가 빨라질 수 있었다.

오가타 고안은 난학을 배워, 일본의 예방의학과 공중위생에 선구적인 업적을 쌓았고, 후쿠자와 유키치를 비롯한 인재들을 길러냈다.

미쓰비시
- 해운업으로 성장한 일본 3대 재벌

    일본 자이바츠(財閥)의 상징 미쓰비시의 창업자는 토사번 출신 하급 사무라이인 이와사키 야타로(岩崎弥太郎, 1835~1885)다. 그는 가난한 어린 시절을 보냈지만, 어려서 유학을 공부했을 뿐만 아니라, 산술과 상법도 공부했다. 그는 토사번의 상급무사 요시다 도요(吉田東洋)에게 학문을 배운 후, 그를 따라 나가사키 무역소에 가서 해운업에 인연을 맺는다. 사카모토 료마가 창설한 일본 최초의 해운상사인 ㈜가메야마 사추(龜山社中)에서 일을 했다. 1870년부터 경영을 맡은 야타로는 미쓰비시 상회로 이름을 바꾸고, 메이지 정부와 긴밀한 관계를 맺으며 발전한다. 1874년 일본군의 대만 원정에서 해상 운송을 책임지며, 빠르게 성장한다. 1877년 사이코 다카모리가 일으킨 서남전쟁에서도 메이지 정부를 지원하며, 해운 운수업을 발전시켜 해운왕이란 이름을 얻게 된다.

    메이지 정부의 사업을 대거 수주하여, 해운업뿐만 아니라 광산 및 탄광, 조선소, 은행 등으로 사업 분야를 확장한다. 1916년에는 합자

지주회사가 총사령탑 역할을 하는 미쓰비시 자이바츠가 성립한다. 미쓰비시는 조선, 전기, 항공기, 화학, 석유 등 중화학 공업 부분에도 진출해, 군용기를 생산하고, 다수의 군수용품을 생산했다. 한반도에도 부평 등지에 군수 공장을 갖고 있었다. 일본 정부를 대신해 첩보활동을 해, 일본 패망 후에는 전범(戰犯) 기업의 대명사로 불렸다.

미군정에 의해 미쓰비시 자이바츠가 해체되었으나, 미군정 종식후, 다시 부활한다. 일본 3대 자이바츠의 상징적인 요소로 스미토모가 결속, 미쓰이가 사람, 미쓰비시는 '조직의 미쓰비시'라 일컬어진다. 1954년 미쓰비시 상사가 부활하고, 중화학 공업 및 항공 군사 분야도 미쓰비시 케미컬과 미쓰비시 중공업으로 부활했다. 1954년 미쓰비시 금요회 등 협력 기구가 구성되어 다시 거대 기업집단이 되었다. 미쓰비시 게이레츠에는 해운사인 닛폰유센(日本郵船)를 비롯해, 기린홀딩스, 메이지 야스다 생명보험, 미쓰비시 머티리얼즈(Mitsubishi Materials), 미쓰비시 상사, 미쓰비스 자동차, 미쓰비시 전기,미쓰비시 중공업, 니콘, 로손, 아사히 글라스, ENEOS 등이 있다.

해운상사로 출발한 미쓰비시는 메이지 정부와 밀접한 관련을 맺으며 성장해, 상사, 중공업, 정유업 등에 진출해 거대 기업집단이 되었다.

4

일본의 와(和)

1) 각자의 할 일을 하라 - 와(和)와 메이와쿠(迷惑)

군군신신부부자자(君君臣臣父父子子). 『논어』에서 공자가 말한 정치의 덕목이다. 임금이 임금답고, 신하가 신하답고, 아버지가 아버지답고, 아들이 아들다워야 한다는 말이다. 각자 마다 맡은 일에 충실하면 모든 조직이 순조롭게 유지될 수 있다는 말이다. 이렇게 각자의 할 일을 할 때 생기는 것이 와(和)다.

일본적 가치를 나타내는 대표적인 말이 와(和)다. 일본 식사를 와쇼쿠(和食), 일본 과자를 와가시(和菓), 일본의 소를 와규(和牛)

라고 하듯이, 일본 특유의 것을 서양의 것과 구분해서 부를 때 늘 와를 사용한다.

일본은 지리적으로 통일된 국가를 형성하기가 쉽지 않은 나라다. 해안과 산을 끼고 그 사이를 흐르는 강과 주변의 좁은 평야를 중심으로 수많은 지역이 형성되어 있다. 외부 세력이 쉽게 들어와서 지배하기가 쉽지 않은 구조다. 이러한 지리적 특성이 일본에 수많은 소국들이 난립한 원인이 되었다. 외부세계와 구분된 일본 열도 내에서 작은 소국들이 난립하면 필연코, 잦은 전쟁이 발생하게 된다. 전쟁을 막기 위해서는 하나의 질서가 자리잡아야 한다. 그래야 분쟁이 줄어들고 사회가 안전해진다. 그래서 나타난 것이 철저한 계급질서다.

와 사상은 1,400년 전 쇼토쿠 태자(聖德太子, 573~621)가 만든 것으로 알려져 있다. 와 사상은 천황의 지배질서를 공고히 하려고 탄생한 것이다. 일본은 천황을 정점으로 한 거대한 피라미드형 계급사회다. 가마쿠라 막부, 무로마치 막부, 도쿠가와 막부가 등장했지만, 어떤 권력자도 천황의 자리를 넘보지는 않았다. 덴노, 쇼군, 다이묘, 상급 사무라이, 하급 사무라이, 농민과 공인, 상인 그리고 천민으로 철저한 계급질서가 확립되면서, 인도 카스트제도에 버금가는 엄격한 신분제 사회가 완성되었다.

이러한 질서를 깨지 않기 위해서는 각자의 직분에 맞춰 생활해야 한다. 각 계급마다 각자의 역할을 충실히 하라는 것이 암묵적 사회통념으로 자리 잡기 시작했다. 일본의 와(和)는 서로의 조화로운 삶이 아니라, 사회질서를 안정시키기 위해 널리 받아들여졌다. 또한 신분질서를 고착화시키기 위해서 강요된 사상이기도 하다.

오랫동안 일본인은 각 다이묘가 지배하는 번에서 태어나서, 그 번에서 죽어야 했다. 한정된 지역에서 살아야 했기 때문에, 남의 영역을 침범하지 않아야 다툼이 없다. 남의 영역을 침범하는 것은 질서를 깨뜨리는 것, 폐를 끼치는 것이다. 일본에는 메이와쿠(迷惑)라는 말이 있다. 일본 문화의 특징 중 하나로, 다른 사람에게 끼치는 폐해 그 자체를 의미한다. 일본에서는 메이와쿠를 끼치는 것을 극도로 꺼린다. 메이와쿠는 자신이 맡은 일을 제대로 하면 폐를 끼칠 일이 없는데, 자신이 해야 할 일을 제대로 못해서 남에게 불편하게 했다는 의미도 있다. 사회의 조화를 깨는 일은 절대 해서는 안 된다는 메이와쿠. 일본인은 스미마센(すみません-죄송합니다), 시츠레이시마스(失礼します-실례합니다) 라는 말을 입에 늘 달고 산다.

일본에는 한 사람을 철저히 고립시키는 무라하치부(村八分) 문화가 있다. 요즘 문제가 되는 이지메(いじめ)의 근원이 되는 것이 무라하치부다. 무라하치부는 촌의 10가지 일 가운데 소방 활동

과 장례를 치르는 일을 제외한 나머지 8가지 일인 성인식, 결혼식, 출산, 신개축, 수해 돌봄, 법요식, 여행, 질병 돌봄에서 철저히 배제하는 것을 말한다. 무라하치부는 와(和)를 깨거나, 마을의 관습을 깨거나, 미움을 산 사람에게 제재를 가하는 행위다. 누군가 질서를 깨는 행위를 하면, 다른 사람들에게 피해가 될 수 있으므로, 미리 그런 사람과의 교제를 끊어버리는 공동절교를 행하는 것이다. 따돌림을 당하지 않기 위해서 질서를 깨뜨리거나, 남에게 폐를 끼치는 행위를 하지 않으려는 문화가 발달한 것이다.

일본 문화의 장점은 한 명의 지도자가 방향을 잡고 일을 추진하면, 모두가 조직에 폐가 되지 않기 위해 일사불란하게 행동한다는 점이다. 또한 각자 맡은 일을 철저히 해서 전체에 폐가 되지 않도록 모두가 일을 충실히 한다는 것이다. 다만 일본인들은 자신을 드러내기 보다는 전체에 묻혀가려는 경향이 강해, 인간을 소극적으로 만드는 단점이 있다.

- 1. 일본은 사회의 안정과 평화를 위해 와(和) 문화가 형성되어, 각자의 분수에 맞게 생활하는 신분질서가 고착되었다.

■ 2. 사회 질서를 깨뜨리거나, 남에게 폐를 끼쳐서는 안 된다는 문화가 일본인들로 하여금 자신들을 드러내기보다, 조직의 명령에 충실히 따르는 인간으로 만들었다.

2) 지위 유지형 사회가 오래 지속된 이유

일본의 와 사상은 사람들이 가진 근본적인 욕망, 즉 남보다 잘 살고 싶은 메갈로티미아(Megalothmia, 우월욕망)와 남들과 동등해지고 싶은 이소티미아(Isothymia, 평등욕망)를 억제한 사상이다. 개인보다는 집단의 안정이 더 우선인 사상이다. 그런데 남보다 우월해지고 싶은 욕망이 없다면, 열심히 노력하며 살려는 의지도 약할 것이다. 인간은 누군가로부터 인정받고 싶어 한다. 자신이 잘 하고 있다는 것을 통해 스스로 만족감을 얻을 수 있는 삶을 살고 싶어 한다. 그런데 일본은 신분질서를 고착화시킴으로써, 남보다 우위에 서려는 인간의 욕망을 닫아버렸다.

인간을 사회의 한 부속품으로 취급하고, 주어진 역할에만 충실히 살라고 강요하면, 불만을 가진 자들이 나타나 언젠가는 사회 체제가 뒤엎어질 수도 있다. 전 세계 대부분의 국가에서는 이 문제를 종교적인 교리로 해결해 왔다. 힌두교와 불교는 인간의 전생의 업(業)에 의해 현생에 자신의 처지가 결정된 것이라고 생각하게 만들어, 사람들로 하여금 신분 상승의 욕망을 잠재웠다.

일본이 무사 사회라고 해서, 무력으로 신분 상승 욕망을 억누르지는 않았다. 일본 사회는 인간의 우월욕망을 자신의 직분을 지키는 일에 최선을 다한 사람에 대한 존경과 찬사로 해소시켜주었다. 한 분야에 열중하는 사람을 뜻하는 오타쿠(御宅)라는 말이 있다. 일본의 오타구들은 각자의 분야에서 자기만의 열정을 쏟아부어 최고 전문가 수준에 도달하곤 한다. 일본인들은 목숨 걸고 일하는 것을 뜻하는 잇쇼켄메이(一生懸命)라는 말을 자주 사용한다. 또한 일본에는 좋은 것은 기꺼이 취하며, 남이 잘 하는 것은 보고 배워야 자신도 잘 할 수 있다는 이토코토리(良いとこ取り)와 장인정신(匠人精神)으로 번역되는 모노즈쿠리(物作り)가 있다.

한 분야에서 최고의 전문가가 되면, 일본 사회가 인정을 해준다. 가업을 계승할 때에도 그 분야의 최고 전문가를 양자로 들여서라도 계승하게 한다. 조선에서는 같은 성씨가 아니면 양자로 들이는 것을 꺼리지만, 일본은 다른 성씨라도 문제가 없다. 전문가를 존중하는 것은 와(和)를 거스르지 않으면서 한 인간이 남보다 낫다는 욕망, 인정받고 싶은 욕망을 충족시켜주는 방법이다. 일본의 장인정신은 그렇게 탄생했다. 자기가 걷는 길에서 최선을 다하면 그 분야에서 최고로 인정받는 것에 저마다 만족하며 살 수가 있게 된다. 그러다보니 일본에서는 한 분야에 깊이가 있는 전문가들이 많다. 자신이 모르는 분야에 함부로 끼어들기보다, 자신의 분야에만 집중한다.

신분질서가 공고하고, 한 번도 천황을 제거하려 하거나, 농민이 국가 자체를 전복시키려는 반란이 일어나지 않은 것은 일본 사회가 지위 유지형 사회이기 때문이다. 지위 변동형 사회인 한국과는 크게 다르다. 현재도 천황제가 유지되고, 세습정치인이 많고, 부친의 가업을 계속 잇는 사람들이 많은 사회가 일본이다. 지위 유지형 사회가 오래 지속될 수 있었던 이유는 사람들이 자신이 걷는 길을 걷다 보면 그 길에서 만족을 찾을 수 있다고 믿어왔기 때문이다. 일본인 스스로가 사회 구성원으로써 하나의 부속이나 마찬가지더라도 만족할 수 있던 이유는 각자의 역할에 대해 나름의 만족감을 가질 수 있는 사회이기 때문이다.

- 1. 일본은 한 분야의 최고 전문가를 인정해주는 문화를 만듦으로써, 지위 유지형 사회에 대한 사람들의 불만을 최소화시켰다.
- 2. 일본의 장인정신은 한 분야에 최고가 되는 것을 통해 남에게 인정받으려는 욕망을 충족하기 위해 형성되었다.

3) 조선에서 냉대 받은 도공, 일본에서 신이 되다.

일본은 차 생산에 유리한 자연환경을 갖고 있어, 차 문화가 발전했다. 하지만 임진왜란 이전까지 차를 마실 때 필요한 도자기를 생산하지 못해, 조선과 명나라에서 수입해야 했다. 조선의 다완(茶碗)은 일본에서는 작은 성 하나와 바꿀 정도로 귀하게 여겨졌다.

사마천의 『사기』〈자객열전〉에는 다음과 같은 말이 있다.

> "선비는 자기를 알아주는 사람을 위해 목숨을 바치고, 여인
> 은 자신을 사랑해주는 사람을 위해서 화장을 한다(士爲知己
> 者死, 女爲悅己者容)."

일본에서는 분로쿠·게이초의 역(文禄·慶長の役), 한국에서는 임진왜란으로 불리는 전쟁은 도자기 전쟁으로도 불린다. 일본이 전쟁 중에 조선의 도공들을 납치하여, 일본에 도자기 문화가 전파되었기 때문이다.

규슈 지역 다이묘인 나베시마 나오시게, 가토 기요마사, 시마즈 요시히로, 고니시 유키나가 등 조선을 침공한 일본의 사령관은 조선에서 수백 명의 도공을 붙잡아갔다. 도자기는 오랫동안

중국과 한국에서만 만들었다. 도자기를 만들려면 특별한 기술이 필요했고, 도자기 생산에 필요한 고령토 등이 풍부해야 했기 때문이다.

히젠국(肥前国)의 번주 나베시마 나오시게가 잡아간 도공 가운데 이씨가 있었다. 일본에서 얻는 이름은 카나가에 산베에(金ヶ江三兵衛). 산베에를 한국어식 발음으로 복원 추정한 이삼평(李參平)으로 널리 알려진 인물이다. 그는 일본에 건너간 후, 17세기 초 규슈 사가현 아리타 이즈미야마(泉山)에서 고령토 광산을 발견한다. 그리고 곧 일본 최초의 백자를 생산하는 텐구니다니 가마(天狗谷窯)를 열었다. 이삼평이 만든 도자기를 아리타야끼(有田燒)라고 한다.

이후 아리타에 도공들이 몰려들어 일본을 대표하는 도자기 생산지가 된다. 아리타야끼는 네덜란드 동인도회사를 통해 1650년 이마리(伊万里) 항구에서 유럽으로 수출되기 시작해 점점 수출량을 늘렸다. 첫 수출 이후, 70년 동안 700만 개의 자기가 세계 각지로 팔려갔다. 반면 조선의 도자기는 외국으로 수출된 것이 거의 없었다.

이삼평은 일본에서 도자기 제조의 시조인 도조(陶祖)로 불린다. 일본에서 그에게 준 신분은 사무사이. 조선에서 천대받는 도공이 일본에서는 전문가로 대우를 받은 것이다. 번주에게 크게 칭찬을 받은 그는 성씨도 새로 부여받아 아리타에 정착했다. 이삼평의 자손들은 대대로 번으로부터 급여를 받았고, 백자 광산의 채굴권도 부여받고, 지역의 지배자가 되었다. 이삼평이 죽자 1656년 아리타 주민들은 아리타야마소뵤하치만궁(有田山宗廟八幡宮)에 이삼평과 나오시게를 합사해 모셨다. 이삼평은 신으로 섬겨졌다. 1917년에는 아리라 시내에 도조 이삼평비가 세워졌으며, 이시바신사에는 이삼평상이 안치되기도 했다. 이삼평의 후손들은 14대를 이어오고 있다.

사쓰마번주 시마즈 요시히로가 붙잡아간 사람들 가운데 심당길, 박평의 등의 도공들도 도자기를 만들었다. 심당길(沈當吉, ?~1628)은 1604년경부터 도자기를 만들며 나에시로가와(苗代川) 조선인 도공 마을을 만들었다. 시마즈는 심당길과 마을 도공들을 사무라이로 대우했다. 1615년 마을의 초대 촌장 박평의와 심당길이 함께 어용 도자기처의 총 책임자가 되어, 사쓰마야끼를 생산했다.

심당길의 12대 후손 심수관(沈壽官, 1835~1906)에 이르러 그의 가문은 크게 융성한다. 사쓰마번 백자공장 총책임자가 되어, 도자기를 사쓰마의 주요 수출품으로 만들었다. 1873년 오스트리아 빈 만국박람회에서 180㎝에 달하는 큰 화병을 출품해 높은 평가를 받았다. 이후 심수관의 도자기는 일본문화를 상징하는 예술작품으로 평가 받았다. '사쓰마웨어(Satsumaware)'라는 이름으로 일본 도자기의 대명사가 될 만큼 유명해져, 각종 박람회에서 수상했다. 심수관이 국제적 명성을 얻자, 13대부터는 본명 대신 선대 이름을 그대로 사용하고 있다. 심수관 가마는 16대로 이어져 내려오고 있다.

박평의(朴平意, 1558~1623)의 후손 중에는 도공의 길을 거부하고, 관계로 진출해 외무대신을 2번이나 역임한 도고 시게노리 (東郷茂徳, 1882~1950, 박무덕)도 있다. 이처럼 일본에서 조선의 도공들은 높은 대우를 받았다. 그들은 자신들이 가진 기술과 재능을 마음껏 발휘할 수 있었다. 조선에서 도공들은 국가가 주문한 도자기를 생산하기에 급급했고, 신분 또한 일반 농민들보다 낮은 공인(工人)에 머물렀다. 하지만 일본에서는 조선의 양반에 해당되는 사무라이로 대우를 받았다. 전문가를 우대하는 일본에 정착한 도공들은 다시 조선으로 돌아오지 않았다. 임진왜란 이후 조선은 포로 쇄환사(刷還使)를 보내, 일본에 끌려간 포로들의 일부를 데려왔지만, 도공들이 다시 돌아왔다는 기록은 보이지 않는다.

조선의 도공들은 일본으로 건너가, 일본의 도자기 산업을 일으켰다. 일본은 17~19세기 청나라와 어깨를 겨루는 도자기 강국이 되었고, 도자기를 팔아 국력을 키울 수가 있었다.

일본의 조선인 도자기 마을

　인간은 누구나 대접받고 싶어 한다. 현재 세계 각국은 인재 확보 전쟁을 벌이고 있다. 능력 있는 사람들은 자신을 알아주는 곳을 찾아 국경을 넘나들며 일을 하고 있다. 인재 확보 전쟁에 국가의 미래가 달렸다고 할 정도다. 400년 전 일본과 조선이 기술자를 어떻게 대우했는가에 따라 나라의 운명이 달라졌다고 하면 너무 지나친 말일까?

- 1. 임진왜란 때 일본으로 건너간 조선의 도공들은 일본에서 사무라이로 대접받았고, 죽어서 신으로도 숭배되었다.
- 2. 도공들은 자신들을 우대해 주는 일본 사회에서 재능을 발휘해, 세계 최고 수준의 도자기를 만들어 일본을 발전시켰다.

4) 세계에서 가장 오래된 기업

영국의 경제잡지인 『이코노미스트』는 세계에서 가장 오랜 기업으로 일본의 고건축 전문회사인 곤고구미를 선정했다. 곤고구미는 578년에 설립되어 1,400년이 넘는 역사를 자랑해왔다. 이 회사의 창업주는 쇼토쿠 태자의 초청으로 백제에서 왜국으로 건너간 유중광(柳重光)과 동료들이다.

유중광과 동료들은 578년부터 593년까지 오사카 최대의 사찰인 시텐노지(四天王寺)를 완성했다. 쇼토쿠 태자는 유중광과 동료들에게 앞으로 대대손손 시텐노지를 보수 관리하는 일을 부탁했다. 쇼토쿠 태자는 유중광에게 곤고 시게미쓰(金剛重光)란 이름을 지어줄 정도로 그를 신뢰했다. 결국 유중광은 왜국에 머물게 되었고, 사찰의 보수 관리를 맡는 회사 곤고구미(金剛組)를 설립하게 된다. 그의 후손들은 무려 40대를 이어가며 일본 제일의 사찰 전문 건축회사로 남았다. 1576년 시텐노지 전체가 불에 탄 것을 재건한 것도 곤고구미다.

곤고구미의 1,400년을 지탱해 온 힘은 '기본에 충실하라'이다. 1995년 일본 고베시에 대지진이 났을 때 많은 건물, 다리 등이 파괴되었지만, 대지진의 중심에 있던 곤고구미가 지은 사찰인 가이코인(戒光院) 만큼은 멀쩡했다고 한다. 곤고구미는 건축을 할 때 천장, 밑바닥같이 보이지 않는 곳에 돈을 더 쓴다. 일본에선 "곤고구미가 흔들리면 일본 열도가 흔들린다."는 말이 전해질 정도다. 곤고구미는 어떠한 공사를 맡아도 기본에 충실하고, 보이는 곳보다 보이지 않는 곳에 신경을 써서 공사를 했다. 또한 사찰, 신사, 불교 건축의 설계 및 시공, 성곽 및 문화재 건축물의 복원과 수리 분야에서 일본을 대표하는 회사였다. 하지만 일본의 거품경제 때 과도한 토지 구입으로 불어난 빚을 감당하지 못해, 결국 2006년 파산했다. 현재는 다카마쓰 건설이 인수하여 운영하고 있다.

이케노보카도카이(池坊華道会)는 587년에 창업한 일본의 유명한 꽃꽂이 가문이자 기업이다. 현재까지도 꽃꽂이를 강습하는 기업으로 남아 있다. 2017년에는 초대 당주 이케노 보센코(池坊專好)의 이야기를 다룬 "하나이쿠사(花戦さ)"라는 영화도 개봉했다.

세계에서 가장 오래된 여관은 705년에 창업한 게온칸(慶雲館)이다. 도쿄 서쪽에 있는 야마나시현에서 52대에 걸쳐서 영업 중이다. 1,300년 역사를 자랑하는 이곳은 도쿠가와 이에야스가 2번이나 방문한 온천을 갖고 있다. 지금도 705년 당시 모습을 일부 간직하고 있다. 이시카와현 고마츠시에는 718년에 설립된 호시료칸(法師旅館)도 있다.

교토 이마미야진자 앞에 있는 떡집인 이치몬지야와스케(一文字屋和輔)도 1천년 역사를 갖고 있다. 인절미를 숯불로 구워 소스에 찍어 먹는 아부리모찌(あぶり餅)라는 떡을 팔고 있다.

일본에는 200년 이상 된 기업이 약 4천개, 500년 이상 된 기업이 147개, 1천년 이상된 기업도 21개가 있다. 일본 상장기업 중 20%는 100년 이상 된 기업이라고 한다. 일본은 장수기업의 숫자가 세계 1위다. 대를 이어가며 가업을 전승하는 전통이 지금까지 이어지고 있다.

- 1. 세계에서 가장 오래된 기업은 백제인 류중광이 578년 시텐노지를 건설하면서 창립한 곤고구미로, 1,400여 년의 역사를 이어왔다.
- 2. 일본은 세계에서 장수기업의 숫자가 가장 많은 나라로, 대를 이어가 며 가업을 이어가고 있다.

5) 가업의 전승, 숙련된 기술

일본은 유교를 받아들여 남성 중심적인 가계 계승문화가 강하다. 아버지가 우동가게를 하다가 늙어서 은퇴하면, 아들이 변호사를 하다가도 가업을 잇기 위해 변호사를 그만두는 일이 벌어지는 나라가 일본이다. 가업을 전승하는 문화로 인해 일본에는 오래된 기업들이 많은 것이다. 한 가문이 대를 이어 하나의 직업에 종사하는 것은, 자신들의 직분에 충실하기 위함이다. 타고나면서부터 스스로의 분수를 지키고, 분수를 넘지 않으려는 일본인들은 가업을 계승하여 대대로 그 일에 종사하는 경우가 매우 흔하다. 대를 이어 가업을 이어오는 가게들을 시니세(しにせ)라고 한다. 이들 가게들에는 오랜 단골이 존재한다. 늘 만나는 단골들을 대상으로 장사를 하다보면, 엉터리로 물건을 만들 수가 없다.

Knowhow란 오래도록 한 분야에서 일을 하면서 생긴 남들이 쉽게 알기 어려운 일을 쉽게, 더 잘할 수 있는 '요령' 정도로 번역할 수 있는 말이다. 대를 이어 가업을 잇는 사람들은 조상으로부터 물려받은 Knowhow를 많이 갖게 된다. 어린 시절부터 부모가 하는 일을 곁에서 본 사람은 일하는 능력에서, 처음 일을 배운 사람과 차이가 날 수밖에 없다.

일본에 전통 있는 가게들은 대대로 이어온 기술자들이 장인정신으로 만든 물건들을 판매한다. 화과자를 만들거나, 종이공예품을 만들거나, 인형을 만들거나 각 분야마다 저 마다의 독특한 장점이 있는 물건을 판매한다. 남과 다른 물건을 파는 일본 가게들은 각자의 취향에 맞는 물건을 사고자 하는 세계인의 사랑을 받고 있다. 최근 일본은 너무 많은 관광객이 몰려 비명을 지를 정도다.

일본이 소재산업, 부품산업에서 세계적인 강국이 되고, 서비스 산업, 관광산업에서 높은 경쟁력을 갖게 된 것은 하루아침에 이루어진 것이 아니다. 오랜 세월에 걸쳐 대대로 축적된 knowhow가 있기 때문이다. 국중호 교수는 한국과 일본의 차이를 『흐름의 한국 축적의 일본』 책에서 친절하게 설명해주고 있다. 그는 일본은 깊고 좁으면서도, 축적과 아날로그 성격을 갖고 있으며, 한국은 넓고 얕게, 흐름, 디지털 특징을 갖고 있다고 했다.

'돈을 남기는 것은 하(下), 가게를 남기는 것은 중(中), 사람을 남기는 것은 상(上)'

일본 상도(商道)의 격언이다. 일본은 한 세대에 최고의 전문가가 되지 못하면, 다음 세대에 그 꿈을 이루기를 바란다. 각자의 직분을 지키면서, 자기 분야에서 최고가 되는 것으로 삶의 만족을 추구하는 일본인들은 산업화 시대를 맞이하면서, 그 장점이 크게 드러났다. 그것이 일본을 기술강국, 세계적인 선진국으로 만든 원동력이라고 할 수 있다.

- 1. 대를 이어 가업을 계승하는 문화로 일본에서는 오랜 세월 기술이 축적될 수 있었다.
- 2. 일본의 가업계승, 장인문화는 산업화 시대를 맞이하여 그 장점이 크게 드러나, 일본을 선진국으로 만든 원동력이 되었다.

6) 분권국가 일본의 장점

일본인들은 일본을 신국(神國)으로 여기고, 주변을 오랑캐로 보는 천하관을 가진 적이 있다. 자국을 작은 천하로 여기고 자국 문화에 자긍심도 강하다. 하지만 일본인들은 이런 생각을 결코 절대화하지는 않았다. 자신보다 강한 상대를 만났을 때는 자존심을 숙이고 머리를 조아리기도 한다. 와 사상은 스스로의 위치를 정확히 파악해서, 질서에 순응하는 것부터 시작하기 때문이다. 이러한 의식은 일본보다 강한 서양세력을 만났을 때 그들로부터 배워야 한다는 실용적인 태도로 나타났다.

와 사상은 일본을 전체주의 국가로 변신하는데 매우 유용한 사상이다. 하지만 와 사상이 일본의 지리적 여건 때문에 탄생했다는 것을 잊어서는 안 된다. 일본은 분권국가에 적합한 지리적 환경을 갖고 있다. 도쿠가와 막부 휘하에는 270여 개의 번이 있었다. 도쿠가와 막부는 각 번주들에게 에도(江戸) 건설에 자금을 대거나, 인력을 제공하라고 지시하기도 했다. 또 번을 폐지하거나 이동시키기도 했다. 그렇지만 막부는 번의 내정에는 직접 개입하지 않았다. 각 번은 하나의 독립된 국가나 다름없었다.

각 지역마다 별개의 역사가 있었고, 지역마다 문화가 달랐다. 일본은 남북으로 길게 늘어진 열도의 나라다. 북쪽과 남쪽은 기후대가 완전히 다르다. 언어도 너무 다르다. 그런데 1635년 막부가 실시한 산킨코타이(參勤交代)로 각 번의 번주들이 정기적으로 에도에 일정 기간 머물러야 했다. 각 번의 반란을 막기 위해 일종의 인질을 잡아두기 위함이었다. 각 번의 영주들은 막대한 비용을 들여 자신의 영지와 에도를 왕래해야 했고, 자신의 정실부인과 후계자를 에도에 늘 상주시키지 않으면 안 되었다. 따라서 각 번은 엄청난 경제적 부담을 갖게 되었다. 이는 각 번의 군사력을 저하시키는 효과도 있었다. 하지만 각 번의 사람들이 에도에 오래 머물게 됨에 따라, 각 번들끼리 교류가 활발해지면서, 언어와 문화가 닮아가며 일본인이란 정체성도 커질 수 있었다.

그럼에도 일본은 수많은 나라들로 나누어진 분권국가였다. 각 번은 각자 운명을 개척해야 했다. 스스로 생존과 자기 발전을 위해 노력해야만 했다. 막부가 다이묘에게 곡식을 바치게 하는 아게마이(上米)제도를 시행하고, 각종 부역에 각 번의 인력과 재물을 동원했기 때문에, 각 번들은 재정 건전화를 위해 다양한 산업을 발전시켜야 했다. 또한 각 번의 인재를 양성하기 위해 학교도 육성해야 했다. 각 번들은 특산품을 개발해 에도, 오사카, 교토 등의 대도시에서 판매하여 수익을 올리기도 했다. 남들과 다른 산업을 일으켜 자기 번을 발전시키기 위해 노력했다.

각 번마다 다른 문화가 발전하기도 했다. 히젠번(肥前藩)의 경우 농지를 개혁해 균전제(均田制)를 도입하고, 전매제(專賣制)를 강화해 도자기와 석탄 등을 번에서 직접 관리했다. 일본 최초로 철제 대포를 주조한 것도 히젠번이다. 도사번(土佐藩)은 목재와 종이를 전매하여 번에서 독점적으로 판매해 수익을 올렸다. 가가번(加賀藩)은 토지의 생산성인 고쿠다카(石高)가 102만 석으로 270여 개 번들 가운데 가장 컸다. 가가번의 인구는 100만 명이 넘었다. 가가번은 1860년대 번의 재정으로 서양군함을 구입한 강력한 번이었다. 에도 옆의 미토번(水戸藩)은 마지막 쇼군인 도쿠가와 요시노부의 고향인 번이다. 도쿠가와 이에야스의 후손이 대대로 번주를 맡아, 막부를 수호하는 역할을 담당하는 번이다. 그런데 미토번에서는 미토학이란 학문이 발전한다. 미토학은 존왕양이(尊王攘夷)를 주장한다. 즉 막부가 아닌 천황의 통치를 지지하는 학문이 미토번에서 발전한 셈이다.

조선의 2~3개 군(郡)을 합친 면적에 불과한 사쓰마번은 1863년 영국 함대와 독자적인 전쟁을 벌였다. 전쟁은 영국의 일방적 승리로 끝났다. 사쓰마번은 영국에 배상금을 지불했지만, 손해만 본 것은 아니었다. 사쓰마번은 이를 통해 영국의 강성함을 알게 되어, 영국과 우호관계를 맺었다. 사쓰마번은 1865년 영국에 사절단을 파견해, 영국의 최첨단 기술을 배워온다. 사쓰마번의 무사들은 해군력의 중요함을 깨달아 이후 일본 해군의 주역으로 성장한다.

조슈번 역시 시모노세키 해협을 봉쇄하고, 미국 상선 등에 포격을 가해, 1863년과 1864년 2회에 걸친 시모노세키 전쟁(下關戰爭)을 일으킨다. 하지만, 미국, 영국, 프랑스, 네덜란드 4국 연합군과 싸움에서 패배한다. 1863년 조슈번의 개항세력은 젊은이들을 영국에 보내 영국의 앞선 기술을 배워 돌아오게 했다. 사쓰마번과 조슈번이 서양각국과 전쟁을 하고, 유학생을 보낸 것은 막부의 입장과는 무관한 독자적인 행동이었다.

19세기 각지의 번들이 저마다 부국강병을 위해 노력하는 가운데, 일본은 빠르게 근대화의 길로 나갈 수가 있었다. 각 지역마다 서로 다른 대응을 통해 다양한 실험이 가능했다. 위로부터의 일방적인 지시가 아니라, 아래로부터 다양한 경로를 통해 부국강병의 길을 모색했기 때문에 일본은 근대화에 성공할 수 있었다.

분권국가와 중앙집권국가는 서로 다른 장점과 단점이 존재한다.

구분	분권국가	중앙집권국가
장점	내부 경쟁으로 다양한 선택과 발전, 소수의견 반영, 유연성, 책임 행정, 지역 문화 발전, 행정 신속성	일치단결된 힘으로 문제 해결, 정책 통일성, 강력성, 행정 전문성, 대규모사업 유리, 국가의 장점 부각
단점	다른 기준에 따른 행정적 불편함. 분열 가능성. 국력 분산	경직성, 획일성, 내부 경쟁력 부족, 독재 정권 출현 가능성.

분권국가와 중앙집권국가가 어느 체제가 더 유리한가는 시대에 따라 다르다. 유럽은 지리적인 이유로 오랜 세월 수많은 나라들로 분리됐다. 그 결과 유럽 각국들은 서로간의 경쟁을 통해 발전을 거듭했고, 그 결과 부자 나라들이 되었다. 반면 유럽은

통일된 힘이 부족해, 20세기 중반 이후 미국에게 세계 패권을 넘겨주어야 했다.

중국은 오랜 세월 통일된 국가를 유지해왔다. 너무 많은 인구가 소수의 지도자의 명에 따라 움직여야 했으므로, 개인의 개성이 잘 발휘되기가 어려웠다. 또한 변화에 너무 느리게 반응해서 근대화에 어려움을 겪었다. 중국은 유능한 지도자가 다스렸을 때는 그들의 힘을 외부로 크게 뻗어 강대국으로 성장할 수 있었다. 반면 지도자가 무능하면, 국가 시스템 자체가 무능해져버린다. 19세기 중엽부터 20세기 초까지는 중앙집권국가의 단점이 가장 극명하게 드러난 시기였다.

반면 일본은 분권국가의 장점이 가장 잘 드러난 시기가 19세기였다. 20세기 초반 일본은 군부를 중심으로 한 강력한 중앙집권국가가 이루어졌다. 국민개병제를 통해 강력한 군대를 갖게 된 일본은 빠르게 대외팽창에 나설 수 있었다. 하지만 중앙집권국가의 단점도 드러난 시기였다. 정책 결정의 경직성, 국민의 일방적 희생 강요, 견제 없는 독재 권력의 일방적 횡보(橫步)로 인해 일본은 결국 패망하기도 했다.

분권국가 일본의 장점은 20세기 후반에 다시 드러났다. 국토의 효율적 이용, 각 지역별 경쟁력 강화, 치열한 내부경쟁, 문화의 다양성 등 일본의 산업화시기에 분권국가적 전통이 장점으로 크게 부각되기도 했다.

- 1. 도쿠가와 막부시기 조슈번, 사쓰마번, 히젠번 등 몇몇 번들이 먼저 부강해지면서, 일본의 변화를 이끌어내는 분권국가의 장점이 잘 발휘되었다.
- 2. 일본은 20세기 초 군부 중심의 중앙집권국가가 만들어져 빠르게 대외팽창에 나섰지만, 견제 없는 독재 권력은 결국 패망의 결과로 나타났다. 반면 20세기 후반에는 분권국가의 장점이 다시 부각되었다.

사쿠마 쇼잔(佐久間象山, 1811~1864)
- 일본 우익의 뿌리

사쿠마 쇼잔은 일본 우익의 뿌리라고 불린다. 그는 존왕양이 사상을 가진 일본의 유학자이자, 병학가, 과학자, 교육자다. 마쓰시로번의 하급 무사의 아들로 태어난 그는 어려서부터 신동으로 소문이 났다. 그는 마쓰시로번(松代藩)의 최고 학자인 간바라 토잔의 문하에서 유학과 수학을 배웠다. 1833년 에도에 유학해 당대 최고의 유학자인 사토 잇사이에게 배웠다. 그는 1839년 에도에서 쇼잔쇼인(象山書院)을 열고 학생들에게 유학을 가르쳤다.

그에게 변신의 기회가 왔다. 1842년 마쓰시로번주 사나다 유키쓰라가 막부의 행정을 총괄하는 로주(老主)겸 해상 방어 담당이 된 것이다. 유키쓰라는 쇼잔을 막부의 해상 방어 담당 고문으로 기용했다. 그는 아편전쟁의 소식을 접하고 큰 충격을 받았다. 그는 네덜란드에서 군함을 구입하고, 교관을 초빙해 서양식 훈련을 도입해 해안 경비를 강화하자는 해방팔책을 유키쓰라에게 제출해 높은 평가를 받았다.

그는 서양 포술을 연구해왔던 에가와 헤데타쓰의 문하에서 다시 공부를 시작했다. 1844년부터 네덜란드어를 배워, 원서를 읽으며 난학을 본격적으로 연구했다. 쇼잔은 서양의 병학이 수학에 기초했다며, 수학을 학문의 기초로 삼아야 한다고 강조했다. 그는 서양식 대포를 주조하고, 지진 예지기를 개발했다. 1851년부터는 포술을 비롯한 서양학문을 가쓰 가이슈, 요시다 쇼인, 사카모토 료마 등에게 가르쳤다.

1853년 미국 페리 제독이 내항하자, 쇼잔은 로주 아베 마사히로에게 급무10조를 보고했다. 1954년 페리 함대가 다시 일본을 찾아왔을 때 요시다 쇼인이 밀항하려던 계획이 실패하자, 쇼잔도 이 사건에 연루되어 감옥에 갇히기도 했고, 1862년까지 근신해야 했다. 그는 독서와 양학을 연구하며, 일본의 전통 정신과 서양의 기술을 결합하자는 화혼양재(和魂洋才), 천황 조정과 막부가 협력해야 한다는 공무합체론(公武合體論)을 발전시켰다.

당대 최고의 서양학자였던 그는 1864년 쇼군 도쿠가와 요시노부의 초대를 받는다. 쇼잔은 쇼군에게 공무합체론과 개국론을 전했다. 하지만 그는 존왕양이파에 의해 교토에서 암살당했다.

유학자였던 사쿠마 쇼잔은 아편전쟁을 계기로 양학자로 변신해 화혼양재를 주장하는 등 일본의 지식인들에게 엄청난 영향을 끼쳤다.

닌텐도
- 화투 제작사에서 세계적인 비디오 게임회사가 되다.

1889년 야마우치 보지로(山内房治郎, 1859~1940)가 교토시에서 화투를 만드는 '닌텐도 곳파이(任天堂骨牌)'를 창업했다. 그는 화투 앞, 뒷면 사이에 석회를 넣은 화투를 만들었다. 이 화투를 바닥에 내려치면 경쾌한 소리가 나, 큰 인기를 얻으며 팔려나갔다. 1902년에는 일본 최초로 트럼프 카드를 제조했다. 닌텐도 곳파이는 1951년 닌텐도 골패㈜로 사명을 변경하고, 1953년에는 일본 최초로 플라스틱제 트럼프 제조에 성공해 양산을 개시했다. 닌텐도는 디즈니 캐릭터를 사용한 트럼프를 발매하며 일본 최대 카드 생산회사가 된다. 닌텐도는 카드 제작만으로는 큰 회사가 될 수 없음을 알고, 신규 사업을 시작한다. 하지만 대부분의 업종에서 실패한다. 그러자 닌텐도는 게임 산업의 본질로 돌아간다.

닌텐도는 1977년 가정용 비디오게임을 출시하며, 새로운 게임 업체로 변신을 했다. 1983년 게임팩 교환식 게임기 '패미컴'을 출시하고, 슈퍼마리오와 젤다의 전설 등의 콘텐츠로 큰 인기를 끌며 전 세계적인 주목을 받으며 급성장을 거듭해, 세계적인 게임회사로 성장했다. 닌텐도가 승승장구만 했던 것은 아니다. 2000년대 초 게임기 시장의 변화 적응에 실패해, 종합 엔터테인먼트 기기의 성질을 가진 고성능 'Play-Station'을 앞세운 소니에게 밀리기도 했다. 하지만 '닌텐도 DS', 'Wii'을 출시하여 위기를 극복하고 다시 1위 자리를 되찾았다. 휴대하기 편리하고 쉽게 즐기기를 원하는 소비자의 수요에 맞춰 저렴하고 단순한 게임기를 공급한 전략이 성공을 거둔 것이다.

2010년대 스마트본의 보급과 함께 휴대용 게임기 시장은 무너지기 시작했다. 닌텐도는 스마트폰용 모바일 게임 시장에 뛰어들지 않았다. 그 결과 2011년 회사 역사상 처음 적자를 기록하고, 매출이 1/3로 줄어드는 위기를 맞았다. 10년간 실패한 끝에 닌텐도는 자신만의 플랫폼인 'Switch'을 출시했다. 닌텐도 고유의 개성을 가지면서도, 최대 8명이 멀티 플레이를 즐길 수 있는 장점을 갖춘 'Switch'를 앞세워 2000년대 초반 전성기 실적을 회복했다. 닌텐도는 2014년부터 헐리우드 영화 산업에도 진출했다. 2023년 슈퍼마리오 애니메이션 영화로 흥행에 크게 성공했다. 닌텐도는 자사만의 게임기 플랫폼을 고수하는 전략으로 급변하는 게임 시장에서 닌텐도만의 영역을 지켜내고 있다.

화투회사에서 출발한 닌텐도는 가정용 비디오 게임기라는 새로운 시장을 만들어 큰 성공을 거두었고, 회사의 강점인 게임기 플랫폼을 고수하며 다시 전성기를 맞고 있다

5

조선의 충효(忠孝)

1) 조선의 효, 일본의 충

1907년 13도 창의군 총대장으로 추대된 명망 높은 유학자 이인영은 의병 만여 명을 이끌고 서울로 진격하고 있었다. 일본군을 몰아내자는 결의에 찬 의병대를 이끌던 그에게 부친의 사망 소식이 전해졌다. 그러자 그는 부친의 장례를 치러야 한다며 고향으로 돌아갔다. 그 뒤 의병들이 여러 차례 찾아가 그에게 다시 의병을 일으켜 줄 것을 권유했다. 그는 아버지의 삼년상을 마친 후 다시 13도 창의군을 일으켜 일본인을 소탕하겠다고 말하고 그들의 권유를 받아들이지 않았다. 그는 1909년 일본군에게 사로잡혀 심문을 받는다. 이때 일본인과 조선 유학자 사이에 생각의 차이를 볼 수 있다.

일본인 : "너는 어째서 아버지의 부고를 접하고 만사를 내던지고 귀향했는가? 맹자의 대의멸친(大義滅親)과 너의 행동은 일치하지 않는다."

이인영 : "큰 도리를 지키기 위해 가족을 돌보지 않는다는 대의멸친은 알고 있다. 그러나 아버지는 돌아가신 뒤에는 재회할 수 없지만, 임금은 다시 만날 수 있다. 의병은 다른 사람이 지휘할 수 있다. 조선의 풍속에 부친 사망 후 상을 치르는 것은 하나의 규칙이다. 부친상을 행하지 않는 것은 불효에 해당된다. 어버이에게 효도하지 않는 자는 금수와 같다. 금수는 폐하의 신하일 수 없다. 부친상을 치르지 않는 것은 크나큰 불충이다."

조선의 관리들은 나라에서 중요한 일을 하다가도, 부모의 상이 있으면 관직을 내려놓고 낙향하는 것이 일반적이었다. 1488

년 제주도에서 관리로 일하던 최부(崔溥, 1454~1504)는 부친상을 당하자, 급히 고향으로 가는 배를 탔다가 풍랑을 만나 명나라에 표류해 5개월 만에 돌아왔다. 그가 양쯔강 남쪽 지방을 방문했음을 알게 된 성종은 그에게 명나라에서 보고 들은 견문을 일기 형태로 짓도록 했다. 그 결과물이 『표해록(漂海錄)』이다. 그런데 그가 왕명으로 책을 지으면서, 부친상을 미룬 것이 논란을 일으켰다. 효를 소홀히 했다는 비판을 받은 것이다.

조선 선비들에게 충과 효는 인생에서 가장 중요한 가치관이다. 그런데 충은 효의 연장선에 있다. 그런 의미에서 효는 충보다 중요했다. 가정의 확대가 국가였다. 이러한 가치가 국가에 대한 충성보다, 효를 앞세워 가족을 우선하는 결과로 나타났다. 조선 선비들은 "신체발부수지부모(身體髮膚受之父母)", 즉 나의 몸은 부모에게서 받은 것이라는 공자의 말 때문에 함부로 자살하거나, 심지어 머리털을 자르는 것조차 꺼렸다.

반면 일본은 충이 효보다 우선이다. 사회 전체의 조화를 중시하는 와(和) 사상이 지배하는 일본에서는 개인적인 효가 충보다 앞서지 않는다. 일본에는 주군에게 충성을 하지 못했을 때, 또는 전쟁에서 패했을 때 스스로 자결하는 "셋푸쿠(切腹)"라는 할복(割腹) 의식이 있다. 조선이라면 부모에 앞서 자식이 죽는 것을 불효라고 생각하기 때문에, 할복 의식이 없다. 하지만 일본에서는 책임을 지거나 명예를 입증하기 위한 수단으로 할복이 일반화되었다. 개인에게 할복이 강요되었을 때는 일종의 형벌이라고도 할 수 있다.

일본은 충이라는 관념을 강조하면서, 개인의 자살을 공적인 수단으로 변질시키기도 한다. 태평양전쟁에서 활약한 가미카제(神風)라 불리는 자살특공대가 대표적이다. '천황을 위해 목숨을 바쳤다'는 일종의 존경심을 얻기 위해 자살 특공대에 합류한 어린 병사들도 많았다. 자살을 강요하는 가미카제를 거부하는 자는 비겁한 소인배라는 평가를 견뎌야만 했다.

같은 유교문화권임에도, 조선과 일본의 가치관이 다른 것은 사회 지배층의 구성이 달랐던 것이 원인이다. 조선은 선비, 일본은 사무라이가 지배층이다. 조선의 선비들은 붓으로 시비를 가렸고, 일본의 사무라이는 칼로 승부를 내서 시비를 가렸다. 선비의 붓은 개인의 글쓰기로 나타나지만, 무사의 칼은 집단으로 휘둘러야 빛을 발한다. 조선이 문신의 나라라면, 일본은 무신의 나라다. 조선에서는 개인의 지식과 식견이 개인의 출세를 크게 좌우한다. 반면 일본의 사무라이는 무술을 닦아 주군을 위해 목숨을 걸고 싸워, 그 대가로 영지나 녹봉을 받는다. 전쟁에서는 개인적 역량도 중요하기는 하지만, 집단의 일치된 행동이 중요하다. 그렇기 때문에 개인의 효를 충보다 중요시한 이인영을 일본인의 입장에서는 이해할 수 없었던 것이다.

두 나라의 충과 효에 대한 가치관의 차이는 시대에 따라 변하기도 하지만, 중요한 특성은 지금도 크게 변하지 않았다. 천황에 대한 일본인의 충성심은 아직도 절대적이다. 20세기 일본이 전체주의국가로 변신해 무리한 팽창주의를 택할 수 있었던 것은 일본인의 강한 충성심 때문이다. 또한 국가에 충성하여 비판적인 생각을 덜 갖게 된다. 일본에서 민의에 의한 정권 교체나, 정치적 시위가 적은 이유라고 볼 수 있다.

반면 한국인은 국가에 대한 절대적 충성심이 약하다. 효에 대한 가치관도 약해졌다. 충, 효보다 도덕률이 더 중요한 잣대가 되어, 왜 국가에 충성해야 하는가를 묻는다. 국가가 잘못하면 시위를 통해서라도 바꾸는 것이 한국이다. 한국과 일본 모두 자유민주주의 체제를 유지하고 있지만, 일본은 민주사회이기 보다는 전체주의 사회에 가깝다.

한국이 일본에 비해 민주주의 체제를 받아들인 것이 늦었지만, 비도덕적인 독재정부를 청산하고 민주정부를 수립할 수 있었던 것은 국민의 가치관 차이에서 비롯되었다고 할 수 있다. 가치관의 차이가 양국의 발전에도 크게 영향을 끼쳤다고 하겠다.

- 1. 조선은 효, 일본은 충의 가치관이 더 중요했다.
- 2. 충을 우선하는 일본인의 가치관은 국가의 독재, 전제주의 정권의 탄생을 가져왔고, 한국은 도덕률이 중요한 잣대가 되어 비도덕적인 독재정부를 청산할 수 있었다.

2) 신분 상승형 사회 - 입신양명은 효의 시작

유교 경전인 『효경(孝經)』은 조선인의 가치관에 큰 영향을 주었다. 『효경』「개종명의장(開宗明義章)」의 다음 문장은 사람들에게 널리 회자되며, 효에 대한 정의로 자리 잡았다.

"사람의 몸은 부모에게서 받은 것이니, 다치지 않는 것이 효도의 시작이요, 몸을 세워 도를 행하고 후세에 이름을 떨쳐, 부모를 높이는 것이 효도의 끝이니라. 무릇 효라는 것은 부모를 섬기는 데에서 시작되고, 임금을 섬기는 데에서 중간이 되고, 몸을 세우는 데에서 마친다. (身體髮膚, 受之父母, 不敢毀傷, 孝之始也。立身行道, 揚名於後世, 以顯父母, 孝之終也。夫孝, 始於事親, 中於事君, 終於立身)"

이 글에서 효의 끝은 입신양명(立身揚名)이다. "도를 행한다"
는 세상에 좋은 일을 한다는 뜻이지만, 조선에서는 뜻이 바뀌어,
"출세하여 이름을 세상에 알린다"는 출세주의를 의미하게 되었
다. 출세해서 이름을 날려 부모의 이름을 드러내게 하는 것이
효도의 끝이기 때문에, 조선 사회에서는 "뉘집 자식인지 참 잘
났네."가 부모가 가장 듣고 싶어 하는 말이 되었다.

　인간이 한 세상을 잘 사는 길은 수없이 많다. 그런데 조선에
서는 과거에 합격해 높은 벼슬에 오르는 길이 다른 모든 길들을
압도했다. 장사를 해서 부자가 되어도 조선에서는 인정받지 못
했다. 장사꾼은 언제든지 관리들에 의해 재산을 빼앗길 수가 있
다. 전 세계 어느 나라나 권력을 가진 자들은 부자들의 재물을
강압적 수단을 동원해 뺏곤 한다. 자본주의가 발전하려면, 사유
재산권이 완벽하게 보장되어야 한다. 사유재산권 보장이란 측
면에서 볼 때, 조선은 매우 미흡했다. 조선은 신분이 낮은 자가
부자가 되어 사치 부리는 것을 혐오했다. 조선은 오직 유학만을
최고로 여겼을 뿐, 다른 종교는 천대했다. 높은 경지에 오른 고
승(高僧)이 된다고 해도 사회적으로 인정받지 못했다.

　오직 유학만을 열심히 공부해서 과거에 급제하는 것만이 사회
적으로 인정받는 거의 유일한 길이었다. 조선에서는 과거에 급
제해 최고위 관직인 정승, 판서가 되는 것은 개인의 영광을 넘어

가문의 영광으로 여겼다. 조선 초기에는 과거에 합격하지 않아도 관리가 되는 길이 많았지만, 15세기 말부터 과거를 자주 치러 합격자가 늘어남에 따라 과거를 통하지 않고 관리가 되는 길이 크게 줄었다.

조선 초기 신분제도는 사농공상으로 구분되는 양민과 천민으로 이루어진 양천제(良賤制)였다. 농민들도 과거에 응시하여 관리가 될 수 있었다. 조선의 양반은 태어나면서 얻게 되는 생득(生得) 신분이 아니라, 스스로 노력으로 얻어야 하는 획득(獲得) 신분이었다.

양반은 문반과 무반이 된 사람을 의미했지만, 차츰 양반의 가족, 나아가 양반의 친척들까지 양반으로 취급되었다. 8촌 이내에 과거에 합격한 사람이 있거나, 4대 조상 가운데 과거 합격자가 있으면 양반 신분을 유지할 수 있었다.

관리가 되기까지 과거에 응시한 사람은 여러 번 시험을 통과해야 한다. 과거는 문반과 무반 시험으로 나뉘는데, 특히 문반 시험에 합격해야, 최고위직에 오를 수 있으므로, 경쟁이 더 치열했다. 소과라 불리는 생원진사시(生員進士試)는 3년에 한 번 전국에서 1,400명을 뽑는 초시에 합격해야 하고, 다시 200명을 뽑는 복시에 합격해야 했다. 복시에 합격하면 성균관 입학 자격을 받게 되고, 사회적으로 진사, 생원으로 대접을 받는다. 소과를 통과한 사람들은 다시 대과를 보는데, 초시에서 240명, 2차 복시에서 33명을 선발한다. 33명이 최종적으로 임금 앞에서 치르는 전시에서 등수를 가린 후에 관리에 임용된다. 전체 일등인 장원급제자는 처음부터 종6품에 임용되며, 장차 고위직에 오를 가능성이 높다. 따라서 장원급제는 가문의 영광이 된다.

과거는 3년에 1회 실시가 규정이었지만, 비정기적으로 치르는 시험도 많아졌다. 과거 합격이 단순히 관직에 오르는 것이 아닌, 가문의 신분 유지와도 관련이 있기 때문에, 과거 응시자는 날이 갈수록 늘어났다. 특히 비정기 시험에는 초시 복시 구분 없이 단 한 번에 합격자를 가리기도 했기 때문에 응시자가 더욱 많았다. 1800년 과거 응시자가 10만이 넘었고, 1894년 5월 15일 조선의 마지막 과거에는 무려 23만이 넘는 사람들이 응시했다.

당연히 과거에 합격하는 평균 연령 또한 올라갔다. 10대 후반부터 응시해서, 30대 중반이 되어야 합격하는 경우가 일반적이었고, 60세가 넘어서 합격하는 경우도 있었다. 단 한 번에 합격하기 어렵기 때문에, 지방 응시자는 시험을 치르는 응시장으로 자주 여행을 해야 했다. 따라서 개인이 혼자 부담하기 어려운 비용이 들기 때문에, 일가친척들이 지원을 해주는 경우가 많았다. 과거에 합격해 관리가 된 자들은 그를 도운 친인척을 돌봐야 했다. 개인의 성공은 곧 가족의 성공, 가문의 성공과 동일시

되기도 했다.

과거는 국가적인 행사였다. 과거에 들어가는 국가적 에너지가 너무나 과다했다. 신분을 이동시키고, 인재를 선발하는 순기능도 있지만, 그에 따른 국력 낭비가 너무나 컸다. 모두가 출세를 원했지만, 문반 관직의 수는 겨우 1,500명 정도에 불과했다. 게다가 조선 후기에는 돈과 권력을 가진 경화사족(京華士族)이라는 특권층이 권력을 물려주기 위해 온갖 방법을 동원해 자식들의 합격을 도와주었다. 이에 따라 과거 관련 각종 비리가 끊이지 않았다. 관직에 오른 후에도 특권층끼리 서로를 끌어주었다. 조선 후기에는 정승, 판서의 80~90%가 경화사족이라 불리는 도성 안에 사는 명문대가의 후손들에서 나왔다.

차츰 고위직에 오르지 못한 지방의 양반들은 대과에 응시해 관리가 되는 것을 포기하고, 생원, 진사에 만족하며 지방 권력을 장악하는 것에 관심을 갖게 되었다. 그럼에도 지방의 양반들도 자식을 어린 시절부터 유학 공부를 시켰고, 합격할 때까지 과거를 보게 하였다. 일반 천민이나 양인들도 과거와 무관하지 않았다. 이들은 여러 방법을 동원해 양반으로 신분을 상승시키고자 노력했다. 천민이나 양인들도 더 높은 신분을 얻고, 언젠가 자손들이 과거에 합격할 날을 소망했다.

과거에 합격해 관리가 되는 것을 최고의 효도로 생각하는 인식은 현대 한국인도 마찬가지다. 현대 한국의 과거는 대학수학 능력시험이다. 한국인들은 자식이 명문대학에 입학하면, 부모가 잘 가르쳐서 그랬다는 칭찬부터 한다. 자식이 좋은 학교에 간 것이 부모 인생에 승리의 왕관처럼 여겨지기도 한다. 명문대학에 입학하기 위한 경쟁은 아이가 어릴 때부터 시작한다. 부모는 높은 사교육비를 부담하면서 자식 교육에 몰두한다. 좋은 학교, 좋은 직장, 높은 지위를 원하는 이러한 한국인의 가치관과 인생관은 '출세 지향주의, 출세 지상주의'라고 할 수 있다.

한국의 출세 지상주의는 교육열을 크게 높였고, 20세기 후반 한국이 우수한 인재를 배출해 경제적 성공을 거두는데 분명한 기여를 했다. 하지만 국가의 에너지를 과도하게 교육 분야에 집중하면서 생긴 부작용도 크다. 일본인들은 굳이 대학에 입학하지 않더라도 부모의 가업을 계승해서 살아가는 것에 대해 만족하며 살지만, 한국인은 그렇지 않다. 한국인은 사회적 평판과 수익이 보장되는 가업이 아니라면, 부모의 가업을 계승하려 하지 않는다. 남들로부터 성공했다, 대단하다는 평판을 들을 수 있는 학력, 직업, 지위에 오르기 위해 너무 많은 에너지를 쓰는 사람들이 한국인이다.

- 1. 한국인은 입신양명을 가장 큰 효로 생각하며, 출세지향주의 성격을 갖고 있다.
- 2. 한국인의 출세지향적인 성향은 높은 교육열로 나타나, 20세기 후반 우수한 인재를 배출하는데 기여했지만 부작용도 컸다.

3) 조선의 중앙집권국가를 오래 유지한 이유

미국의 어느 한국학 연구자가 한국 역사는 신라, 고려, 조선 3개 나라만 알면 된다고 이야기했다. 신라 992년, 고려 475년, 조선 518년의 역사는 분명 세계적으로 볼 때 매우 희귀한 사례에 해당된다. 고려의 경우는 초기에 호족 연합정권으로 출발했고, 멸망 시점까지 전국 모두에 지방관을 파견하지 못 했다. 반면 조선은 전국에 지방관을 파견한 중앙집권국가였다.

조선은 국가를 유지하는 동안, 여러 차례 반란이 일어났다. 1453년 이징옥의 난과, 1467년 이시애 난은 함경도 일대에 별도의 독립된 나라를 세우려는 반란이다. 1624년 이괄의 난은 지방군의 힘으로 잠시나마 수도를 점령한 유일한 반란이었다. 1811~1812년에 일어난 홍경래의 난, 1862년 임술민란, 1894년 동학농민봉기는 농민반란이지만, 왕조를 바꾸려는 시도는 아니었다.

니탕개의 난, 삼포왜란 등 여진족과 일본에 의해 변란이 여러 차례 있기는 했지만, 국가의 존립을 위협하는 외국의 침략은 임진왜란(1592~1597), 병자호란(1636~1637) 정도였다. 1876년 개항 이전까지 조선은 상대적으로 긴 평화를 누렸다.

조선은 장기간의 평화를 유지한 탓에, 국가 규모에 비해 적은 군대를 유지했다. 양인은 국방의 의무가 있었지만, 군대에 가지 않은 대신 세금(군포)을 납부했다. 조선 후기 지방군인 속오군은 사실상 유명무실했고, 중앙군의 숫자도 1만 명이 되지 않았다. 그럼에도 조선은 큰 반란 없이 국가를 유지한 매우 독특한 나라다.

조선의 지리적 여건은 일본과 크게 차이가 없다. 수도인 한성부에서 함경도, 강원도 동부, 경상도 등으로 가려면 높은 산맥을 넘어야 한다. 특별히 중앙집권이 발달할 수 있는 지리적 조건을 갖춘 것이 아니었다. 또한 조선은 도로를 만들고, 운송수단을 활용하는데 적극적이지 않았다. 길도 좁았고, 수레나 말의 사용도 적었다. 오직 세금을 옮기는 조운선 정도만이 중앙집권국가 유지에 도움을 주는 수단이었을 뿐이다. 또한 평안도, 함경도 등은 일찍부터 권력으로부터 소외받았고, 조선 후기에는 영남지방 출신 고위 관리가 거의 없을 정도로 정치적으로 소외되었다. 조선 후기 권력가들은 대부분 한성부와 충청도에서 배출되었다. 그렇다고 지방 세력이 감히 반란을 꿈꾸지 못할 정도로 중앙에 강력한 무력이 있는 것도 아니었다. 조선의 중앙군은 매우 허약했다.

지방 차별도 심하고, 인프라가 충분히 발전하지 못한 조선이 어떻게 국가의 중요 정책을 중앙 정부에서 대부분 결정하는 강력한 중앙집권국가가 될 수 있었을까?

고려 말 최강의 사병집단을 거느린 이성계는 무력으로 정권을 장악해 조선을 건국했다. 하지만 조선은 건국 초기에 사병을 혁파하면서, 반란이 일어날 싹을 잘라버렸다. 지방의 세력가들이 사사로이 사병을 양성할 수 없게 했다. 대신 조선은 지방의 세력가들을 중앙의 지배층으로 적극 끌어들이는 방법을 택했다. 그것이 과거제도다.

과거제도를 이용해 지방의 세력가들을 양반이란 사회 지배층으로 끌어들였다. 양반의 범위는 고려시대 귀족보다 훨씬 넓었다. 지역의 양반들은 유향소, 향약, 서원 등을 통해 지방에서 확고한 지배층으로 권력을 유지할 수 있었다.

과거에 합격하기 위해서는 유교 경전을 어린 시절부터 외워야한다. 유교의 가치관이 조선의 양반들에게 절대적 가치관으로 자리 잡을 수밖에 없었다. 유교는 질서를 강조하는 종교다. 유교 경전인『춘추』에 등장하는 큰 자(大)는 어린 자(小)를 아끼고, 어린 자는 큰 자를 섬긴다는 뜻의 "자소사대(字小事大)"는 국제질서이기 이전에 인간관계를 규정하는 예절이다. 아랫사람이 윗사람을 섬기고, 윗사람을 아랫사람을 보살피는 관계는 부모와 자식, 어른과 아이, 임금과 신하의 관계이자, 종주국인 명나라와 제후국인 조선의 관계로, 동일한 예(禮)로써 절대화된다. 조선의 왕들이 명나라에 사대의 예를 정성껏 갖춘 것은, 조선과 명의 자소사대 관계가 신하들과 왕의 관계에도 똑같이 적용되었기 때문이다.

신하들이 쿠데타를 통해 연산군을 몰아내고 중종을, 광해군을 몰아내고 인조를 왕위에 올린 사건이 있었다. 군주가 군주답지 못하면 천하를 구제하기 위한 혁명은 정당하다는 맹자의 혁명론(革命論)에 이론적 근거를 두고, 신하들은 왕을 몰아내며 이를 반정(反正)이라 불렀다. 왕위에 오른 중종은 반정의 주역인 반정공신(反正功臣)의 압박으로 자신의 왕비를 폐위시킬 수밖에 없었다. 왕권이 위기인 상황에서 중종은 명나라에게 더 많은 사신을 보내며 적극적 사대를 함으로써 명나라 황제의 인정을 받아 왕의 권위를 회복했다.

조선에서 왕을 몰아내려면, 먼저 황제에게 인정받아야 했다. 인조반정이 성공할 수 있었던 것은, 광해군이 명나라에 대한 충성을 다하지 않았기 때문에 광해군을 몰아내면 명나라로부터 쉽게 다음 왕위를 인정받을 수 있다는 신하들의 계산이 있었기 때문이다. 하지만 1720년 소수파인 소론이 지지한 경종이 왕위에 올랐을 때, 다수를 차지하는 노론은 왕을 몰아내기 위한 쿠데타를 일으킬 수가 없었다. 왕을 몰아낼 명분이 부족했기 때문이었다. 왕권을 약화시키거나, 왕의 건강을 해쳐 왕이 일찍 죽게 할 수는 있어도, 왕을 함부로 몰아낼 수는 없었다.

왕의 입장에서 왕권을 유지할 수 있는 힘은 명, 청과의 외교관계에서 사대의 예를 다하는 것에서 나온다. 조선의 왕들은 황제로부터 조선의 왕으로 책봉(冊封)을 받는 순간부터 안정적으로 왕위를 이어갈 수 있었다. 조선의 신하들은 책봉 때문에 감히 왕위를 넘볼 수 없었다. 조선이 19세기 말 망해가는 청나라와 사대관계를 쉽게 청산할 수 없었던 것도, 사대관계가 조선의 정치적 안정에 크게 기여했기 때문이다.

조선이 중앙집권체제를 오래 유지할 수 있었던 힘은 동아시아 국제질서인 조공-책봉체제에 적극 참여한 것에서 나왔다. 사회질서 회복을 통해 인간사회의 안정을 꾀하려 한 유교의 이념은 조선왕조를 518년간 유지할 수 있는 근본 에너지였다.

조선은 500년 넘게 중앙집권체제를 유지했다. 오랜 중앙집권체제 덕분에 조선은 오랫동안 평화를 누리며 사회가 안정되는 장점도 있었지만, 단점도 많았다. 지방의 자생력이 감소했고, 소수의 인재들만이 중앙 정치에 참여할 수 있었기 때문에, 조선의 많은 인재들이 능력을 충분히 발휘하지 못했다. 문화 다양성이 부족하고, 변화에 적응하지 못하는 경직성도 나타났다.

1894년 일본은 소수의 병력만으로 조선의 경복궁을 장악해 고종을 사로잡았다. 고종의 명령 한마디에, 일본군과 싸우던 조선의 병사들은 무기를 내려놓았다. 일본군은 너무도 손쉽게 조선을 청나라 편이 아닌, 일본 편으로 만들 수 있었다. 1895년 민씨왕후가 시해된 을미사변이 일어나자, 전국에서 일본을 몰아내자는 을미의병이 일어났다. 하지만 일본의 협박을 받은 고종이 의병에게 해산 명령을 내리자, 의병들은 대부분 해산하고 말았다. 이처럼 조선은 중앙집권체제의 단점이 가장 두드러진 시기에 외세의 침략을 받았다.

1910년 조선이 멸망하고, 1926년 조선 최후의 왕 순종이 사망했다. 군주제가 폐지되었는데도, 이승만, 박정희, 전두환 대통령이 사실상 왕처럼 군림할 수 있었던 것은 오랜 왕정의 기억이 한국인에게 남아있었기 때문이다.

- 1. 유교의 자소사대라는 질서 관념은 조선이 중앙집권체제를 안정적으로 유지하는 힘이 되었다.
- 2. 조선은 중앙집권체제의 단점이 가장 두드러진 시기에 외세의 침략을 받았다.

일본을
만든 사람들
5

오쿠보 도시미치(大久保利通, 1830~1878)
- 사쓰마 출신, 유신 3걸

　메이지 유신을 성공시킨 유신삼걸 중 한 명으로, 일본 초대 내무경
(총리)을 지냈다. 사쓰마번 하급 무사 출신인 오쿠보 도시미치는 3살
위인 사이고 다카모리와 동문수학했고, 17세부터 번주인 시마즈 나
리아키라를 섬겼다. 나리아키라는 그의 재능을 알아보고 크게 중용했
다. 도시미치는 쇠약해지는 도쿠가와 막부 정권에 유력한 번들이 적
극 협력하자는 공무합체 운동에 매진했으나, 차츰 생각을 바꿔 막부
를 쓰러뜨리자는 도막파(倒幕派)에 참여하게 된다. 1866년 사카모토
료마의 주선으로, 사이코 다카모리와 함께 조슈번의 기도 다카요시와
비밀리에 만나 삿초동맹(薩長同盟)을 성립시켰다. 사쓰마-조슈 연합군
은 교토로 진군해 1868년 황궁을 점령하고, 보신 전쟁에서 친막부파
를 무력으로 정벌했다. 그는 천황을 중심으로 하는 새로운 정부 탄생
에 큰 공을 세웠다. 도시미치는 메이지 신정부에서 대장경을 맡아 토
지세 개편, 도쿄 천도, 폐번치현 등 주요 개혁에서 앞장섰다. 특히 번
을 폐지하고, 국가가 관리를 파견해 전국을 다스리는 폐번치현은 일

본이 봉건제를 끝나고 근대국가로 변화하게 한 커다란 개혁이었다.

1871년 그는 이와쿠라 사절단의 일원으로 미국과 유럽의 나라들을 견학하고 귀국한다. 1873년 사이고 다카모리가 조선을 정벌하자는 주장을 하자, 아직은 때가 아니라며 반대해 대립했다. 정쟁에서 패한 사이고 다카모리가 낙향한 후에, 도시미치는 초대 내무경이 된다. 내무경은 경찰을 장악하고, 모든 지방 관료를 임명할 수 있었다. 의원내각제가 탄생하기 전 일본의 총리와도 같은 자리였다. 그는 일본의 근대화를 주도하며 막강한 권력을 행사했다. 또한 사족보다 서양 견문을 가진 젊은 인재들을 주로 등용했다.

1874년 그는 대만 정벌을 결정했으나, 영국과 미국의 지지를 받지 못해, 큰 성과를 거두지 못했다. 그는 1874년 12월부터 5대 내무경이 되어, 조선 개항, 사족에 대한 녹봉 폐지 등을 처리하고, 사이고 다카모리가 주도한 반란인 세이난 전쟁을 진압했다. 1878년 5월 도쿄에서 회의를 마치고 귀가하던 중 사무라이 홀대정책에 불만을 품은 자객들에게 암살당한다. 그의 장례는 일본 최초의 국장으로 치러졌다.

사쓰마번의 리더로 삿초동맹을 체결해 막부를 무너뜨리고, 메이지 신정부의 초기 주요 정책을 결정하고 실행한 인물이었다.

일본을 만든 기업들 5

아지노모토
- 세계최초로 MSG 조미료를 생산한 기업

   이케다 기쿠나에(池田菊苗, 1864~1936)는 교토에서 사쓰마번의 사무라이의 아들로 태어났다. 그는 1889년 제국대학 화학과를 졸업하고, 독일 라이프치히 대학교에 유학을 갔다. 그는 서양인이 체격이 큰 것이 영양섭취가 좋기 때문이라는 알고 일본인의 영양을 개선하려는 열망을 키웠다. 1901년 도쿄대학 교수직에 임명된 그는 어느 날 아내와 함께 다시마 국물에 삶은 두부 한 그릇을 먹고, 맛있는 국물 맛의 비결을 연구하게 된다. 그는 다시마가 가진 글루탐산이 맛을 내는 성분이라는 것을 밝혀낸다. 좋은 맛이 소화를 촉진해 영양 개선에 도움이 될 것이라고 생각한 그는 글루탐산 추출을 시도했다.

   1908년 그는 글루탐산이 쉽게 물에 녹을 수 있도록 나트륨과 결합시켜 글루탐산나트륨 즉 MSG를 개발하는데 성공한다. 그는 새로운 맛을 감칠맛(うま味,)이라 이름 지었다. 2000년 미국 연구진에 의해 인간의 혀에 감칠맛 수용체가 존재한다는 것이 밝혀져, 감칠맛은 짠맛, 단맛, 신맛, 매운맛에 이은 제5의 맛으로 인정받았다.

   스즈키 사부로스케 2세(鈴木三郎助, 1868~1931)는 1907년 약품을 도매하는 스즈키 상점을 열었다. 그는 자신이 취급하는 해초가 MSG의

원료인 것을 알고, 이케다 기쿠나에와 함께 세계 최초의 감칠맛 조미료인 '아지노모토(味の素)'를 양산하는데 성공하여 판매를 시작한다. 미지의 제품을 상품화 하는 것에 반응한 기업이 전혀 없었음에도, 그는 이 사업에 달려들었다. 스즈키 사부로스케 3세(1890~1973)는 18세의 나이에 아지노모토 선전과 판매를 담당한다. 그는 신문 광고가 효과 없음을 알고, 판로개척을 위해 선전대를 사용해 전국 각지를 다니며 홍보했다. 그는 최초의 점멸광고, 유명인 등에게 견본 제공, 전국 여학생에게 요리책과 샘플 증정 등 새로운 광고 선전방식을 도입한 천재적인 마케팅 전문가였다. 그는 "맛있음, 경제적, 귀중한 보물"이라는 아지노모토의 3대 특징을 대중에게 알려 새로운 시장을 창조하고 정착시켰다. 아지노모토의 등장으로, 인류는 감칠맛을 값싸고 쉽게 즐길 수 있게 되었다.

사부로스케는 1946년 아지노모토 주식회사로 사명을 바꾼다. 아지노모토는 식품, 아미노산, 화학, 의약품 등으로 사업을 넓히며, 일본 식품업계 최고 기업으로 성장했다. 아지노모토의 기업 슬로건은 이케다 기쿠나에의 소망을 담아 "잘 먹고 잘 살라"다.

이케다 기쿠나에의 MSG 발견, 스즈키 사부로스케 2세의 과감한 투자와 생산, 3세의 탁월한 광고 선전 덕분에 인류는 감칠맛을 값싸게 즐길 수 있게 되었다.

6

일본과 조선의 표류민

1) 다이코쿠야 코다유의 러시아 방문

다이코쿠야 코다유(大黑屋光太夫, 1751~1828)는 이세국 시라코(현 미에현 스즈카시)항을 중심으로 에도를 왕래하는 운송선의 선장이다. 그는 1782년 12월 선원 15명과 입회인으로 파견 나온 농민 1명과 함께 쌀을 싣고서 시라코항을 떠나 에도를 향해 출항했다. 오사카에서 나고야, 에도를 연결하는 항로는 17세기 이래 수많은 배들이 왕래하고 있었다. 하지만 겨울철 항해는 종종 예상하지 못한 폭풍우와 강한 조류로 인해 배들을 표류시켰다.

코다유의 운송선은 폭풍을 만나 무려 7개월에 걸친 표류 끝에 알류샨열도의 암치카섬에 도착한다. 암치카섬은 북위 51도, 서경 178도에 있으며, 북쪽은 베링해, 남쪽은 태평양과 접해 있다. 당시 이곳은 러시아가 소유하고 있었다. 코다유 일행은 이곳에서 원주민인 알류트인과 바다표범 가죽을 얻기 위해 이곳에 머물고 있던 러시아 사람들과 만난다. 코다유는 그들과 함께 생활하며 러시아어를 배웠다. 하지만 섬에서 탈출은 쉽지 않았다. 4년 후인 1787년 배를 만들어 러시아인과 함께 코다유 일행은 섬을 탈출해, 캄차카반도를 거쳐 오호츠크 항구에 도착했다. 이곳에서 육로로 야쿠츠크를 거쳐 1789년 바이칼호 주변에 있는 이르쿠츠크에 도착한다.

코다유 일행의 러시아 여행

이곳에서 박물학자 키릴 락스만과 만난다. 코다유 일행은 키릴의 수행원이 되어 러시아의 수도 상트페테르부르크까지 가게 되었다. 이후 키릴의 협조로 차르스코예 셀로(예카테리나 궁전)을 방문하여 예카테리나 2세를 알현하고 귀국을 허가 받았다. 러시아는 시베리아와 알래스카에서 모피 교역으로 많은 이익을 보았기 때문에, 교역권을 확대하기를 원했다. 러시아는 코다유 일행을 돌려보내면서 일본과 통상을 개시하고자 했다.

일본에서 출항할 때는 17명이었지만, 12명이 사망하였고, 2명은 러시아 정교로 개종하여 이르쿠츠크에 잔류하기로 하면서, 코다유와 이소요시, 코이치 3명만이 일본으로 귀국할 수 있었다. 러시아는 키릴 락스만의 아들인 아담 락스만을 사절단장으로 코다유 일행과 동행시켰다. 이들은 1792년 홋카이도 동북부에 있는 네무로에 도착했다.

코다유는 에도로 가서 도쿠가와 막부 11대 쇼군 토구가와 이에나리를 만나, 자신의 경험담을 이야기할 기회를 얻었다. 막부는 그의 경험담을 표민어람지기(漂民御覽之紀)로 정리했다. 코다유는 러시아의 태평양 진출 상황을 알리고, 막부에게 사할린과 쿠릴 열도에 대한 방위체제를 갖출 것을 진언하기도 했다.

막부는 코다유를 에도에 머물며 살게 해주었다. 코다유는 난학자인 오오츠키 겐타쿠(大槻玄澤), 카츠라가와 호슈(桂川甫周)

등의 지식인과 교류하면서, 그가 경험한 러시아에 대한 정보를 공유했다. 카츠라가와 호슈는 코다유의 견문록을 정리하고, 시베리아의 지지(地誌), 그가 가져온 옷, 기물을 모사한 그림을 포함해『북사문략(北槎聞略)』으로 정리했다.

한편 막부는 러시아 락스만 사절단을 만나, 러시아의 통상 요구를 바로 거절하지 않고, 나가사키로 입항을 허가하는 통교증을 발급해 주었다. 1804년 러시아의 레자노프가 나가사키에 입항해 일본에 통상을 요구했으나, 일본은 이를 거절한다. 반면 일본은 코다유의 진언대로 1802년 홋카이도를 영구 직할지로 삼는 등 북방 진출을 강화했다.

코다유의 표류는 개인적인 사건이 아니었다. 러시아로 하여금 일본에 관심을 갖게 했고, 일본의 북방 진출을 촉진하는 계기가 되었다. 더욱 놀라운 것은 쇼군이 일개 표류민을 직접 만나서 들었던 이야기를 토대로 북방 정책을 수립했다는 점이다. 또한 당대의 지식인들이 그를 초대해 함께 이야기를 나누고 지식을 공유했으며, 막부가 그가 가져온 정보를 책으로 편찬하게 해 주었다는 것이다. 당시 막부가 새로운 지식을 받아들이는 데 있어 개방적이었음을 보여준다.

- 1. 코다유 일행은 표류하여, 알류샨열도에 도착해 살다가, 시베리아를
  횡단해 상트페테르부르크까지 가서 러시아 여제를 만나고 돌아오는
  경험을 했다.
- 2. 쇼군이 직접 코다유를 만나 그의 경험담을 듣고, 그의 간언을 받아들
  여 북방 진출을 강화하였으며 그가 가져온 정보를 책으로 펴내 대중
  들과 공유하게 했다.

2) 표류민 존 만지로 미국을 다녀오다

일본에는 코다유 만큼이나 놀라운 표류 경험을 가진 사람
이 또 있었다. 일본인 최초로 미국을 방문한 사람은 14세 어
린 나이에 고기잡이에 나섰던 나카하마 만지로(中濱 万次郎,
1827~1898)다. 그는 1938년 소설가 이부세 마스지의 『존 만지로
표류기』가 출간된 이후 존 만지로로 널리 알려지게 되었다.

그는 시코쿠 섬의 도사번 출신으로, 가난한 어부의 둘째로 태
어났다. 그는 어려서부터 생업에 뛰어들어 가족을 부양했다. 가
난했기 때문에 평민학교인 데라고야(寺子屋)에 다닐 수도 없었
다. 그는 1841년 14살 때 동료 어부 4명과 함께 고기잡이를 나갔
다. 그런데 풍랑을 만나 5일간 표류하다가 고향에서 740㎞ 떨어

진 태평양의 작은 무인도 도리시마에 도착했다. 이들은 작은 섬에서 143일간을 지내다가, 미국의 고래잡이 배인 존 하울랜드호를 만나 구출된다.

다른 동료들은 하울랜드호의 다음 기항지인 하와이에 내렸다. 그런데 배의 선장 위트필드(Whitefleld)는 만지로에게 호감을 가졌다. 만지로는 본인의 희망으로 배에 남았다. 그는 미국인 선원과 교류하며 남아메리카를 돌아 미국까지 가게 되었다. 위트필드는 그를 양자로 삼아, 자신의 고향인 매사추세츠 페어헤이븐에 데려가 항해학교에 입학시켰다. 만지로는 일본인 최초로 미국 본토에 발을 들여 놓은 사람이 되었다.

그는 그곳에서 영어, 수학, 측량술, 항해술, 조선술 등을 배웠다. 1846년 학교를 졸업한 그는 포경선인 프랭클린호의 사무원으로 일했고, 다음해에는 일등 항해사가 된다. 또한 선원들의 투표에 의해 부선장으로 선출되기도 했다. 그는 3년 4개월간 대서양과 인도양을 거쳐 필리핀 마닐라까지 항해를 했다. 1849년 미국에 돌아온 그는 일본으로 돌아갈 자금을 얻기 위해 골드러시의 진원지 캘리포니아로 향했다. 그는 3개월간 금광에서 일한 후, 거기서 번 돈으로 배를 구입해 어드벤처호로 명명한다. 그는 하와이에 도착하여 옛 동료들과 만나, 이들과 함께 1851년 10년 만에 일본에 귀국한다.

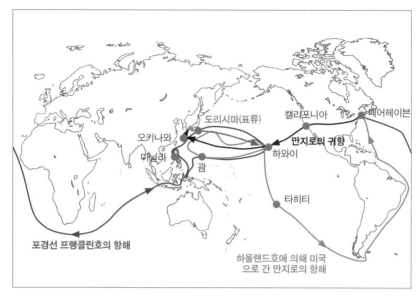

존 만지로의 표류 항로

　만지로 일행이 도착했을 때, 일본에서는 일본인이 해외로 나가는 것을 금지하는 쇄국령이 내려져 있었다. 오키나와에 상륙한 후 초소에서 심문을 받지만, 이윽고 오키나와를 관할하던 사쓰마번과 나가사키 봉행소 등에서 장기간의 심문을 받았다. 심문과정에서 그의 경험과 해박한 지식에 반한 사쓰마번주 시마즈 나리아키라는 그를 귀빈으로 대접하고, 해외 사정과 지식을 열심히 청취했다. 1853년 고향인 도사번에 돌아오자, 번주인 요시다 도요로부터 70일 동안 조사를 받았다. 이때 그를 조사했던 가와타 쇼료가 그의 표류에서 귀국까지 이야기를 삽화까지 곁

들여『표손기략(漂巽紀略)』이란 책으로 펴냈다.

1853년 미국 페리 제독이 4척의 배를 이끌고 에도만에 나타나 일본에 개항을 요구했다. 페리 제독은 1년 후 다시 올 때까지 개항 여부를 결정하라고 통보했다. 미국에 대한 정보가 필요했던 막부는 만지로를 초빙했다. 그리고 만지로에게 하타모토라는 파격적인 관직을 주었다. 가난한 어부 출신이지만, 일본에 필요한 중요한 정보를 갖고 있는 그를 가신으로 등용하기 위한 조치였다.

1854년 막부가 주도하여 최초의 서양식 범선 호오마루호(鳳凰丸)를 건조하고, 이어 증기선 건조도 계획한다. 이때 만지로는 배를 만드는 과정에서 디자인에 결정적인 도움을 주었다. 만지로는 미국 항해학교에서 너새니얼 보디치의『미국 항해술 개설』을 교과서로 열심히 공부해, 지식을 쌓은 경험이 있었다. 그는 이 책을 일본어로 번역해, 1857년에 출간했다.

막부는 영어, 조선, 항해, 측량, 포경 등 다양한 지식을 가진 그를 사무라이를 가르치는 번교(藩校) 교이쿠칸(敎授館)의 교수로 임명했다. 하지만 미천한 신분인 탓에 그를 질투하는 자들이 많아 곧 그만두었다. 당시 일본에서 미국인과 유창한 대화가 가능한 유일한 인물이었던 그는 1859년에는『영미대화첩경(英美對話捷徑)』이라는 영어회화 책을 출간해, 일본인이 영어를 익히는 데 도움을 주었다.

그는 1857년부터 군함교수소에서 교수가 되어, 일본 근대해군의 아버지로 불리는 가쓰 가이슈를 만나게 된다. 가쓰 가이슈는 1860년 〈미일수호통상조약〉의 비준서 교환을 위해 미국을 방문하는 사절단 대표가 가게 되자, 통역 겸 기술지도원으로 만지로를 데려갔다. 이때 일본이 네덜란드에 주문해 만든 간린마루호도 태평양을 건너가게 되는데, 항해 지식을 갖춘 만지로가 큰 도움을 주었다. 귀국 후에도 만지로는 여러 학교의 교수로서 항해, 조선, 측량, 영어를 가르쳤고, 해상 사업의 운영 위원으로도 활동했다. 그는 일본의 조선업과 해군 발전에 큰 역할을 했다.

　만지로는 메이지 신정부에서도 중용된다. 메이지 정부는 1870~1871년 유럽에서 프로이센-프랑스 사이에 전쟁이 일어나자, 새로운 전쟁 양상을 직접 관찰하기 위해 시찰단을 보낸다. 만지로도 시찰단에 포함되었다. 시찰단은 태평양을 건너 미국 서부로 간 후, 뉴욕으로 이동했다. 이때 만지로는 2일간 외출을 허락받아 뉴욕에서 가까운 페어헤이븐을 방문하여, 양아버지인 위트필드 선장을 20년 만에 만나기도 했다. 하지만 공무로 출장을 가서 개인의 일로 대열을 이탈했다는 이유로, 만지로는 귀국 후 공직을 떠나게 된다. 메이지 정부에서도 경험과 지식이 쌓여 그에게 의존할 필요가 없어지자, 그를 다시 부르지 않았다. 만지로는 건강이 나빠져 조용히 살다가 71세로 생애를 마친다.

그의 표류와 미국 생활에는 대단한 행운이 따랐다. 그를 믿어 준 양아버지가 있었기에 그는 미국에서 많은 것들을 배울 수가 있었다. 또한 귀국 시점도 절묘했다. 마침 일본이 미국에 대한 정보가 필요했기에 그가 중용될 수 있었다. 일본이 개항한 시점에서 일본에게 필요한 영어 통역관, 신기술 소개자, 교육자로 그는 큰 역할을 했다. 그가 가져온 정보가 사쓰마번, 도사번 등을 자극하여 개혁을 추진하게 했다. 또한 그의 표류기를 담은『표손기략』은 사카모토 료마를 비롯한 일본 개혁파 인물들에게 큰 자극을 준 베스트셀러가 되었다. 그의 영어 교재는 오랫동안 학생들의 필독서였다. 후쿠자와 유키치는 그에게 영어를 배운 제자였다.

그는 신분이 낮은 어부 출신인 탓에, 여러 사람들에게 질투를 받아 관직을 빨리 그만두게 되었고, 잊혀졌다. 하지만 현재 존 만지로는 막부 말에 일본에 세계를 전한 첫 번째 국제인으로 높은 평가를 받고 있다.

- 1. 존 만지로는 표류되었다가, 미국에 건너가 많은 지식을 공부하고 일본에 돌아와 영어 통역관, 번역가, 선장, 기술자, 교육자로 다양한 활동을 했다.
- 2. 존 만지로는 일본 근대화시기 많은 인물들에게 자극을 주어, 일본 근대화에 큰 기여를 했다.

3) 문순득 류큐, 여송, 청나라에 가다

일본에 표류민 다이고쿠야 코다유와 존 만지로가 있다면, 조선에는 문순득(文順得, 1777~1847)이 있다. 여행이 자유롭지 못했던 조선에서 외국을 돌아다닐 수 있는 기회는 흔치 않았다. 그런데 문순득은 지금의 오키나와인 류큐국, 필리핀인 여송, 그리고 포르투갈령 마카오를 거쳐 청나라를 관통하여 3년 2개월 만에 압록강을 건너 고향 땅으로 돌아왔다. 조선인으로서 최장 기간 표류를 한 사람이며, 여러 나라를 한 번에 방문한 유일한 표류민이다.

전라도 신안군 우이도는 흑산도 주변 여러 섬으로 나가는 길목에 있다. 경작지가 적어 섬사람들은 어업에 종사하거나, 내륙과 섬을 오가며 장사를 했다. 우이도에서 태어난 문순득 역시 이 지역 특산물인 홍어를 사다가 영암, 나주 등지에 팔고 그 돈으로 쌀을 사서 생활했다. 1801년 12월 그는 작은아버지 문호겸을 비롯한 마을 사람 6명과 함께 배를 타고 흑산도 남쪽 태사도로 갔다. 1802년 1월 태사도에서 홍어를 사서 돌아오는 길에 큰 풍랑을 만나 표류하게 된다. 겨울철 서남해안에서는 해류와 해풍이 방향을 급하게 바꾸는 경우가 많아 표류민이 많이 발생한다. 문순득 일행의 배는 흑산도 부근에서 해류에 밀려 제주도 방향으로 흘러갔다. 제주도를 눈앞에 보고도 풍랑 때문에 접근

할 수가 없었다. 며칠이 지난 후, 동남쪽에 섬이 나타나 해안가에 닻을 내렸다.

문순득 일행이 도착한 곳은 류큐국 아마미오섬(奄美大島)이었다. 이곳에서 문순득 일행은 약 8개월 동안 그들의 풍습과 언어를 익히며 지냈다. 당시 동아시아에는 표류민이 발생하면, 음식을 주고 잘 보살폈다가 그들의 나라로 돌려보내는 암묵적 합의가 있었다. 문순득 일행은 아마미오섬에서 오키나와섬으로 가서 류큐국의 수도인 나하로 갔다. 류큐국왕은 청나라 푸젠성으로 가는 배를 타고, 청나라를 거쳐 조선으로 갈 수 있게 해주었다. 문순득 일행이 탄 청나라 배는 류큐국을 떠난 후 또다시 표류했다.

이번에 도착한 곳은 현재 필리핀 루손섬 서북쪽 일로코스(Ilocos) 지역이다. 당시에 필리핀은 여송(呂宋)이라 불렸고, 스페인의 지배를 받고 있었다. 문호겸 등 4명은 1804년 3월에 문순득보다 먼저 귀국하게 된다. 여송에서 표류민의 운송을 책임진 류큐국 사람들과 배의 주인인 청나라 사람들 사이에 갈등이 생겨 일행이 헤어진 것이다. 여송에 남은 문순득과 김옥문은 비간 마을에 머물렀다. 비간(Vigan)은 스페인이 세운 식민도시로, 마을에는 큰 성당이 있었다. 문순득은 이곳에서 서양문화를 접할 수 있었다. 그는 비간 대성당도 방문했다. 그는 비간에서 끈을 꼬고 나무를 해다 팔면서 청나라로 갈 여비를 모았다. 약 9개월 정도 여송에서 머물며 모은 돈으로 그는 마카오로 가는 상선에 탈 수 있었다. 그는 마카오에서 심문을 받은 후 객사에 머물면서 마카오항에 출입하는 다양한 서양선박을 볼 수 있었다. 문순득과 김옥문은 배를 타거나 수레를 이용해 북경으로 갔다. 북경 고려관에 머무르며 기다리다가 조선에서 온 사신을 만나 귀국할 수 있었다.

문순득의 표류 여정

문순득은 평범한 상인이었지만 나름대로 상당한 학식을 지니고 있었다. 문순득이 압록강을 건너 조선에 들어오기 직전, 청나라로 가는 조선 사신단과 만났다. 조선의 서장관으로 나섰던 원재명은 문순득의 보따리 속에서『로정기(路程記)』가 있음을 발견하고, 문순득이 문자를 조금 알았으며, 그 글의 내용이 감탄스럽다고 자신의 연행일기인『지정연기(芝汀燕記)』에 기록했다.

문순득이 표류되었다가 우이도로 돌아왔을 실학자 정약전이 우이도에 유배를 와 있었다. 문순득은 정약전에게 자신이 보고 들었던 다른 나라의 풍속과 언어에 관계된 체험담을 들려주었다. 정약전은 문순득이 쓴 표류 기록인『로정기』를 토대로『표해시말』을 썼다. 이 책에는 청, 안남, 유구, 여송 지역의 풍속과 언어에 대한 내용이 담겨 있으며, 표류의 노정, 풍속, 집, 의복, 선박, 토산품, 언어 등으로 나누어 체계적으로 서술되어 있다. 특히 권말에는 112개 단어를 우리말과 유구어, 여송어를 비교해서 기록해 놓았는데, 이는 언어학적으로도 가치가 매우 크다. 문순득은 양반이나 학자가 아닌 평범한 서민이었기에 다른 사람들 같으면 쉽게 지나쳤을 생활풍속이나 언어 같은 생활 자료들을 풍부하게 전한 것이다.

1809년 6월 26일『조선왕조실록』에는 흥미로운 기록이 있다. 1801년 가을 외국인 5명이 표류하여 제주에 도착하였는데, 말이

통하지 않아 어느 나라 사람인지 알 수가 없어 9년 동안이나 자기 나라에 되돌려 보내지 못하고 있다는 것이었다. 조선 정부는 문순득을 제주도로 보내 이 외국인과 대면시켰다. 문순득은 이들의 용모와 복장이 여송국 사람들과 같았으므로, 여송국 말로 이들과 문답을 했다. 그러자 이들은 감격에 겨워 미친 듯이 크게 울었다. 조선 정부는 이들이 여송국 사람임을 알게 되어, 그들을 돌려보낼 수 있었다.

문순득은 마카오에서 화폐의 유용성을 보았다. 그는 이를 정약전에게 이야기를 했고, 정약전은 동생인 정약용에게 편지를 써서 이 내용을 전했다. 강진에서 유배생활을 하던 정약용은 『경세유표(經世遺表)』에서 새로운 화폐 개혁안을 제시했는데, 문순득이 실제로 본 경험이 계기가 되었다. 정약용의 제자인 이강회는 우이도로 문순득을 찾아가 그의 집에 머물게 되었다. 그리고 그가 본 외국 선박에 대한 이야기를 듣고, 우리나라 최초의 선박 관련 글인 『운곡선설(雲谷船設)』을 썼다.

문순득은 글을 알았을 뿐만 아니라, 총명하며 관찰력도 뛰어났다. 그가 본 세상에 대한 지식은 조선 발전에 크게 도움이 될 것들이었다. 하지만 그를 알아보고 그의 말에 귀를 기울여준 사람은 정약전, 정약용 형제와 이강회 정도였다. 그의 『로정기』를 보고 감탄했던 원재명은 성균관 대사성까지 지낸 학자였지만,

문순득을 다시 찾지는 않았다. 성리학 이외에 다른 학문은 잡학으로 취급했고, 신분 질서를 엄격하게 따졌던 조선에서 홍어장수 문순득의 경험과 지식은 별다른 쓸모가 없었다. 단지 여송인의 통역으로 그를 불렀을 뿐이었다.

일본이 다이고쿠야 코다유와 존 만지로의 경험과 지식을 활용해 국가정책에 활용하여 자국 발전을 도모한 것에 비교하면, 조선이 문순득을 대한 태도는 아쉬울 수밖에 없다.

당시 일본은 다양성을 존중해준 나라였고, 세상의 변화에 민감하게 대응하는 나라였기 때문에 두 사람이 일본 사회에 큰 영향을 줄 수 있었다. 반면 당시 조선은 성리학에 매몰된 나라였고, 세상의 변화에 둔감했던 나라였기 때문에 문순득의 경험과 지식은 활용될 수 없었다. 이러한 차이가 일본과 조선이 근대화를 맞이하면서, 서로 다른 역사상을 만들었던 원인이 된 것이다.

- 1. 류큐, 려송, 마카오, 청을 방문한 문순득의 지식과 경험은 일부 실학자에게 영향을 끼쳤을 뿐, 조선에서 활용되지 못했다.
- 2. 당시 조선은 성리학에 몰두하고, 세상의 변화에 둔감했던 나라였기 때문에, 새로운 정보를 활용하지 못했다.

기도 다카요시(木戸孝允, 1833~1877)
- 조슈 출신, 유신 3걸

메이지 유신을 성공시킨 유신삼걸 중 한 명으로, 사쓰마-조슈 동맹을 체결한 인물이다. 조슈번의 무사 출신인 그는 조슈번의 유력 가문인 가쓰라 집안의 양자로 들어가 신분이 상승했다. 1849년 요시다 쇼인에게 병학과 존왕양이 사상을 배웠다.

다카요시는 1862년 조슈번의 리더가 되어, 나가사키 등에서 서양식 함선의 건조를 참관한 후, 조슈번의 전함 건설을 감독했다. 1864년 7월 조슈번과 도사번의 존왕양이파가 교토 수호직인 아이즈번주 마츠다이라 카타모리를 암살하고, 천황을 사쓰마번 하시시로 납치하려 모의했다. 그런데 막부에서 먼저 이 사실을 알고 주동자들을 체포했다. 이때 다카요시는 겨우 몸을 피해 교토를 떠나 숨어 살게 되었다.

1865년 쿠데타를 일으켜 조슈번의 실권을 잡은 다카스기 신사쿠가 그를 찾아와, 조슈번의 정치적 리더로 모신다. 조슈번의 대표가 된 그는 1866년 사쓰마번과 삿초동맹을 체결한다. 그는 도쿠가와 막부를 타도하는 주역이 되어, 메이지 신정부의 요직에 임명된다. 그는 일본의 수도를 교토에서 에도로 옮기는 천도의 책임자로 일했다. 폐번치현, 단발령, 삼권분립과 법치주의 확립 등 신정부의 중요 정책 결정에 강한 영향력을 행사했다.

1871년 다카요시는 이와쿠라 사절단에 참여하여, 미국과 유럽 각국을 돌아보았다. 귀국 후 그는 입헌군주제를 주장하기도 했다. 그는 사이고 다카모리의 조선 정벌론을 반대했다. 그도 처음에는 스승 요시다 쇼인의 영향으로 조선 정벌론을 주장했었으나, 사이고 주도하에 조선 정벌이 이루어지면 사쓰마번의 공이 될 것을 우려해 반대한 것이다.

그는 오쿠보 도시미치에 이어 2대 내무경에 임명되어 막강한 권한을 행사했다. 그의 신중한 일처리는 1874년 대만 정벌 반대에서도 드러난다. 이 일로 그는 실각했으나, 1875년 다시 정계에 복귀해 서양식 헌법을 수립하기 위해 일을 했다. 1877년 5월 지병으로 사망했다. 그는 일본 근대화에 크게 공헌한 인물로 평가된다.

조슈번의 리더인 그는 삿초동맹을 체결해 막부를 무너뜨렸으며, 메이지 신정부의 중요 정책을 결정한 인물이었다.

파나소닉
- '경영의 신' 마쓰시타 고노스케가 창업한 기업

마쓰시다 고노스케(松下幸之助, 1894~1989)는 일본에서 경영의 신이라 불린다. 가난한 어린 시절을 살았던 그는 9살 때 애보기 일을 시작으로, 11살에는 자전거 가게에서 일을 했다. 17세가 되자 오사카전등회사 직공으로 입사해, 전구와 소켓에 대해 배운다. 23세가 된 그는 전등 회사를 그만두고, 1918년 '마쓰시다 전기기구 제작소'를 창업한다. 고노스케는 2개 전구를 꽂을 수 있는 '쌍소켓'을 생산해 큰 성공을 거둔다.

고노스케는 자전거에 작은 발전기를 달아 전조등을 연결시키는 발명을 한다. 또 세 발 달린 휴대용 라디오, 세탁이 끝나면 자동으로 알려주는 자명종 등을 발명해 발명가, 사업가로 승승장구한다. 하지만 1929년 세계 경제공황이 발생해, 그의 사업에도 위기가 왔다. 그는 주 2일 휴무제를 실시해 생산량을 줄이는 대신, 직원을 해고 하지 않고 급료도 그대로 지급했다. 그는 회사의 경영 실태를 직원에게 모두 공개하고 협력을 구했다. 그의 이러한 위기 탈출방법이 '유리창 경영',

'종신 고용'이란 말을 만들었다. 그는 평생 동안 단 한 명의 종업원을 해고하지 않았다. 그는 "마쓰시다 전기는 전기기구를 만드는 회사가 아니라, 사람을 만드는 회사다."라고 말했다. 그의 명언 가운데 "지금 하지 않으면 언제 하겠는가?"라는 말은, 실천을 강조한 그의 경영 철학을 보여준다.

고노스케는 기업의 사회적 책임을 매우 강조했다. 그는 종업원들에게 "마쓰시다 전기의 사명은 물자를 끊임없이 만들어 내어 가난을 몰아내고 낙원을 건설하는 것이다."고 말했다. 그는 1933년 세계 최초로 산업보국(産業保國), 공명정대(公明正大) 등을 내용으로 하는 '기업 사명 선언서'를 발표했다. 그의 경영철학은 인류를 위한 공헌하는 기업을 만들겠다는 것이고, 실제로 일본과 인류를 위해 많은 공헌을 했다.

마쓰시다 전기기구 제작소는 1932년 마쓰시다 전기산업으로, 2008년에는 ㈜파나소닉 홀딩스로 사명을 바꾸었다. 파나소닉은 1980년대에는 세계 최대 가전회사로 성장했다. 지금도 가전뿐만 아니라, 리튬이온 전지를 생산하는 세계적인 대기업이다.

파나소닉은 창업자 마쓰시다 고노스케의 경영철학을 이어받아 인류를 위해 공헌하는 거대 전자회사이다.

7

개화를 준비하는 자세

1) 일본이 서양에 보낸 사절단

1543년 개항 이후 일본은 포르투갈, 스페인, 로마교황청으로 사절을 보내, 서양에 일본을 알렸다. 하지만 1635년 막부는 돌연 일본인이 해외로 나가는 것을 금지하는 정책을 실시하며, 외국과의 교류를 제한하기 시작했다. 포르투갈, 스페인, 영국과 관계를 단절하고, 교역 상대를 네덜란드 한 나라만으로 한정했다. 무역항도 나가사키항으로 제한했다. 막부가 해외무역에서 이익을 독점하고, 일본 내에 가톨릭을 근절하여 막부에 위협이 되는 세력을 제거하기 위해서였다. 막부는 각 번의 개별적 행동을 제압할 수 있는 강력한 힘을 갖고 있었다. 또한 서양인의 군사적 도발을 막아낼 자신감이 있었다. 이후 일본은 막부의 강력한 통치력을 바탕으로 산업과 문화를 발전시키며, 장기간의 평화를 누렸다.

하지만 19세기 중엽 막부는 힘이 약해졌고, 웅번(雄藩)이라 불리는 사쓰마, 조슈 등의 힘이 상대적으로 커졌다. 또한 서양의 군사력이 엄청나게 강해졌다. 영국은 아편전쟁을 일으켜 세계 최강국임을 자부하던 청나라를 굴복시키고 개항하게 했다. 일본은 아편전쟁 상황을 네덜란드 상인들이 매년 세계정세를 보고하는 『풍설서(風說書)』를 통해 정확히 알고 있었다. 일본은 긴장하지 않을 수 없었다.

일본에게 다행인 것은 영국이 일본을 작은 섬나라로 간주하고 거대한 청나라 시장 개척에 주력했다는 점이다. 19세기 중엽부터 태평양에 진출한 미국 역시 청나라와 교역에 주력했다. 19세기 일본은, 16~17세기 은을 대량으로 생산하여 유럽 각국이 교역하기를 원했던 일본이 아니었다. 영국과 미국은 일본을 중요 교역상대로 보지 않았다. 단지 전략적 차원에서 남하하는 러시아를 견제하고, 자국 선박의 기항지를 확보하기 위해 일본 개항이 필요했을 뿐이었다. 이러한 두 나라의 태도는 일본에게 엄청난 기회가 되었다.

1853년 7월 페리 제독이 전함 4척을 이끌고 에도만에 있는 우라가항 앞 바다에 정박한 후, 미국 대통령의 친서를 일본에 보냈다. "미국 선박이 태평양을 건너 청나라로 왕래하고 있고, 일본 근해에서 조업하는 미국 포경선이 많다. 이들을 위해 식량과 연료를 공급하고, 해난시 피난처와 구조를 제공해 줄 것을 요청한다."는 내용이었다. 페리는 다음해에 다시 올 것을 약속하고 청나라로 갔다. 그리고 1854년 2월 페리 제독이 8척의 군함을 이끌고 다시 일본에 왔다. 일본은 서양의 군사력을 잘 알고 있었다. 미국과 대결해 승산이 없다는 것을 알고, 마침내 3월 31일 미일화친조약에 서명했다.

일본의 2번째 개항이었다.

1854년 10월에는 영일화친약정, 1855년에는 러일수호조약이 체결되었다. 1856년 1월에는 네덜란드와 일본의 화친조약이 체결되어, 나가사키항 출입은 물론 다른 항구의 출입도 가능하게 되었다. 일본은 이러한 개항이 서구의 무력에 굴복했기 때문이라고 여겼다. 일본을 방어하려면 서둘러 군사력을 증강해야 한다는 것에는 개방론자나, 서구 열강을 몰아내자는 양이론자 모두의 의견이 일치했다.

연대	사절단 명	방문자	주요일정	파견 목적	비고
1582 ~1590	덴쇼 유럽 사절단	세례 받은 이토 만쇼 등 소년 4명, 활판인쇄 수업 소년 2명	마카오-말라카 -인도-희망봉 -포르투갈 -스페인-로마 -귀로	선교 도움 및 무역 확대.	예수회 선교사 알레산드로 발리냐노의 제안. 구텐베르크 인쇄기를 가져와 서양식 활판 인쇄로 책 찍음
1610 ~1611	타나카 쇼스케 사절단	타나카 쇼스케등 21인	지바현-태평양 -멕시코 -에스파냐-귀로	에스파냐와 통상 시도. 합의 실패.	필리핀 총독 귀임중 지비현에 표착, 그의 귀향에 사절단 파견
1613 ~1620	게이초 유럽 사절단	하세쿠라 스네나가 외	아카폴코 -아바나 -마드리드 -로마-귀로	외교, 무역, 종교적 목적에서 파견	센다이번 번주가 막부의 허가 받고 파견
1860	만엔 원년 견미 사절단	신미 마사오키, 후쿠자와 유키치, 존 만지로 등 60명	하와이 -샌프란시스코 -파나마-워싱턴 -뉴욕-앙골라 -인도네시아 -홍콩	미일수호통상 조약 비준서 교환 파견, 미국과 통화 교환 비율 협상.	미국 선박 이용 및 막부 소유 간린마루(咸臨丸) 이용. 세계일주
1862	분큐 유럽 파견 사절단	다케우치 야스노리, 후쿠자와 유키치 등 38명	홍콩-수에즈 -마르세유-파리 -런던-네덜란드 -베를린 -상트페테르부르크 -카우나스 -파리-포르투갈 -수에즈-홍콩	1858년 네덜란드, 프랑스, 영국, 프러시아, 포르투갈과 맺은 수호통상 조약에서 약속한 개항 연기 협상.	영국 해군 함선 이용. 후쿠자와 유키치 귀국 후, 1866년『서양사정』 저술.

연대	사절단 명	방문자	주요일정	파견 목적	비고
1863 ~1864	요코하마 쇄항 담판 사절단	이케다 나가오키 외	상하이-인도 -이집트-프랑스 - 귀국	요코하마 개항 연기 및, 프랑스 군인 배상 문제 협상	프랑스 군함 로몬제호 이용
1863 ~1868	*조슈5인 영국 밀항	이토 히로부미, 이노우에 가오루 외 3인	영국 런던	영국 영사의 도움을 받아 서양식 문물 배우기 위해 유학.	이토(정치), 이노우에 가오루 (외교), 이노우에 마사루 (철도), 야마오(공학), 엔도(조폐) 분야에 공헌
1865	사쓰마번 의 견영 사절단	고다이 도모아쓰 등 3명 사절과 15명 유학생	영국-프랑스 -프로이센 -네덜란드 -벨기에-미국	영국에 최첨단 기술을 배우러.	고다이 도모아쓰는 귀국 후, 오사카조 폐국, 주식거래소, 상법회의소 등을 설립.
1867	*파리만국 박람회 참여	막부 및 사쓰마번 참여	프랑스 파리	일본 문화를 서구에 홍보.	일본의 목판화 우키요에가 프랑스 화단에 영향 끼침.
1870	프로이센- 프랑스 전쟁 시찰단	야마가타 아리모토, 후쿠자와 유키치 외	미국-프랑스 -프로이센	유럽의 전쟁을 직접 보고 배워 군대를 개혁하고자.	승리한 프로이센 모델을 일본의 본보기로 삼아 군대를 개혁
1871 ~1873	이와쿠라 사절단	이와쿠라 도모미, 기도 다카요시, 오쿠보 도시미치, 이토 히로부미 등 107명	샌프란시스코 -워싱턴-런던 -파리-베를린 -상트페테르부르크 -헤이그 -스톡홀름-로마 -빈-베른 -마르세유 -수에즈-귀로	서양제국과 불평등조약 재협상 및 선진국의 제도와 문물 시찰 및 각국에 유학생 파견	신정부 지도부 다수가 순방에 참여. 1876년 『미구회람실기』 5권을 간행해 방문 성과를 국민과 공유. 유학생 중 여성 5명 포함.

사쿠마 쇼잔(1811~1864)은 "중국도 유럽도 일본에게는 모두 외국이다. 그 각자의 좋은 점을 받아들여 일본 스스로를 보완해야 한다."고 주장했다. 조선의 사상사 이항로(1792~1868)가 "천지간에 오직 한 줄기 빛이 조선에 닿아 있으니 동양의 도를 지키는 일에 나라의 존망이 달렸다고"고 역설한 것과는 크게 달랐다. 성리학자였던 쇼잔은 아편전쟁에서 청나라가 영국에 패배하자, 학문의 방향을 바꾸었다. 그는 네덜란드어를 배우고 병학을 공부했고, 서양학문을 연구하기 시작했다. 직접 대포도 제작하고, 포술을 가르쳤으며, 개국론자가 되었다.

　이처럼 일본의 지식인들이 실용적인 사고로 전환하고 있었기 때문에, 일본은 빠르게 서양의 과학문명을 도입할 수 있었다. 일본은 1855년 나가사키에 해군 전습소를 창설하여, 네덜란드로부터 함선을 도입하여 사관생도를 육성했다. 영어 등 외국어를 빠르게 교육해 서양을 적극적으로 배우기 시작했다.

　일본은 서양문명을 제대로 파악하기 위해 앞의 [표]에서 보듯 미국과 유럽에 수시로 사절단을 보냈다. 서구 문물을 공부하기 위해 유학생도 파견했다. 1862년부터 일본에선 서구 유학 붐이 일어났다. 막부는 유능한 청년들을 네덜란드로 유학을 보냈고, 각 번에서도 별도로 유학생을 보냈다. 조슈번은 막부 몰래 이토 히로부미 등 5명을 영국에 유학을 보냈다. 사쓰마번도 막부의 금지령을 어기고 1865년 사절단을 보내며 학생 15명을 영국에 유학시켰다. 사쓰마번 출신으로 러일전쟁 당시 육군총사령관을 역임한 오야마 이와오는 사촌 형인 사이고 다카모리의 천거로 1870년 프랑스에 유학하였고, 다시 스위스에서 3년간 군사학을 공부했다.

당시 유학비용이 현재 시세로 수억 원에 달하는 고가였음에도, 막부와 각 번주들은 서양기술 도입에 거액을 아끼지 않았다. 일본이 서양 각국에 보낸 유학생은 1869년 50명, 1870년 150명, 그리고 1873년에는 1천 명을 넘어섰다. 1871년에는 여성 유학생 5명을 미국에 보내기도 했다. 서양을 배우자는 열정이 가장 두드러지게 나타난 사례가 이와쿠라 사절단 파견이다.

- 1. 일본이 1854년 개항을 군사력이 부족한 탓으로 여기고, 해군 육성을 비롯한 국방력 강화에 전념했다.
- 2. 일본은 서양 문명을 빠르게 배우기 위해, 미국과 유럽에 사절단을 파견하고 유학생을 파견했다.

2) 이와쿠라 사절단

1867년 대정봉환으로 도쿠가와 막부시대가 막을 내리고, 왕정복고가 이루어지며 메이지 신정부가 등장했다. 메이지 정부는 서구세력을 몰아내자는 양이론에서 개국론으로 전환한 사람들이 중심이 되어 탄생했다. 사쓰마번, 조슈번, 히젠번, 도사번 등 웅번(雄藩) 출신 인물들이 중심이 된 신정부는 1868~1869년 보신전쟁을 통해 구 막부를 지지하는 세력을 제압하고, 강력한 중앙집권화를 추진한다. 1871년 기존의 번(藩)을 폐지하고 중앙에서 관리를 내보내 통치하는 현(縣)을 설치하는 폐번치현을 단행하고, 1872년에는 징병제를 실시해 국가가 직접 통제하는 군대를 탄생시켰다.

체제를 급격하게 개혁하는 도중에 놀랍게도 메이지 정부는 이와쿠라 토모미를 특명 전권대사로 한 이와쿠라 사절단을 서양 12개 나라에 보내는 결정을 한다. 이와쿠라 사절단은 메이지 정부 탄생의 주역인 오쿠보 도시미치, 기도 다카요시를 비롯한 정권의 실세들과, 이토 히로부미 등 정부 각 부서의 실무 관리 41명과 유학생 43명을 포함해 107명으로 구성되었다. 이들은 서양 각국과 체결한 불평등조약을 재협상하고, 선진국의 제도와 문물을 시찰하며, 각국에 유학생을 파견하기 위한 목적을 갖고 출발했다. 사절단은 1871년 12월 23일 요코하마를 출발해, 미국, 영국, 프랑스, 벨기에, 네덜란드, 프로이센, 러시아, 덴마크, 스웨덴, 이탈리아, 오스트리아, 스위스 12개국을 방문하고 1873년 9월 13일에 귀국했다.

　이와쿠라 사절단은 비록 서양 각국과 체결한 불평등한 조약을 개정하는 것에는 실패했지만, 서구 근대가 이룩한 물질적 성과뿐만 아니라, 정신적 측면까지 철저하게 배워왔다. 정부의 실세들이 직접 눈으로 목격하고 배운 서양의 문물은 즉시 일본에 적용할 수 있었다. 일본은 서양의 제도와 문물을 빠르게 수용했다. 1870년대 초에 전신 개통, 철도 개통, 은행 설립 등 근대 자

이와쿠라 사절단의 세계 일주 여정

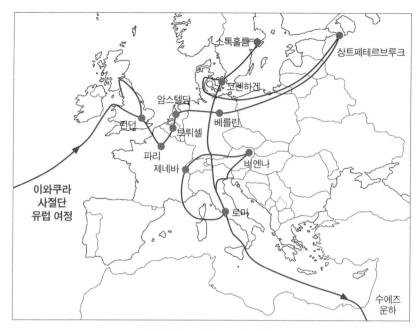

이와쿠라 사절단의 유럽 일정

본주의 성장에 필요한 사회 기반 시설과 제도가 만들어졌다. 또한 국민들의 의식주 생활에도 서구화가 이루어졌다. 후쿠자와 유키치의 『서양사정』을 비롯한 서양의 역사와 제도, 문화를 소개하는 책들이 널리 소개되었으며, 자유주의, 민주주의, 진화론 등 서양의 사상도 일본에 널리 전파되었다. 유학생들이 배워 온 각종 산업 기술을 토대로 일본의 산업경쟁력도 빠르게 올라가, 1900년대 초반이 되자 경제력에서 세계 5~6위권에 도달할 만큼 성장할 수 있었다.

일본은 이와쿠라 사절단을 계기로 이른바 서구화, 산업화를 급격하게 이루어냈다. 서구 열강을 제외하고, 이처럼 빠르게 서구화, 산업화에 성공한 나라는 일본이 유일했다.

- 1. 메이지 신정부는 정부 실세의 절반을 서구 12개국을 방문하는 사절단으로 보내 서양의 문물을 배우도록 했다.
- 2. 이와쿠라 사절단을 계기로 일본의 서구화와 산업화가 급격하게 이루어졌다.

3) 조선의 수신사와 영선사

1876년 2월 조선은 일본과 조일수호조규를 체결하여, 개항을 했다. 서구 열강이 아닌 일본에 의한 강제 개항이었다. 일본 보다 앞서 서구 열강이 조선을 개항시키려는 시도가 있기는 했었다. 1866년 병인양요를 일으킨 프랑스, 1871년 신미양요를 일으킨 미국은 무력을 동원해 강제 개항을 시키려고 했었다. 하지만 프랑스와 미국에게 조선은 매력적인 나라가 아니었기에, 조선 개항에 적극적이지 않았다. 반면 일본은 자국 경제를 성장시키기 위해서는 조선의 식량과 물자가 절실했다. 따라서 일본은 적극적으로 조선 개항에 나섰다. 마침내 1876년 조선이 개항했다.

일본은 조선에 사신을 보내 달라고 요청했고, 조선은 1876년 일본과 옛 우호를 회복하고, 일본의 정세를 탐문할 목적으로 제1차 수신사를 파견한다. 조선 최초의 근대적 외교 사절단인 수신사는 수신정사 김기수를 비롯한 76명이 구성되었다. 수신사는 일본이 제공한 증기선을 타고 요코하마에 내렸다. 여기서 기차를 타고 도쿄에 도착했다. 도쿄에서 약 20일간 체류하는 동안, 과거와 달라진 일본을 보았다. 1860년 미국이 일본 사절단에게 각종 편의를 제공한 것을 모방해, 일본은 조선 수신사의 방문 비용 모두를 부담했다. 수신사 일행에게 가능한 한 많은 신문물을 관람하게 하여, 일본의 개화를 제대로 알리고자 했다.

수신정사 김기수는 귀국 후 『일동기유(日東記遊)』를 보고서로 제출했다. 그는 자신이 본 바를 사실대로 기술하는데 치중하여 일본의 실상을 정확히 알렸다. 그는 출국 전에 청나라에서 들여와 유포되었던 『해국도지』, 『영환지략』 등 서양 관련 서적도 읽고, 박규수 등 개화파 지식인의 자문도 받았다. 그는 근대적 제도와 문물을 이해하기 위해 사전에 준비와 노력을 기울였다. 또한 그는 일본에서 본 서양의 기계와 기술에 감탄했고, 일본의 서양식 부국강병책에 주목했다. 하지만 일본의 무력에 의해 어쩔 수 없이 개항했으나, 일본에 반감을 품은 위정척사 사상을 가진 사람들이 우세한 조선의 정치적 상황에서, 그는 일본처럼 근대화에 나서야 한다고 주장할 수가 없었다.

그는 귀국 후 곡산부사로 좌천되었다. 수신사 활동이 조선의 개화 정책 실현으로 연결되지 못했다. 김기수의 무능이 아니라, 중국 중심의 국제 질서관념에 사로잡혀있던 조선의 한계 때문이었다.

조선이 서구 문물을 받아들일 필요성을 깨닫게 된 것은 1879년 청나라에서 조선 정책을 담당한 북양대신 이홍장이 조선에 서구 열강과 조약을 맺고 군사력을 강화하라고 권유하면서 부터다. 조선은 1880년 2차 수신사를 일본에 파견했다. 이때 수신사 김홍집은 청국의 주일공사관 참찬관 황준헌(黃遵憲)이 쓴 『조선책략(朝鮮策略)』을 가져왔다.

"중국과 친하고, 일본과 연결하고, 미국과 연합하여 러시아
를 막아 스스로를 지켜라."

이 책에서 미국은 조선에 대해 큰 욕심이 없고, 조선을 이롭게 할 것이니, 미국과 수호통상조약을 체결할 것을 권하였다. 또한 유럽의 여러 나라와도 문호를 개방하고, 산업과 무역을 진흥하고,

부국강병책을 수행하라고 제시하고 있다. 다만 이 책은 청나라가 조선을 간섭하는 정책을 지지하는 내용을 담고 있어, 황준헌 개인이 아닌 청나라 정부의 의견이 반영된 책이라고 할 수 있다.

이 책의 내용이 일반에 알려지자, 보수적인 유학자들이 맹렬히 반대했다. 1881년 영남유생 이만손 등이 만인소(萬人疏)를 올리며 조선의 쇄국을 주장했다. 그럼에도 조선 정부는 청나라의 권고를 무시할 수 없었고, 급격한 세계정세 변화에 언제까지 서구문물을 배척할 수도 없었다. 결국 조선은 1881년 일본에 신사유람단, 청나라에 영선사를 파견하는 한편, 통리기무아문이란 새로운 관청과, 신식군대인 별기군을 편성해 개화정책을 추진한다. 또한 1882년 미국과 수호통상조약을 시작으로, 1883년 영국, 독일, 1884년에는 이탈리아와 러시아, 1886년에는 프랑스, 1892년에는 오스트리아헝가리제국과 통상조약을 체결했다. 그리고 청나라와도 1882년 조청상민수륙무역장정을 체결했다.

청나라는 1860년 2차 아편 전쟁의 패전 이후, 중화의 우월한 정신문명을 기초로 말단에 불과한 서양의 기술만을 이용하자는 중체서용(中體西用) 논리를 앞세우며 양무운동(洋務運動)을 벌였다. 서양의 무기 제조기술을 받아들여 중국에서 화포와 철선을 자체 생산하며 부국강병을 꾀하고자 했다. 그 결과 1865년부터 1870년 사이에 상하이, 난징과 푸저우, 톈진에 군수공장을 설립하여 화약과 포탄, 대포, 기선을 만들었다. 이후 군수공장은 24곳으로 늘어났다. 이를 바탕으로 1871년에 건립된 북양함대는 1894년 청일전쟁 발발 전까지 동아시아에서 가장 강력한 해군 함대를 유지하기도 했다.

청나라는 양무운동 성과를 과시하기 위해, 톈진기기국에서 조선 유학생을 받아주기로 했다. 1881년 조선은 무기 제조법을 배워오기 위해 김윤식을 영선사로 삼아 학도 20명, 천인 신분 공장 18명 등 38명의 유학생과 통역 등을 이끌고 청나라 톈진에 갔다. 그해 12월부터 유학생들은 톈진기기국에서 화약 및 탄약 제조법, 전기, 화학, 기계, 외국어 등을 배웠다. 하지만 1882년 5월 초까지 유학생 절반이 수업을 그만두고 중도 귀국했다. 게다가 6월에는 조선에서 권력을 장악한 민씨 외척의 비리와 부정축재로 임오군란이 발생했다. 임오군란은 유학생의 학습 종료에도 영향을 끼쳤다. 톈진에서 가장 오래 공부한 학생이 겨우 10개월을 배웠고, 절반 이상은 수개월도 배우지 못했다. 결국 영선사는 그 목적을 충분히 달성하지 못했다.

다만 청나라 기술자를 조선에 데려오고, 톈진기기국에서 배운 학생들을 기용해 1883년 5월 조선 최초의 근대식 군수공장인 기기창이 설립되었다. 기기창에서 조총, 개틀링 기관총(Gatling gun), 탄약 등을 생산했다. 하지만 차츰 재정난과 경영난으로 제

역할을 다하지 못했다. 결국 1894년 청일전쟁 후에는 유명무실해 버렸다.

연대	사절단 명	대표	주요 사항
1876	1차 수신사	김기수	조일수호조규 후속 방문. 김기수『일동기유』보고서 작성. 일본의 근대화 모습을 그대로 소개
1880	2차 수신사	김홍집	김홍집이 황준헌의『조선책략』을 가져옴
1881	조사시찰단	박정양	근대 시설 및 문물을 시찰,『문건사건』보고서 제출
1881	영선사	김윤식	근대기술 습득을 위해 유학생, 기술자 38명 파견. 기기국에서 무기제조기술 습득. 기기창 설립의 계기 마련. 1882년 임오군란 발생으로 1년 만에 조기 귀국
1882	3차 수신사	박영효	임오군란 사과를 위해 파견
1883	보빙사	민영익	서양국가에 최초로 파견된 사절단. 신문물 시찰, 유길준은 미국에 남아, 최초의 국비 유학생이 됨

조선이 외국에 보낸 사절단 가운데 유일하게 기술을 배워 온 영선사의 결과물인 기기창마저 제 기능을 다하지 못했다. 1883년까지 조선이 외국에 보낸 사절단은 조선의 근본적인 변화를 가져오지 못했다. 이 상황에서 무리하게 추진된 1884년의 갑신정변은 실패할 수밖에 없었다. 일본처럼 서구 문물을 받아들일 준비가 되어있지 않았기 때문이다.

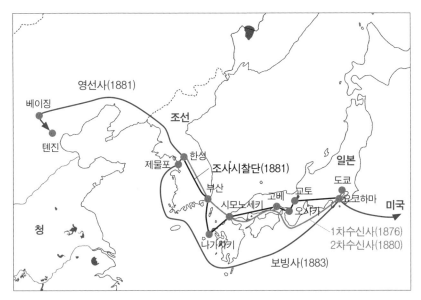

영선사(1881)
베이징
톈진
조선
한성
제물포
조사시찰단(1881)
부산
시모노세키
일본
도쿄
고베 교토
요코하마
미국
오사카
1차수신사(1876)
2차수신사(1880)
청
나가사키
보빙사(1883)

조선사절단의 파견

■ 1. 개항 후 조선이 일본에 수신사를 파견해, 일본의 근대화를 목격했지
만, 국내에 수구(守舊) 세력이 강해 일본처럼 근대화를 해야 한다는
주장이 나올 수가 없었다.

■ 2. 청나라에 파견된 영선사는 무기 제조기술을 배웠지만, 단기간에 끝
났고, 그 결과물인 기기창도 차츰 유명무실해져 조선 군사력 강화에
기여하지 못했다.

4) 유길준의 뒤늦은 세계일주

세계 일주를 가장 먼저 한 사람들은 1519년에서 1521년까지 대서양을 건너 태평양을 횡단하고 인도양을 지나 스페인까지 살아 돌아온 마젤란 탐험대의 선원 18명이다. 일본인 가운데 존 만지로는 1840년대에 미국 포경선을 타고 세계 일주를 했다. 공식적으로는 1860년 2월에 출발해 11월에 귀환한 후쿠자와 유키치를 비롯한 만엔 원년 견미사절단이다. 반면 조선인으로 처음 세계 일주를 한 사람은 유길준(兪吉濬, 1856~1914)이다. 그는 1883년 7월부터 미국과 유럽을 방문하고, 동남아시아와 일본을 거쳐 1885년 12월 조선으로 귀환했다. 후쿠자와 유키치와 유길준은 23년의 시차를 두고 세계 일주를 했고, 두 사람 모두 세계 일주 경험을 토대로 서양의 모습을 자국에 소개하는 책을 썼다.

유길준은 젊은 시절 개화파의 스승인 박규수의 제자가 되어, 1884년 갑신정변을 일으킨 김옥균, 박영효, 홍영식 등과 사귀면서 서양학문을 공부했다. 그는 1881년 4월부터 7월까지 4개월간 신사유람단의 일원으로 일본 각지를 여행하여 일본의 정치인과 학자를 만났다. 유길준은 후쿠자와 유키치와 만나고 그가 세운 학교인 '게이오주쿠(慶應義塾)'에서 공부하며 일본에 남았다. 조선인 최초로 서양식 학문을 배운 유학생이 된 것이다.

1882년 일본에 조선 사절단이 다시 오자, 유길준은 통역을 맡아 활약한 후, 1년 동안 유학생활을 마치고 귀국했다.

1882년 조선은 미국과 수호통상조약을 맺었기에, 다음 해 보빙사라는 이름으로 사절단을 파견하게 되었다. 유길준도 보빙사의 일원으로 미국으로 가게 되었다. 미국에 도착한 유길준은 여기서도 공부에 뜻을 두고, 조선으로 귀국하지 않고 미국 대학 진학을 준비했다. 유길준은 일본에서 사귄 미국의 생물학자 모스에게 8개월간 개인 지도를 받고 대학 진학을 위한 예비학교에 입학했다. 조선에서도 서양을 제대로 공부한 사람이 필요했기 때문에, 유길준에게 학비를 지원해 주었다. 유길준은 조선 최초의 국비 유학생이 되었다.

1884년 그의 동료인 김옥균, 박영효 등 급진 개화파가 갑신정변을 일으켰다. 하지만 3일 만에 청나라의 개입으로 정변은 실패하고 개화파는 권력에서 쫓겨났다. 정변 실패의 영향은 유길준에게도 미쳤다. 조선은 그의 유학비용을 보내주지 않았다. 학업을 계속할 수 없게 된 유길준은 미국을 떠나 귀국길에 올랐다. 그는 곧장 조선으로 돌아오지 않고 유럽을 돌아 동남아시아, 일본을 거쳐 1885년 12월에 귀국했다.

귀국하자마자 곧 김옥균과 친하다는 이유로 체포되어, 7년간 연금(軟禁) 생활을 하게 되었다. 그는 정치 활동은 할 수 없었지만, 자신의 유학 생활과 세계 여행, 서양과 일본의 책 등에서 본 서양에 대한 각종 정보, 그리고 그의 생각을 담은『서유견문(西遊見聞)』을 1889년에 완성했다. 이 책에는 세계의 지리, 국제관계, 세계의 정치체제, 국민의 교육과 권리, 세금, 군대제도, 화폐, 경찰, 서양 학문의 특성, 각국의 대도시, 서양의 풍습, 의식주, 전기, 전화, 기차, 도서관, 박물관 등 신문물에 대한 다양한 정보가 담겨 있다. 하지만 이 책은 1895년이 되어서야 출간되었다.

『서유견문』은 한글과 한문을 섞어 쓴 당시로서는 대단히 파격적인 책이었다. 책이 출간된 후, 신문과 잡지에서 비로소 국한문혼용체를 사용하게 된다.『서유견문』은 단순한 서구기행문이 아니다. 우리가 어떻게 근대를 건설할 것인지를 구체적인 내용과 체계적인 방법론으로 제시한 "근대화의 방략서"라고 할 수 있다. 후쿠자와 유키치의『서양사정』이 베스트셀러가 되어 일본 국민 계몽에 큰 영향을 준 것을 본 유길준이 그와 같은 책을 쓴 것이다.

그런데 조선은 일본과 달랐다. 그는 오랫동안 연금 상태였기 때문에 조선에서 책을 내줄 출판사를 구할 수가 없었다. 연금이 풀린 후 그는 1994년 일본에 보빙사로 가게 되었다. 그는 원고를 가져가 후쿠자와 유키치가 설립한 교순사에서 1895년 4월 책 1천부를 발간했다. 다만 그는 책을 판매하지 않고, 정부고관을 비롯한 당시 유력자들에게 책을 기증함으로써, 갑오개혁의 필요성과 정당성을 홍보하는 역할에 만족했다.

그는 조선의 실정에 맞는 자주적인 개화를 주장했다. 영국처럼 입헌군주제를 실시하고, 화폐사용과 무역 진흥, 교육제도의 개편 등을 주장했다. 그의 주장은 갑오개혁에 적극 반영시킬 수 있었다.

1896년 그는 조선 최초의 근대적 신문인 독립신문 창간을 후원하고, 내무대신이 되어 단발령 시행에도 앞장섰다. 조선의 개혁에 앞장섰던 유길준은 1896년 2월 아관파천으로 갑오개혁 세력이 갑작스럽게 몰락함으로써, 그의 정치적 활동도 단기간에 끝나고 말았다. 그는 조선에서 역적으로 몰렸고, 간신히 일본으로 탈출할 수 있었다. 그는 1907년이 되어서야 귀국할 수 있었다. 그는 귀국 후에도 흥사단 활동 등 국민 교육에 앞장섰지만, 이미 조선을 변화시키기에는 늦어 버렸다. 1914년 죽음을 앞둔 그는 자신은 조국을 위해 한 일이 없으니 묘에 비석을 세우지 말라는 유언을 남겼다.

유길준을 시작으로 일본, 미국, 유럽에서 서양학문을 공부한 조선의 유학생은 늘어나기는 했지만, 그 수는 절대적으로 부족했다. 1884년까지 조선은 유학생 100명을 일본 게이오주쿠, 육군토야마학교, 조선소 등에 파견했다. 1895년에는 150명의 유

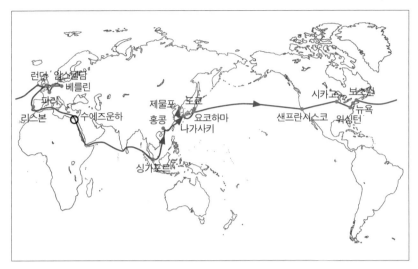

유길준의 세계일주

학생을 일본에 파견하기도 했다. 하지만 국내 정세의 변화에 따라 지속적으로 유학생을 보내지 못했다. 뿐만 아니라, 유학생들 가운데 귀국하여 조선 정치에 영향을 준 인물은 유길준, 윤치호, 어윤중, 서재필 등 몇몇에 불과했다.

유길준은 당시 조선의 선각자라고 할 수 있지만, 그의 서구 여행은 너무 늦었다. 그는 조선의 정치적 상황에 의해 자신의 뜻을 제대로 펼 수 있는 시간을 충분히 갖지 못했다. 그의 『서유견문』은 조선인의 의식을 바꾸는 데 별다른 기여를 할 수 없었다. 유길준은 조선의 후쿠자와 유키치가 되지 못했다.

- 1. 유길준은 조선의 선각자였지만, 그가 얻은 경험과 지식은 조선정치에 충분히 반영되지 못했다.
- 2. 유길준의 『서유견문』은 일부 관료들에게만 전파되었을 뿐, 대중들에게 서양을 소개하는 안내서가 되지 못했다.

후쿠자와 유키치(福澤諭吉, 1835~1901)
- 일본의 계몽사상가, 저술가

　오사카 사무라이 출신인 후쿠자와 유키치는 1984년부터 2024년까지 발행된 1만 엔 지폐에 초상이 그려진 일본을 대표하는 계몽사상가다. 1854년 나가사키에 가서 난학을 배운 그는 1855년 오사카에 돌아와 오가타 고안의 데키주쿠에서 공부를 한 후, 1858년 에도에 난학주쿠를 열었다. 1860년 막부의 미일통상조약 비준서를 교환하기 위한 만엔 원년 견미 사절단에 수행원으로 참여하였다. 또한 1862년에는 분큐 유럽파견 사절단에도 참여하여, 프랑스, 영국, 네덜란드, 독일, 러시아, 포르투갈 등 유럽 6개국을 순방하고 돌아온다. 그는 1866년 『서양사정(西洋事情)』을 저술하여, 1869년에 출간했다. 이 책은 20만부 이상이 팔려나가 일본 사회 전체에 큰 영향을 끼쳤다. 1872년부터 1876년에 쓴 『학문의 권유』는 무려 400만부가 팔렸다.

　그는 서양에서 배운 문명 정치의 핵심 6가지로, 개인의 자유를 존중하고 법률은 국민을 속박하지 않도록 할 것, 신앙의 자유를 보증할 것, 과학기술을 촉진할 것, 학교 교육을 충실히 할 것, 적정한 법률에 기초한 산업을 촉진할 것, 국민의 복지 향상에 항상 마음을 둘 것을 제시했다.

　그는 교육의 중요성을 강조하여, 1858년 난학주쿠를 개설해, 서양 사상을 도입하는데 앞장섰다. 그는 네덜란드어가 실용성이 낮은 것을 깨닫자, 곧 영어를 배워 영학주쿠로 전환했다. 1868년에는 게이오기주쿠로 바꾸었다. 게이오기주쿠는 1920년 대학으로 전환해, 일본 최초의 사립 종합대학이 된다. 그는 메이지 정부에 참여하라는 요청을 받았지만 거절하고, 오로지 교육과 언론 활동에 전념한다. 『메이로쿠』, 『시사신보』 등을 창간해 근대사상 보급과, 일본의 변혁과 부국강병, 관민 조화론, 남존여비 철폐와 여성 해방 등을 주장해, 일본 근대화에 크게 기여했다.

　그는 조선인 유학생 윤치호, 김옥균, 유길준을 후원했고, 박영효와도 만났다. 특히 조선 최초의 유학생인 유길준은 그에게 배우기도 했다. 하지만 그는 조선 멸망을 예언했고, 일본은 아시아를 벗어나 서구 사회를 지향해야 한다는 탈아입구(脱亜入欧)를 주장했다.

후쿠자와 유키치는 일본인에게 서구화의 필요성과 방법을 가르친 교육자이자, 저술가, 사상가로 일본인에게 큰 영향을 끼쳤다.

토요타
- 후발주자에서 세계 1위의 자동차기업이 되다.

자동차의 나라 미국의 GM, 포드, 크라이슬러를 제친, 세계 자동차 판매 1위 기업은 일본의 토요타(TOYOTA)다. 20세기 제조업의 꽃인 자동차산업에서 후발주자인 토요타가 세계 1위가 된 것은 엄청난 노력과 변화가 있었기 때문이다. 일본 시가총액 1위를 자랑하는 토요타는 토요다 사키치(豊田佐吉, 1862~1930)가 1926년 창업한 토요타 자동직기 제작소의 자동차 부문에서 출발한다. 사키치는 직조기 관련 특허를 수십 개를 내서 방직업에서 크게 성공했다. 그런데 사키치의 아들 토요다 기이치로(豊田喜一郎, 1894~1952)가 1933년 회사 내에 자동차 부서를 만들어 자동차 회사로 전환을 시작했다. 1936년 승용차를 출시한 토요타는 일본 정부의 발주를 받아 군용 트럭을 생산하며 성장했다.

일본이 전쟁에서 패하면서, 토요타도 위기에 닥친다. 다행히 일본에 베이비붐이 일어나 섬유 소비량이 늘어나 토요타는 방직업으로 위기를 극복한다. 이때 토요다 기이치로는 방직업이 아닌, 자동차 분야에서 미국을 이겨야 한다고 판단한다.

토요타를 혁신적으로 바꾼 인물은 오노 타이이치(大野耐一,

1912~1990)이다. 그는 토요타생산시스템(TPS)의 아버지라 불린다. 그는 현장의 비용절감을 위해 노력한다. 그는 창고부터 없앴고, 필요 이상의 생산, 불필요한 재고를 없앴다. 미국 자동차 회사와 경쟁하기 위해서는 극단적인 효율과 극단적인 낭비를 막아야 한다고 생각했다. 그는 과잉생산, 기다림, 운반, 가공, 재고, 동작, 불량품이라는 7가지 낭비를 줄이고자 했다. 반면 직원들에게 평생 고용과 확실한 복지 혜택, 확실한 휴무를 제공했다. 또한 협력사와 함께 토요타시를 만들어, 완벽한 자동차 생산 생태계를 만들었다. 뛰어난 품질과 가격 경쟁력을 바탕으로, 토요타는 2008년 세계 1위의 자동차회사가 된다.

토요타는 2009년 1,000만 대 리콜과 300만 대 재고 사태를 겪으며, 창사 이래 처음으로 적자를 기록했지만, 곧 자율주행차 등 미래기술에 집중투자하고 사업영역을 하드웨어에서 소프트웨어로 확대하면서 다시 세계 1위 자동차로 복귀했다. 토요타는 2023년 전 세계에서 1,123만 대의 자동차를 팔아 2위 업체를 200만대 차이로 따돌렸다. 다만 2023년과 2024년 일부제품에서 품질부정 사건이 터져, 기업의 신뢰도가 크게 떨어졌다.

토요타는 극단적인 효율과 낭비를 막는 생산시스템을 만들어 세계 1위의 자동차 회사가 되었다.

8

조선과 일본의 교육열

1) 유럽인이 본 조선의 교육열

"극동의 모든 국가들에서 우리가 경탄하지 않을 수 없고 동
시에 우리의 자존심을 상하게 하는 한 가지 사실을 발견할
수 있는데, 그것은 바로 아무리 가난한 집이라도 집 안에
책이 있다는 사실이다. 극동의 나라들에서는 글을 읽을 줄
모르는 사람이 거의 없으며, 또 글을 읽지 못하면 주위 사
람들로부터 멸시를 받는다. 만일 문맹자들에 대한 그토록
신랄한 비난을 프랑스에 적용시킨다면 프랑스에는 멸시받

아야 할 사람들이 부지기수일 것이다." - 『조선 원정기』

1866년 병인양요 당시 프랑스군을 따라 조선에 온 앙리 쥐베르가 쓴 글이다. 그가 본 가난한 집에도 책이 있는 곳은 강화도였다. 강화도는 전략적 요충지이긴 하지만, 양반들이 많이 사는 곳은 아니다. 그럼에도 이곳 사람들은 집집마다 책을 갖고 있었다.

1800년경 인왕산 아래에 살며 송석원시사(松石園詩社)를 주도했던 천수경(千壽慶)이란 인물이 있다. 그는 평민이었지만, 학문에 능해 서당을 차렸다. 그의 서당에서 하루에 글을 배우는 비용은 2문이다. 100문이 1냥이다. 황윤석(黃胤錫,1729~1791)의 『이재난고(頤齋亂藁)』에는 머슴의 한 달 월급이 7냥 정도라고 했다. 한 달에 25일 정도 배운다고 하면, 50문은 머슴 월급의 1/14 정도가 된다. 머슴 월급을 기준으로 보면 부담이 되는 돈이지만, 그렇다고 못 낼 정도는 아니었다. 그래서인지 천수경 서당에 학생 수가 300명이나 되었다고 한다. 요즘의 기업형 학원에 비유할 만하다.

서당은 도성 밖에서도 번성했다. 1801년 흑산도에 유배된 정약전은 사촌서당(沙邨書堂)에 머물며 섬사람들을 대상으로 글을 가르쳤다. 전라도 신안군 도초도에는 서당이 여럿 있었고 학생도 많았다고 하며, 부안군 위도는 물산이 풍부해 훈장의 급료가 넉넉했다는 기록도 있다. 흑산도, 도초도, 위도 등 섬에 사는 사람들도 서당에서 공부를 했다. 서당의 훈장은 유배형에 처해진 관리들도 있었지만, 몰락한 양반, 과거에 합격하지 못해 생계에 허덕이는 사대부들도 있었다.

19세기 말 평민인 백범 김구는 양반이 다니는 서당에 다닐 수가 없었다. 그의 아버지가 상놈 서당을 만들고 훈장을 모셔 와서 글을 배우게 했다. 서당 훈장은 가난한 양반들에게 중요한 일자리였다. 서민들은 서당에서 진술서와 탄원서, 소장, 축문, 토지와 노비 매매문서, 혼서 등 실용적인 문장 작성법을 배웠다. 천수경의 동료인 장혼은 서민 아이들이 배울 수 있는 『아희원람(兒戲原覽)』이라는 교재를 만들기도 했다. 일반 양인, 노비들이 자식을 서당에 보내 가르친 것은 글을 알아야 각종 소송 등 일상생활의 여러 문제에 대처할 수 있었기 때문이다. 글을 배워두면 종종 대갓집에 들어가 심부름을 하는 겸인(傔人)이 되었다가, 권세가의 수족이 되는 서리가 되는 경우도 생긴다. 국가의 행정실무를 담당하는 서리가 되면, 중인으로 신분이 상승한다. 군대에 들어가서 신분을 상승하는 방법도 가능하다. 무과를 보려고 해도 글을 알아야 한다. 글을 알면 장사에도 유리하다.

노비나 양인이 양반으로 신분을 상승하면, 반드시 유학이란 직역(職域)을 가져야 하고, 족보를 가져야 한다. 양반은 글을 아는 자들이다. 신분 상승 욕망이 컸던 조선 후기에 서민들이 교육에 돈을 아끼지 않은 것은 그들의 미래가 공부에 달렸기 때문이다.

1894년 조선에 입국한 후, 한반도를 답사했던 이사벨라 버드 비숍(Isabella Bird Bishop)은 1898년『조선과 이웃 나라들』을 발간했다. 그녀는 한강 유역에 사는 낮은 계층의 많은 사람이 그들 자신들의 문자를 읽을 수 있다는 사실에 놀라워했다. 그녀는 한글의 장점을 지적한 것이다.

고종의 어진을 두 번이나 그린 새비지 랜더(Savage Landor)는 1895년에 출간한『조용한 아침의 나라』책에서 "조선인은 매우 총명해, 미개인들과는 전혀 다르다. 비범한 지성으로 단기간에 지식을 습득하는 그들에게 늘 압도당하였다. 그들은 외국어를 매우 쉽게 익혔으며, 무척 투지 있고 열성적으로 공부거리를 습득했다. 그들은 놀라울 정도의 신속한 이해력과 함께 뛰어나게 현명한 추론 능력을 타고 났다."고 칭찬했다.

조선인의 이러한 공부에 대한 열정이 20세기 후반 대한민국 경제가 폭발적으로 성장하는 원동력이 된 것에는 의심의 여지가 없다.

- 1. 조선 후기에는 서민서당이 발달해, 평민, 노비 중에도 글을 아는 자가 많았다.
- 2. 서민이 글을 배우는 이유는 신분을 상승하려는 욕망과 일상생활에서 글을 아는 것이 필요했기 때문이었다.

2) 일본의 교육열

1517년 루터의 종교개혁 당시 독일어 사용 인구 중 글을 읽고 쓸 줄 아는 사람은 1%에 불과했다고 한다. 루터가 독일어로 성경을 번역하여 보급하면서 글을 읽는 사람들이 많아지기는 했지만, 유럽 국가들은 19세기에도 문맹률이 매우 높았다. 반면 앙리 쥐베르가 지적했듯이 극동의 나라들에는 유럽의 나라들과 달리 글을 읽고 쓸 줄 아는 사람들이 많았다.

1848년 일본에 상륙해 최초의 원어민 영어 교사로 활동하며 학생 14명을 지도했던 래널드 맥도날드는 『일본회상기』에서 "최상층부터 최하층까지 모든 계급의 남녀, 아이들이 종이와 붓과 묵을 휴대하고 다니며 곁에 두고 있다. 모든 사람이 읽기와 쓰기 교육을 받고 있다"고 기록했다.

조선에서 글을 읽는 사람들이 크게 늘어난 것이 신분을 상승하려는 욕망 때문이었다면, 일본의 경우는 도쿠가와 막부가 들어선 이후 수백 년간 평화가 유지된 탓이라고 하겠다. 평화가 장기간 지속되면서 막부 체제에서 지배층을 형성하는 사무라이들은 칼을 쓰는 일보다는 행정적인 업무에 종사하는 일이 많아졌다. 개별 번(藩)이 각자도생을 하며 부국을 이루기 위해서는 다양한 학문을 배워야 했다. 지배층인 사무라이들은 공식적인 녹봉을 받으며, 비록 넉넉하지 않으나 생활이 보장되었다. 따라서 이들은 교육을 받을 여유와 돈이 있었다. 각 번의 학교인 번교에서 이들을 가르쳤다.

1669년 오카야마번에 최초의 번교가 설립된 것을 필두로, 18세기 중반에는 250여개 거의 모든 번에 자체적인 번교가 설립되었다. 사무라이 자제들은 7~8세에 번교에 입학했다. 번교의 교과는 기초적인 읽기와 쓰기를 비롯해 주자학을 중심으로 한 한학(漢學)이 중심이었지만, 국학(國學)이나 난학(蘭學), 양학(洋學) 등의 신학문이 추가되기도 했다. 사무라이의 자제들이 입학하는 만큼, 검술을 비롯한 무예와 병법도 가르쳤다. 학생들은 문무를 동시에 익힌 후에 17~19세에 졸업할 수 있었다. 번교의 가장 큰 특징은 번주의 방침이나 지원에 따라 교육 수준과 내용이 다양하다는 점이다. 가신과 관리 육성이 목적인 번교는 조선처럼 성리학만을 가르치지 않았다. 18세기 말 이후 의학이나, 양학 등의 신학문을 교과과정에 편입하는 번교가 늘어났다.

일반 서민들을 위한 교육기관은 데라고야(寺子屋)이다. 막부와 번에서는 사무라이 교육기관인 번교는 지원했지만, 농민과 상인 교육에는 무관심했다. 그럼에도 서민들은 자발적으로 교육기관을 정비하고 자제들을 교육시켰다. 데라고야는 18세기부터 활성화된다. 서민들의 삶이 안정되고, 부유해진 상인들이 늘어난 탓이다. 데라고야는 전국적으로 1만 개가 넘었다. 일본이 문맹률이 낮고, 교육열이 높은 것은 18세기부터 내려온 전통이라고 할 수 있겠다.

데라고야는 조선의 서당처럼 한 명이 20~30명을 가르치는 것이 일반적이었다. 교육은 읽기와 쓰기에 주산(籌算)이 더해졌다. 편지의 예문, 지리, 역사, 산업, 수리 등과 관련된 실용적이고 수요자 중심 교육이 많았다. 게다가 교과서는 공적으로 출간된 것을 이용했기 때문에, 전국적으로 거의 동일한 수준의 교육이 이루어졌다.

또한 학식과 명망이 높은 지식인이 개인적으로 문하생을 모집해 가르치는 주쿠(塾)도 18세기 이후 크게 유행했다. 주쿠는 신분 구분이 없이 누구나 참여할 수 있는 교육기관이었다. 주쿠토(塾頭)라 불리는 스승의 개인적인 역량에 따라 다양한 교육이 가능했다. 난학자 오츠키 겐타쿠는 에도에 시란도(芝蘭堂)를 열었고, 독일인 의사 지볼트는 1824년 나가사키에 나루타키주쿠(鳴瀧塾)를 열어 의학과 식물학을 비롯한 서양 학문을 가르쳤다. 조슈번의 수도 하기시에 개설된 요시다 쇼인의 쇼카손주쿠(松下村塾)는 다카스키 신사쿠, 이토 히로부미, 야마가타 아리토모, 야마다 아키요시 등 메이지 유신과 그 이후 일본 정계를 좌우한 인물들을 배출했다.

또한 조선의 성균관과 비교할 만한 막부의 직할 교육기관인 쇼헤이자카학문소(昌平坂學問所)도 있었다. 이처럼 도쿠가와 막부시기 일본에는 다양한 교육기관이 있었기 때문에, 다방면에 걸친 인재들이 나올 수가 있었다.

- 1. 일본에는 번교, 데라고야, 주쿠, 학문소 등 다양한 교육기관이 있어, 다양하면서도 실용적인 학문을 가르칠 수 있었다.
- 2. 서민 교육기관 데라고야가 활성화면서, 도쿠가와 막부시기 서민들의 문맹률이 매우 낮았다.

3) 조선과 일본의 도시문화 차이

1945년 8월 대한민국 건국준비위원회는 일반 대중의 문맹 퇴치를 중요 국가 과제로 내세워 우리나라 말과 글을 배우자는 문맹 퇴치 운동을 대대적으로 펼쳤다. 1930년 조선총독부 조사에 따르면 한국인의 문맹률이 77.7%였다. 1970년에는 7%, 2021년에는 1%로 지금은 한글을 읽고 쓰지 못하는 대한민국 국민은 찾기가 어렵다. 그런데 1930년 한국인의 문맹률이 이렇게 높았을까?

조선 후기 여성들 가운데는 한글로 편지를 주고받거나, 통속소설을 읽는 여성들도 많았다. 다만 도성을 중심으로 한 일부 지역, 양반 여성 중심이었다. 과거 여성의 문맹률은 전 세계적으로 남성보다 크게 높았다. 남성 중심 사회였던 조선에서 여성 교육은 소홀했다.

하지만 남자들은 다르다. 19세기 말 조선의 신분구조는 노비가 크게 줄고, 양반의 숫자가 크게 늘어난다. 대구 지역의 경우 1690년 양반이 9.2%, 상민이 53.7%, 노비가 37.1%였으나, 1858년에는 양반이 70.3%, 상민이 28.2%, 노비는 1.5%로 크게 변했다. 양반 70.3% 가운데 절반인 여성이 문맹이라고 하더라도, 절반의 남성은 한자를 배워야만 양반 행세를 할 수 있었다. 상민과 노비도 양반으로 신분을 상승하기 위해서는 글을 배워야만 했다.

1930년대 일제강점기 한국인의 문맹률이 77.7%는 과장된 수치라고 생각된다. 일제강점기가 조선시대보다 문맹률이 높을 수는 있다. 일제강점기 독립운동을 하거나, 해외로 망명 또는 징용 등으로 끌려간 사람들은 자식을 교육시키기 어려웠기 때문이다. 또한 이 시기에는 농민들의 생활이 조선시대에 비해 더욱 어려워졌고, 일제가 만든 소학교에 진학을 꺼리는 사람들도 많았기 때문에 문맹률이 높게 나타났다고 볼 수 있다. 앙리 쥐베르, 이사벨라 버드 비숍의 증언을 통해 볼 때도 한국인의 문맹률은 당시 유럽에 비해 크게 낮았고, 일본에 비해서도 크게 떨어지지 않았다.

서민서당에서 조선의 서민들이 글을 배운 것처럼, 일본은 데라고야에서 서민들이 교육을 받았다. 하지만 글을 배운 효과는 크게 달았다. 조선에서는 책을 빌려주는 세책점, 책을 구해다 파는 책 거간이 등장했고, 영리를 목적으로 만든 방각본이 유행하기도 했다. 영조시대에 서소문에 약계책방, 남원에 박고서사 서점이 등장하기는 했지만, 서점이 활성화되지는 못했다. 서적 유통은 서쾌라 불리는 서적 중개인이 주로 담당했다. 지금과 같은 근대적 서점은 19세기 말에 비로소 등장한다.

반면 일본은 17세기에 이미 교토와 오사카에 서점 거리가 생겨나고, 3천부나 팔린 베스트셀러가 등장했다. 18세기에는 에도, 나고야, 19세기에는 지방 도시에도 서점이 생겨났다. 출판의 중심지인 교토에는 이미 17세기에 출판사 70~80곳에서 연평균 170권 정도의 신작을 발행했다. 이 무렵 조선의 금속활자 인쇄기법도 일본에 전해졌다. 훨씬 선명하고 우수한 기법이기는 하지만, 활자 인쇄로는 출판부수의 제한이 있어, 다시 목판 인쇄로 찍어냈다. 28년간 102권에 걸쳐 출간된 전기소설 『난소사토미핫켓덴(南総里見八犬伝)』과 같은 초장편 작품도 등장했다. 통속소설에는 삽화도 들어갔다. 베스트셀러는 수천부에서 만 부를 넘겨 판매되기도 했다. 1860년과 1862년 미국과 유럽을 방문하고 돌아온 후쿠자와 유키치가 1866년에 쓴 『서양사정』은 무려 20만부가 넘게 팔려나갔다. 19세기 중반 일본의 사무라이들은 대부분 글을 읽을 줄 알았고, 서민층 남성의 54%는 글을 읽을 줄 알았다. 여성도 20% 정도는 글을 읽을 수 있었다. 일본은 당시 세계에서 글을 읽는 사람의 비중이 가장 높았다.

　책만이 아니었다. 현대의 신문에 비견되는 가와라반(瓦版), 각종 리스트에 해당하는 반즈케(番付), 정교한 판화인 우키요에(浮世繪) 등 대중용 통속 출판물이 출현했다. 가와라반은 나무판으로 인쇄한 대중신문으로, 요미우리(讀賣)라 불렀다. 가장 오래된

요미우리는 1615년 도쿠가와 진영과 도요토미 진영이 최후의 결전을 벌이는 오사카 여름전투 모습을 기록한 것이 있다. 대중들이 원하는 정보를 빠르게 전달하는 상업 인쇄물인 요미우리가 정착되었을 뿐만 아니라, 광고지에 해당하는 히키후다(引き札)도 1683년에 발행되어, 신속하게 확산되었다.

오카사 남쪽에 있는 사카이(堺)는 16세기 말 조총 생산의 중심지로, 시민들의 자발적인 힘으로 자치도시를 실현한 역사도 갖고 있었다. 상인들의 재산 형성에 대해 막부나 번의 간섭이 크지 않았기 때문에, 상인들이 다양한 업종을 개발할 수 있었다. 따라서 도시문화가 발전할 수 있었다. 대극장이 도쿄에 3곳, 오사카에 5곳, 교토에 7곳 있어서, 일 년 내내 가부키와 인형극이 상영되기도 했다. 단기간 공연하는 소극장은 그보다 수십 배 많았다. 극장과 관련된 출판물도 엄청나게 많이 발행되기도 했다. 연극 관람에 빼놓을 없는 음식점과 기념품 가게도 많았다. 도쿠가와 막부시기 일본의 도시에는 다양한 즐길 거리가 많았다. 일본이 출판강국, 신문강국, 만화강국, 문화강국이 된 것은 수백 년 역사의 산물이다. 일본문화의 저력은 번교, 데라고야, 주쿠 등에서 찾을 수 있는 것이다.

조선의 경우도 현대의 신문에 해당되는 조보(朝報)를 매일 아침 승정원에서 발행했다. 조보는 초기에는 일부 관청과 관원들에게만 배포되었다가, 후기에는 조보를 베껴 이를 구독하는 사대부들이 전국적으로 늘어나기도 했다. 하지만 대중들을 위한 소식지는 조선에서는 발간되지 못했다.

가장 큰 원인은 일본에는 인구 100만에 달하는 에도, 30~50만에 달하는 교토와 오사카, 10만 명이 넘는 인구를 가진 나고야, 가나자와 같은 대도시가 있었지만, 조선에는 인구 20만을 넘는 수도 한성부만이 유일한 대도시였기 때문이다. 조선의 온돌은 실내를 깨끗하게 관리할 수 있고, 위생적인 장점이 많은 난방시설이다. 하지만 온돌은 구들을 깔고 바닥을 데우는 난방시설이라, 2층 이상 건축물에는 설치할 수 없었다. 따라서 인구를 밀집시킬 수 있는 고층 건축물을 건축할 수가 없었다. 따라서 대도시를 만들기가 어려웠다. 도시에서 서민문화가 발전하려면, 인구가 어느 정도 많아야 한다. 이러한 점에서 조선은 서민문화가 발전할 수 있는 토대가 일본에 비해 크게 취약했다.

반면 일본은 마치야(町家)라 불리는 2층 높이의 전통 도시주택이 즐비했다. 또한 나가야(長屋)라는 건물은 1동을 칸막이해 여러 가구가 살 수 있도록 만든 길쭉한 집으로, 일본식 연립주택이라고 할 수 있다. 일본에는 나가야에서 장사하는 사람들이 많았다. 마치야, 나가야는 조선의 한옥에 비해 좁은 면적에 많은 인구가 살 수 있는 건축물이다. 이러한 점에서 양국의 도시 발달의 차이, 서민문화의 차이를 살펴볼 수 있다.

　조선에서는 건국 이래로 농본억상(農本抑商) 정책을 펼쳤기 때문에, 상인의 활동에 대해 부정적이었다. 조선을 대표하는 상인인 시전상인은 어용상인(御用商人)으로, 도시민을 상대로 한 거래보다 왕실과 관청을 상대로 한 물자 공급에 더 큰 비중을 둔 상인들이다. 따라서 이들은 도시민이 함께 공유하는 문화를 만드는 데 기여한 것이 거의 없었다. 조선후기에 주막을 비롯해 각종 술집과 유흥업소들이 등장하긴 했다. 송상, 만상, 유상, 래상 등 지방상인과, 서울의 경강상인, 난전 상인들이 성장하기는 하지만, 일본에 비해 상업발달이 크게 뒤졌다. 따라서 도시의 서민문화가 발전할 수 있는 토대가 약했다.

　뿐만 아니라 예의와 도덕을 중시하는 유교사회였던 조선에서는 사대부들이 대중들의 문화를 억압했다. 조선초기에는 왕이 교외로 나갔다가 돌아오는 길에 종로와 육조 거리에 임시공연장인 산대가 설치되고, 각종 연희(演戱)가 벌어졌지만 조선 중기 이후에는 이러한 연희가 금지되었다. 사치를 방조하고, 유교의 풍습에 어울리지 않는다는 이유였다. 대신 서민들이 연희 공연자들을 섭외해, 시장에서 산대놀이를 즐기는 정도였다. 경직된 사회였던 조선은, 일본에 비해 다양성 측면이 크게 부족했었다. 경제적 측면에서 조선의 도시민이 일본 도시민보다 대체로 가난했기 때문에, 조선에서는 출판 인쇄 문화가 발전하기가 어려웠다. 양반 지식인은 유학에 몰두하였고, 서민들은 신분 상승에 보다 많은 에너지를 쏟았기 때문에, 조선에서는 일본과 같은 문화가 싹 뜨지 못했던 것이다.

그럼에도 한국과 일본의 오랜 교육열은 20세기 후반 두 나라 경제가 빠르게 성장할 수 있는 토대가 된 것은 분명하다. 교육열은 두 나라의 강점이다. 다만 이러한 교육열을 국가사회가 어떻게 활용하느냐에 따라 사회모습이 달라지는 것이다.

- 1. 조선과 일본의 교육열은 세계적 수준이었다.
- 2. 일본은 높은 문해율을 바탕으로 다양한 도시문화를 발전시킬 수 있었던 반면, 조선은 경제, 종교, 신분질서 문제로 인해 도시문화 발전에 한계가 있었다.

사카모토 료마(坂本龍馬, 1836~1867)
- 일본인이 좋아하는 인물 1위

일본의 대표하는 소설가인 시바 료타로(司馬遼太郎)가 1966년에 출간한 『료마가 간다』는 2,500만부가 넘게 팔린 베스트셀러다. 소설을 원작으로 TV 드라마로만 5번 만들어졌고, 소설의 영향을 받은 만화들도 다수 출간되었다. 이 소설로 인해 일본인에게 무명에 가까웠던 사카모토 료마는 일본인이 가장 좋아하는 역사 인물 1위에 오르기도 했다.

도사번의 하급 무사의 아들로 태어난 사카모토 료마는 일본 근대사에 큰 영향을 끼친 인물로 평가받고 있다. 그의 가문은 본래 상인 출신으로, 그는 사업적 재능도 뛰어났다.

료마는 1853년 미국 함대가 일본에 내항했을 때, 이를 직접 보고 충격을 받는다. 그는 사쿠마 쇼잔에게 포술, 한학, 난학을 배운다. 또 막부의 관리인 가쓰 가이슈(1823~1899)를 스승으로 삼아, 서양학문도 배웠다. 료마는 1865년 사쓰마번의 지원을 받아 일본 최초의 해운상사이자 주식회사인 가메야마샤추를 창설하고, 사쓰마번과 조슈번 등에 군수물자를 팔았다. 1867년 4월에는 도사번의 부속 기관으로써 해원대(海援隊)로 개칭한다. 해원대는 료마가 죽은 후에는 이와사키 야타로가 경영을 맡아, 미쓰비시 그룹으로 발전한다.

그는 많은 벗을 사귀었고, 이러한 인맥을 바탕으로 막부체제를 종 식시키기 위해 반막부 급진개혁파인 조슈번과, 친막부 온건파인 사쓰 마번이 힘을 합치도록 알선한다. 그는 1866년 사쓰마-조슈 동맹 성사 에 큰 역할을 한다. 사쓰마-조슈 동맹은 막부를 무너뜨리고, 1867년 11월 9일 마침내 대정봉환을 통해 천황 중심의 새로운 메이지 정부를 탄생시킨다. 료마는 대정봉환 1달 후인 12월 10일 교토에서 암살되 었다. 그는 쇄국과 개화의 갈림길에서 과감한 결단으로, 일본의 역사 를 바꾼 인물로 평가받고 있다. 그의 역할에 대해 과장되었다는 주장 도 있지만, 여전히 일본인이 가장 사랑하는 인물이다.

사카모토 료마는 사업가이자, 개혁가로, 사쓰마-조슈 동맹 체결의 중재 자 역할을 한, 일본인이 가장 존경하는 인물이다.

캐논
- 특허 경영으로 위기를 극복한 세계 카메라 1위 기업

2012년 필름과 카메라 업계 최강자 코닥이 파산했다. 코닥은 파산하는 그날까지 최고 품질의 필름을 만들었지만, 세상은 그것을 더 이상 필요로 하지 않았다. 1975년 코닥은 디지털 카메라를 최초로 만들었지만, 필름 사업을 죽이는 디지털 카메라를 묻어버렸다. 20년 후 디지털카메라의 과실은 캐논, 니콘, 소니 등이 가져갔다.

2003년 이후 카메라 분야 세계1위는 캐논(Canon)이다. 캐논은 1933년 정기광학연구소(精機光學硏究所)에서 시작된다. 1934년 첫 번째 카메라 시제품으로 Kwanon(觀音)을 내놓는데, 불교식 이름이라 이를 영어로 옮기는 과정에서 Canon(교회법, 규범, 표준)이란 단어로 바꾸었다. 캐논은 설립 후 1960년대까지는 독일산 카메라를 모방하는 회사였다. 1980년대까지도 캐논은 일본에서 업계 3위에 불과했다. 창사 후 30년 동안 카메라와 렌즈만을 생산하던 캐논은 1965년 복사기 시장에 최초로 진출하고, 레이저 프린터, 팩스기기, 잉크젯 프린터 등으로 차츰 브랜드 이미지를 확대하면서 첨단 영상 광학 기술업체로 자리매김을 시작했다.

1995년 6대 사장으로 취임한 미라타이 후지오는 적자 부서를 과감히 도려내고, 복사기, 인쇄기, 카메라, 광학 장비 4개 핵심 부서를 통합했다. 더 가볍고 얇은 렌즈와 배터리 개발을 통해 콤팩트 디지털카메라인 디지털 익서스(IXUS)를 공개해 캐논을 세계 1위 업체로 만들었다. 2016년에는 도시바의 의료 부분을 인수해, 의료 분야에서 승부를 걸었다. 캐논의 뛰어난 사진 기술을 이용해 CT, MRI 촬영 및 영상 품질을 높여 뛰어난 성과를 얻었다. 연구 개발에 몰두한 한 캐논은 2013~2015년 3년간 2만 4,006건의 특허를 출원해 세계 1위를 차지했다. 캐논은 2023년까지 38년 연속해서 세계 특허 출원 5위 안에 드는 기업이라는 대 기록을 달성했다. 일본 기업 중에는 19년 연속 특허 출원 1위 기록을 이어가고 있다.

스마트폰 고성능화에 따른 디지털카메라의 매출 감소, 사무용기기의 paperless화 진행, 의료기기 분야의 매출 확대의 어려움으로 캐논은 2020년대 들어 창사 이래 최대 위기를 맞았다. 그럼에도 캐논은 디지털 이미징, 인쇄, 의료 등에서 끝없는 연구와 투자로 세계 최고 기술을 확보하는 특허 경영을 통해 위기를 극복하고 있다.

카메라 업계의 위기에서 캐논은 사업 다각화와 특허 경영을 통해 위기를 극복하여, 세계적인 혁신기업으로 세계 1위의 위상을 유지하고 있다.

9

19세기 조선과 일본의 조건

1) 일본과 조선 개항, 무엇이 달랐나?

일본을 개항시킨 미국은 건국 이후 줄곧 대서양을 사이에 두고 유럽과의 관계에 치중했던 나라다. 미국이 태평양에 본격적으로 관심을 갖게 된 것은 서부개척과 멕시코와의 전쟁에서 승리하여 1848년 캘리포니아를 넘겨받은 후 부터다. 하지만 그보다 먼저 미국의 태평양 진출을 촉진한 것은 포경선이었다. 19세기 말 석유가 대량으로 생산되기 전까지 고래 기름은 윤활유, 조명용 기름, 조명등의 연료, 식용유 등으로 사용되면서 수요가 엄청났다. 고래의 천국인 태평양에서 미국의 포경선이 고래를 사냥하면서 닥치는 가장 큰 어려움은 선원들의 건강과 식수 문제였다. 장기간 항해를 하다 보면 신선한 야채와 고기를 섭취하지 못해 각기병, 괴혈병으로 고생하게 된다. 따라서 포경선이 정박할 항구가 필요했다. 미국이 일본에게 항구 개방을 요구한 것은 포경선 때문이었다. 1841년 존 만지로를 구해준 미국 선박도 포경선이었다.

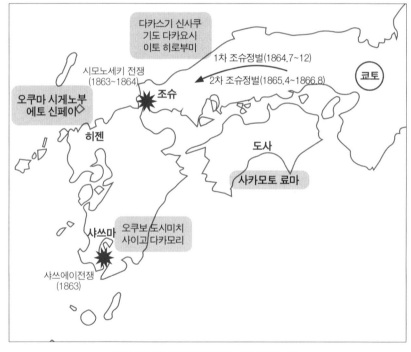

막부 말 4대 웅번의 위치와 외국과의 전쟁

19세기 중반 미국이 태평양을 건너 가장 교역하고 싶었던 나라는 청나라였다. 청나라는 도자기, 실크, 차 등 세계적인 상품을 생산하는 당대 최강의 경제대국이었다. 미국은 청과 교역하기 위한 중간 기착지로서 일본이 필요했다. 1854년 3월 31일에 미국과 에도막부가 체결한 미일화친조약(神奈川條約)의 주요 내용은 미국의 배들이 일본 항구에서 식수, 식량, 석탄 등을 조달하고, 항해 중 필요시 2개 항구를 출입할 수 있다는 것이다. 미국인은 일본에서 네덜란드, 청나라 사람들보다 자유롭게 활동을 할 수는 있지만 일본법에 따라야 하며, 교역에도 많은 제약이 따랐다.

　제국주의 열강들은 식민지로 삼고 싶은 나라들의 경제적 이권을 하나하나 빼앗다가 마침내 정치권력까지 빼앗아버린다. 그런데 미국은 일본을 개항시켰지만, 일본을 경제적으로 침략하려는 의지가 크게 보이지 않았다. 미국이 동아시아에서 얻고 싶은 경제적 이권은 일본이 아닌 청나라에 있었기 때문이다. 게다가 미국은 1861년부터 1865년까지 남북전쟁을 했기 때문에, 일본에 정치, 경제, 군사적으로 간섭을 할 여력이 없었다.

　반면 일본은 자국이 힘을 서양인들에게 보여주기도 했다. 1862년 9월에 벌어진 사쓰마번이 영국과 싸운 사쓰에이(薩英)전쟁은 비록 사쓰마번이 패했지만, 영국은 그들의 실력을 인정해 주었다. 1863년 조슈번이 간몬해협을 봉쇄하고, 미국과 유럽 상선에 포격을 가하면서 시작된 미국, 프랑스, 영국, 네덜란드와 벌인 시모노세키(下關) 전쟁은 비록 조슈번이 크게 패했지만, 일본이 만만치 않은 힘을 갖고 있음을 보여주었다. 일본은 개항 이후, 외국의 간섭 없이 일본 스스로 서구화, 산업화, 근대화를 이룰 수 있었다.

조선은 일본과 크게 달랐다. 개항의 역사도 일본과 크게 차이가 나지만, 개항 당시 조선과 일본이 맺은 조일수호조규가 문제였다. 이 조약에는 일본의 침략 의도가 고스란히 드러나 있다. 1859년에 사망한 요시다 쇼인은 일본이 외국의 식민지가 되지 않고 살아남기 위해서는 밖으로 팽창해야 한다고 주장했다. 1870년 조선과 교섭에 임했던 일본 외무성 담당자들도 조선을 정벌해야 한다는 의식이 있었다. 특히 메이지 유신의 주역인 사이고 다카모리는 직접 조선으로 가서 교섭을 진행한 후, 결렬 시 조선을 정벌하겠다고 주장했다. 1875년 운요호 사건을 일으킨 일본은 조선을 정벌하겠다는 야욕을 드러내지 않았을 뿐, 기회만 생기면 언제든지 조선을 침략하려 했다.

근대적 조약을 처음 맺은 조선은 조일수호조규에 들어있는 독소 조항을 알지 못했다. 가장 크게 문제가 된 것은 치외법권이다. 일본은 미일화친조약에는 없는 치외법권을 조선에 강요했다. 이 조약으로 을미사변을 일으켜 조선의 왕비를 죽인 일본인을 조선에서 처벌하지 못했다. 또한 미일화친조약에서는 미국인의 일본 상륙을 2개 항구로 엄격해 제한한 것과 달리, 조일수호조규 6항에는 일본 선박이 조난당했을 때는 어떤 항만이든 정박할 수 있도록 함으로써, 유사시 일본이 조선 해안 어느 곳이든 침략할 수 있게 했다. 또한 조선 연근해를 측량할 수 있는 권리를 일본에게 허용한 것도 일본의 침략의도가 반영된 것이다. 이 밖에도 여러 가지 불평등한 내용이 담겨져 있었다.

오랜 세월 중화질서 속에 안주해 있던 조선은 개항으로 인해 세계사의 거대한 흐름에 편승하게 되었다는 점에서는 개항의 의미를 크게 부여할 수 있다. 청나라, 일본에 비해 늦기는 했지만, 개항을 더 미룬 것보다는 개항한 것이 나았다고 할 수 있다.

하지만 그 개항이 조선을 식민지로 삼으려는 의도를 가진 일본에 의해 개항되었다는 점이 조선의 큰 불행이었다. 개항 이후 조선 경제는 발전하지 못하고, 크게 후퇴했다. 일본은 자국 상품도 아닌, 영국에서 수입한 면포를 조선에 다시 되팔아 이익을 얻었고, 자국에 부족한 쌀, 소가죽 등을 수입했다. 일본이 가져온 면포 때문에 조선의 면직업은 초토화되었으며, 조선에서 쌀을 대량으로 수입해감으로써 조선인의 식량 사정이 어려워졌다. 일본과 무역이 조선에게 별다른 이익을 주지 못한 것과 달리, 일본은 산업화에 필요한 식량과 자원을 조선에서 확보함으로써 큰 이익을 얻었다.

게다가 일본 상품은 무관세로 조선에 들어왔다. 일본 상품에 관세가 부과된 시기는 1883년부터다. 1882년 조미수호통상조약에서 미국이 조선의 관세 주권을 인정했다. 그러자 일본도 1883년 7월 조일통상장정을 체결해 관세를 부과하는 것에 합의했다. 일본은 6년 넘게 조선에 무관세로 수출을 했던 것이다. 그동안 조선은 중요한 국가 수입을 얻지 못했고 자국 산업을 보호할 도구마저 갖지 못했다.

뿐만 아니라 일본은 자국 영사관을 지킨다며 조선에 일본군을 주둔시켜, 조선 정치에 개입했다. 특히 1894년 6월에는 조선의 수도 경복궁을 무단으로 침략해, 고종을 위협하고 일본에 협조하는 친일정부를 만들기도 했다. 일본의 경제, 정치, 군사적 침략을 받으면서 조선이 근대화를 이루기는 일본보다 훨씬 어려운 일이었다. 하지만 조선의 근대화를 결정적으로 방해한 나라는 청나라였다.

- 1. 일본을 개항시킨 미국이 일본 정치와 경제에 큰 영향을 끼치지 않음에 따라, 일본은 자주적인 근대화를 할 수 있었다.
- 2. 정한론을 배경으로 조선을 개항시킨 일본은 조선을 정치, 경제, 군사적 측면에서 침탈함으로써, 조선의 자주적 근대화를 방해했다.

2) 조선의 발목을 잡은 청나라

1816년 영국 군함 알세스트호, 리라호가 서해안에 나타나 해안 탐사와 측량을 하고, 마량진 첨사 조대복, 비인현감 이승렬을 만나 통상을 요구했다. 이후 조선은 서양 선박 출몰에 민감해지기 시작했다. 조선은 번신무외교(藩臣無外交), 즉 조공국은 따로 다른 나라와 교류하지 않는다는 원칙을 내세우며 외국과의 교류를 미뤘다. 1845년 청나라 도광제는 영국에게 조선에 통상을 요구하는 것을 금지해달라고 요청했다. 반면 조선은 독자적으로 정치를 하는 나라로, 청나라에게 조선은 외국이며, 조선 내정에는 간섭할 수 없다고 하였다. 또한 청나라는 조선에서 발생한 외국과의 충돌, 즉 병인양요나 신미양요 등에서는 직접적인 개입할 수 없다고 선을 그었다. 미국은 청나라에게 조선이 기독교를 금지하시 못하도록 압력을 가해줄 것을 요구했으나, 청나라는 조선에게 강요할 수 없다고 응답했다. 1876년 조일수호조규를 체결할 때도 청나라는 조선이 일본과 교섭을 하는 것에 개입하지 않겠다는 태도를 취했다. 청나라는 아편전쟁 이후, 서양 각국과 무력충돌을 기피했고, 해군력을 강화한 일본과의 충돌도 피하려고 했다. 그러면서도 청나라는 조선이 청나라의 세력권 안에 있는 나라로 존재하는 현 상태가 유지되기를 원했다.

그런데 1882년 6월 9일 구식군인들이 차별 대우에 항의해 임오군란을 일으켰다. 그 결과 권력을 가졌던 민씨 왕후와 외척이 쫓겨나고 고종의 아버지 홍선대원군이 권력을 차지하게 된다. 권력을 잃은 민씨 세력은 청나라에 원군을 요청했다. 그러자 청나라는 3천여 명의 군대를 조선에 출병했다. 7월 12일 한양에 입성한 청나라 회군대장 오장경은 홍선대원군을 청군 진영에 초청한 후, 곧장 그를 납치해 청나라 텐진으로 데려가 3년간 인질로 잡아둔다. 4일 후에는 청군이 조선의 중앙군을 완전히 제압했다. 고종의 명이 있었기 때문에 조선군은 청군과 제대로 싸우지도 못했다.

고종은 자신의 아버지가 청나라에 불법으로 납치되었음에도 권력을 되찾았다는 사실에 만족하고, 청나라에게 항의조차 하지 않았다. 권력을 위해 패륜아가 된 것이다. 청나라는 조선에 출병한 것을 계기로 청나라와 조선의 관계를 근대적 종속관계로 전환하려 했다. 청나라는 8월 23일 조청상민수륙무역장정을 체결하여 조선 시장에서 일본보다 우월한 조건으로 경제적 침략을 할 수 있게 되었다. 개항장이 아닌 내륙에서 청 상인이 영업을 할 수 있게 되자, 조선 상인의 피해는 커졌다. 청 상인뿐만 아니라, 일본 상인도 조선의 수도 한성부에서 영업을 할 수 있게 됨에 따라, 조선의 경제는 크게 타격을 받았다.

또한 12월에는 청나라가 독일인 묄렌도르프를 조선에 부임시켜, 조선의 외교와 관세 행정에 간여하게 했다. 이처럼 청나라가 조선 정치에 적극 개입함에 따라, 조선은 독자적으로 근대화를 시행할 수 없게 되었다. 조선 내부의 권력다툼이 근대화에 발목을 잡은 셈이었다.

청나라의 간섭으로 조선의 근대화가 어그러지자, 김옥균을 비롯한 급진개화파 세력들은 일본의 힘을 빌려 청군을 몰아내려고 준비했다. 1884년 5월 조선에 주둔한 청군의 절반이 베트남 전선으로 이동하는 일이 생겼다. 게다가 베트남 전선에서 청군이 프랑스군에게 패했다. 이러한 정세를 파악한 급진개화파는 일본의 도움을 받아 청군을 몰아내고자 10월 17일 갑신정변을 일으켰다. 하지만 불과 3일 만에 고종과 민씨 세력의 요청을 받은 청나라의 원세개(袁世凱, 1859~1916)는 조선에 남아있던 군사를 이끌고 창덕궁으로 진입해 갑신정변을 무산시켜 버린다. 조선에 대한 청나라의 영향력은 이를 계기로 더욱 커졌다.

1885년 톈진조약으로 조선에서 청군과 일본군은 함께 철수하지만, 주차조선총리교섭통섭사라는 직책을 가진 원세개가 남았다. 원세개는 청 황제를 대행하는 감국대신으로 자처하며 마치 자신이 조선을 지배하는 총독처럼 행세했다. 그는 조선 정부의 정책에 최고 고문 역할을 했다. 원세개는 조선이 일본, 유럽 등에 사절을 파견하는 것을 적극 방해하기도 했다. 조선에서는 그를 청나라로 소환하라고 요청했지만, 청나라가 거부했다. 조선의 정치는 친청파가 장악했다. 원세개를 배경으로 청나라 상인들의 횡포는 더욱 커졌다. 조선의 개혁을 추진하던 개화파가 약해지면서, 근대화는 다시금 늦춰졌다.

조선은 개항 이후 근대화를 위한 소중한 시간들을 내부 정치적 문제로 허비했고, 그 과정에서 청나라의 개입만을 불러왔다. 청나라는 양무운동을 통해 근대화를 추진했지만, 양무운동은 실패한 운동이었다. 청나라는 권력자들의 부패와 무능으로 쇠퇴하고 있었다. 조선의 근대화를 이끌어 줄 능력이 전혀 없는 나라였다. 청나라는 조선 발전에 도움이 되는 나라가 아니라, 일본과 마찬가지로 침략자였을 뿐이었다.

개항 이후 조선 민중들의 삶은 더욱 비참해졌다. 1894년 민중의 불만은 동학농민봉기로 폭발했다. 동학농민군은 조선 정부군과 싸워 거듭 승리하여, 전라도 일대를 장악했다. 그러자 민씨 외척은 조선의 백성들을 죽여 달라고 청나라에게 요청하는 반민족적 행동을 저질렀다. 청나라군의 세 번째 조선 정치 개입은 앞의 두 사건보다 더 큰 파장을 불러일으켰다.

1885년 영국의 중재로 청군과 일본군이 조선에서 철수하면서 맺은 텐진조약에는 만약 두 나라 가운데 한 나라가 조선에 출병하면, 다른 나라도 자동 출병할 수 있다는 조항이 있었다. 1894년 조선이 청군에 출병을 요청하자, 일본군도 자동 출병하게 되었다. 조선의 일부 대신들은 이를 알고, 청병하지 말고 동학농민군의 요구를 들어주자고 했다. 하지만 민씨 세력과 원세개가 담합하여 청나라군의 출병이 추진되었다. 원세개는 청군의 출병을 계기로 조선에서 더 많은 영향력을 행사하려했다.

갑신정변 당시 청나라와 충돌을 회피했던 일본은 10년간 군사력을 키워, 청나라와 대결을 준비하고 있었다. 1894년 5월 5일 청군이 아산만에 도착하면서 조선에 출병하자, 일본군도 5월 6일 제물포에 상륙했다. 그러자 동학농민군은 5월 8일 정부와 전주화약을 맺는다. 조선 조정도 청나라군과 일본군에게 본국으로 돌아가라고 요청했다. 하지만 양국은 이에 응하지 않았다. 일본군은 5월 20일 한성부로 진격하여 용산에 본영을 두고 서울

시내로 진군했다.

　일본은 마침내 6월 20일 경복궁을 공격하는 갑오왜란을 일으켰다. 일본군은 빠르게 경복궁을 진입해 고종을 붙잡았다. 고종이 붙잡히고 가짜 왕명에 의해 해산하라는 명령에 떨어지자, 저항하던 조선군은 무기를 버리고 해산했다. 청군을 불러들이려다, 원하지 않는 일본군까지 불러들인 탓에 조선은 일본군에게 왕이 사로잡히는 수모를 겪게 된다. 갑오왜란이 일어난 지 이틀 뒤에 일본군은 청나라 함대에 포격을 가함으로써 청일전쟁을 일으킨다. 청일전쟁에서 일본이 승리하면서, 조선에 대한 청나라의 종주국 지위는 박탈당한다.

　조선은 스스로 운명을 결정하는 자주국임에도 불구하고, 내부 정치 문제로 청나라를 끌어들인 탓에, 자주권을 상실하고 말았다. 조선은 청나라 간섭을 떨치지 못한 제후국의 한계를 벗어나지 못함으로써 자주적인 근대화를 이룰 수가 없었다.

　일본은 중화질서에서 소외되었지만, 그 점이 오히려 일본이 자주적 근대화를 이룰 수 있는 원인이 되었다. 일본 역시 개항 이후 내란을 겪었지만, 스스로 문제를 해결했다. 반면 조선은 중화질서에 가장 충실히 적응한 나라였던 탓에, 근대화 과정에서 청나라에 의해 발목이 잡히고 말았다. 조선정부는 내란을 스스로 해결하지 못하고, 청나라를 끌어들임으로써 청나라의 심각한 정치적 간섭을 받았다. 임진왜란 당시 명나라에게 청병하여, 일본군을 물리쳤던 경험이 있던 조선이 섣부르게 청군을 끌어들임으로써, 조선은 근대화를 위한 소중한 시간들을 낭비하고 말았다.

일본의 내란			조선의 내란		
연도	사건 명	결과	연도	사건 명	결과
1864	1차 조슈정벌	막부의 승리. 반막부 운동 활기	1882	임오군란	청군의 개입. 청-조선 근대적 종속관계로 전환
1866	2차 조슈정벌	조슈번 승리. 대정봉환론 대두	1884	갑신정변	급진개화파 몰락. 청의 조선 간섭 심화
1868 ~1869	보신전쟁	막부 잔당 몰락. 메이지 신정부 안정	1894	동학농민 봉기	청일 전쟁 발발. 청의 종주국 지위 박탈

■ 1. 개항 이후 조선은 내란 해결을 위해 청나라에 원병을 요청했고, 이로 인해 청나라의 정치, 군사, 경제적 간섭과 침탈을 초래해 자주적 근대화를 위한 시간을 낭비했다.

■ 2. 개항 이후 일본은 내란을 스스로 해결하고, 자주적 근대화를 이루는 데 성공했다.

3) 러시아라는 변수

1884년 원세개가 25살의 젊은 나이에 조선에 와서 마치 조선 총독처럼 군림하자, 고종과 민씨 외척은 청나라의 간섭을 줄이려 노력했다. 조선이 선택한 상대는 러시아였다. 러시아는 1860년 청나라로부터 연해주를 빼앗아, 조선과 국경이 맞닿은 나라였다. 조선은 외무차관과 해관총세사를 맡고 있던 묄렌도르프의 도움을 받아, 1884년 7월 러시아와 조로수호통상조약을 체결했다. 러시아가 조선과 통상조약을 체결해 조선에 영향력을 행사하자, 러시아의 남하정책을 전 세계적으로 견제하던 영국이 1885년 거문도를 점령하기도 했다. 조선정부는 러시아와 친한 관계를 유지하였지만, 청나라 견제에는 한계가 있었다.

1886년 8월 고종과 민씨 왕후는 러시아 대리공사 베베르에게 밀서를 보내, 러시아의 힘으로 영국군을 거문도에서 철수시키고, 러시아의 보호를 통해 청국과의 종속 관계를 해소하며, 다른 나라와 일률적인 평등 관계를 구성하고 싶다는 뜻을 전했다. 이 사실을 알게 된 원세개는 고종 폐위까지 거론했다. 하지만 청나라는 조선에 근대적인 속국 지배 관계를 강요한다면 도리어 청나라가 서양 열강의 세력 각국장이 될 수 있음을 알고 있었기에 이를 시도하지 못했다. 러시아 역시 고종의 요청을 들어줄 힘은 없었다.

1894년 청일전쟁은 조선과 청의 관계를 변화시켰다. 일본은 청일전쟁에서 조선이 청나라의 편에 서지 못하게 경복궁을 점령하고 고종을 인질로 삼았었다. 이제 청일전쟁 승리로 일본은 조선을 실질적으로 지배할 기회를 맞이했다. 일본은 청일전쟁 후 청나라와 시모노세키 조약을 체결했다. 일본은 막대한 전쟁배상금과 더불어, 요동반도와 대만 등을 차지하게 되었다. 그런데 러시아가 일본이 요동반도를 차지하는 것에 반대하여, 프랑스, 독일과 함께 3국 간섭을 벌여 요동반도를 청나라에 돌려주라고 요구했다. 결국 일본은 1895년 4월 요동반도를 청에게 반환했다. 이 사건을 계기로 러시아의 힘으로 조선에서 일본을 몰아낼 수 있다고 판단한 조선정부는 친러시아 정책을 펼치게 된다.

그러자 일본은 1895년 8월 20일 을미사변을 일으켜, 다시금 경복궁을 습격해 친러정책의 수장인 민씨 왕후를 시해한다. 을미사변 이후 고종은 경복궁에 사실상 감금되었다. 일본군은 경복궁 바로 앞 삼군부 터에 주둔했다. 경복궁 경비 병력도 친일파 정부의 통제를 받았다. 10월 12일에는 감금 상태에 놓인 고종을 구출하려는 춘생문 사건이 벌어지기도 했지만, 실패했다.

그런데 1896년 2월 11일 고종이 몰래 경복궁을 빠져나와 러시아 공사관으로 피신하는 아관파천이 일어났다. 고종은 1897년

2월 20일 경운궁으로 환궁할 때까지 1년 넘게 러시아 공사관에 머물렀다. 조선의 왕이 외국 공사관으로 피신한 사건은 비정상적인 일이다. 고종이 러시아 공사관에 머무는 기간 동안 러시아는 함경북도 경원과 종성의 금광 채굴권, 석탄 채굴권, 압록강과 두만강 지역 및 울릉도의 삼림 벌채권 등의 이권을 조선으로부터 넘겨받았다. 조선에서 러시아의 영향력은 크게 증가되었다. 러시아 역시 조선에서 이익을 챙기려는 침략자일 뿐이었다.

아관파천은 청일전쟁의 승리로 조선에서 영향력을 크게 확대하던 일본에게 제동을 걸었다. 아관파천 이후 1904년 러일전쟁 직후까지 한반도에서는 러시아와 일본의 세력 균형이 이루어졌다. 이때 조선은 대한제국을 수립하고 자주국임을 표방했지만, 허울뿐인 제국이었다. 조선의 근대화는 쉽지 않은 길을 걸어야 했다.

조선이 1860년 러시아와 공식적으로 국경을 접한 이후 교류를 시작했으나, 일본은 조선보다 훨씬 앞서 러시아와 인연을 맺었다. 1739년 러시아의 비투스 베링 탐험대는 아시아와 아메리카 두 대륙 사이의 해협을 탐험했다. 이들 중 일부가 일본 미야기현에 도착했다. 이후 1782년 다이코쿠야 코다유 선장 등 17명이 알류샨 열도에 표류해, 시베리아를 횡단해 상트페테르부르크에서 예카테리나 2세를 만나고, 1792년 3명만 귀국한 사건도 있었다. 이때 러시아는 코다유 선장 일행의 귀국을 도와주면서, 일본에 통상을 요구하기도 했다. 러시아가 사할린과 홋카이도로 진출하려고 하자, 일본은 1802년 홋카이도를 영구 직할지로 삼는 등 북방 진출을 강화했다. 러시아의 출현이 일본의 영토 확장에 도리어 기여를 한 셈이었다.

1891년 5월 러시아의 니콜라이 황태자가 일본을 방문했다. 당시 일본은 강대국 러시아의 황태자를 극진해 대접했다. 그런데 5월 11일 비와호(琵琶湖) 관광을 마치고 돌아가는 니콜라이 황태자가 자객의 칼에 찔려 부상을 입는 사건이 발생한다. 일본은 이 사건으로 인해 러시아가 무리한 배상 요구나 무력 보복을 할 것을 우려해 신속히 러시아에 사과를 했다. 당시 일본은 러시아를 상대할 힘이 없었다. 1895년 삼국간섭 때도 일본은 러시아와 전쟁을 할 능력이 없었다. 그래서 순순히 요동반도를 토해낸 것이다.

일본은 서양제국에게 식민지가 되지 않으려 군비를 급속히 늘렸다. 당시 세계 최강의 함대인 발트함대를 보유한 러시아는 군사력에서 일본을 압도했다. 그런데 일본에게 행운이 따랐다. 러시아가 남하하여 조선에 영향력을 행사하자, 영국이 동아시아에서 러시아의 남하를 저지할 파트너로 일본을 선택한 것이다.

1902년 1월 30일 영국은 일본과 영일동맹을 체결하여, 일본을 돕기로 결정했다.

일본은 조선에서 이권을 포기하려 하지 않았다. 이 때문에 일본은 러시아와 전쟁을 선택하고 치밀하게 준비했다. 일본은 경부철도 부설권을 획득해 부산에서 서울까지 일본 병력을 신속히 옮길 수 있는 발판을 마련했다. 일본은 청일전쟁과 마찬가지로, 러시아와 전쟁을 일으키기 직전인 1904년 1월 대한제국의 황궁인 경운궁을 점령하고, 고종에게 한일의정서 체결을 강요했다. 한일의정서에는 일본이 외국과 전쟁을 할 때에 한반도 내에서 전략상 필요한 지점을 임의로 수용할 수 있고, 대한제국정부는 일본의 군사행동이 용이하도록 편의를 제공할 것을 명시하고 있다. 전쟁 전에 대한제국을 일본의 수중에 넣어 버린 것이다.

일본이 1904년 2월 8일 려순항에 있던 러시아 극동함대를, 2월 9일에는 제물포항에 정박한 러시아 전함 2척을 공격함으로써 러일전쟁이 시작되었다. 일본은 한일의정서 체결을 통해 한반도의 군수물자, 인프라를 자유롭게 이용했다. 전쟁에서 유리한 병참기지를 확보한 셈이었다. 일본은 2월 21일 서울과 신의주를 연결하는 군용철도인 경의선 부설을 시작해, 1906년에 완공했다. 일본은 영국의 도움을 받아 러시아의 발트함대를 쓰시마 해전에서 격퇴했다. 러일전쟁에서 승리한 일본은 전쟁이 끝나기 직전인 1905년 7월 가쓰라-태프트 밀약을 통해 미국으로부터 한반도에 대한 종주권을 인정받았고, 8월에는 제2차 영일동맹을 체결해 영국으로부터 일본이 한반도에서 특수 이익을 갖고 있음을 공인받았다. 1905년 11월 17일 일본은 대한제국의 외교권을 박탈하고 통감을 설치하는 것을 핵심으로 하는 을사늑약(乙巳勒約)을 강제했다. 결국 일본은 대한제국을 보호국으로 삼았고, 마침내 1910년 대한제국을 식민지로 만들어버렸다.

조선은 러시아의 등장을 청나라와 일본을 견제할 카드로 사용했다. 그러나 러시아에 동아시아 진출의 핵심 인프라인 시베리아 횡단 철도는 1916년이 되어서야 완전히 개통되었다. 러시아는 한반도보다 만주에 더 많은 관심을 기울이고 있었다. 따라서 조선에 영향력을 행사하는 데에 명백한 한계가 있었다. 또한 러시아는 조선의 이권을 빼앗아간 나라였을 뿐, 조선을 도와줄 나라가 아니었다. 도리어 조선의 외세 의존성을 높여 자주적 발전에 장애 요인이었을 뿐이다. 물론 러시아가 동아시아에 등장하지 않았다면, 청일전쟁 직후 조선이 곧장 일본의 식민지로 전락했을 가능성도 없지 않다.

반면 러시아는 일본의 부국강병을 위한 적당한 외부 위협이 됨으로써, 일본의 북방 개척과 군사력 증강에 자극제가 되었다.

아울러 영국의 전 세계적인 러시아 남진 억제정책에 일본이 참여하게 됨으로써 일본의 성장에 큰 도움이 되었다. 영국의 도움을 받아 러일전쟁에서 승리한 일본은 세계 강대국의 대열에 참여할 수 있게 되었다. 동아시아에 등장한 러시아라는 변수는 이렇게 일본과 조선에게 서로 다른 영향을 주었다.

- 1. 조선은 러시아를 이용해 청나라와 일본을 견제하였지만, 러시아는 조선에서 이권을 빼앗는 것에 관심이 있을 뿐 조선을 도울 수 있는 나라가 아니었다.
- 2. 러시아의 등장은 일본에게 북방 개척과 군사력 증강에 자극이 되었으며, 러시아의 남진을 막으려는 영국의 도움을 받아 러일전쟁을 승리로 이끌 수 있었다.

다카스기 신사쿠(高杉晋作, 1839~1867)
- 민초를 궐기시켜 막부를 타도하다

다카스기 신사쿠는 요시다 쇼인의 수제자로, 일본 육군의 전신이 되는 키헤이타이(奇兵隊)를 창설한 인물이다. 야마구치현 하기시에서 태어난 그는 야마구치현의 자존심으로 불린다. 야마구치현 출신으로 최장수 총리를 지낸 아베 신조가 존경하는 인물이기도 하다. 그는 야스쿠니 신사의 기원을 만든 인물이다. 그는 도쿠가와 막부와 싸우던 중 전사한 조슈번 무사들의 영혼을 기리기 위해 위령제를 거행하는 초혼장을 조슈번에 만들었다. 메이지 정부가 초혼장을 도쿄로 옮겨와 도쿄 초혼사로 만들었고, 이후 야스쿠니 신사로 이름이 개칭된다.

1854년 조슈번의 상급무사인 아버지를 따라 에도에 간 신사쿠는 미국 페리 제독의 재방문으로 혼돈에 빠진 일본의 국내 정세를 체감한다. 1857년 그는 일본을 외적으로부터 지켜내기 위해서라면, 막부를 무너뜨려도 된다는 과격한 사상을 가르친 요시다 쇼인의 제자가 된다. 식견과 기백이 뛰어난 수재인 그는 쇼인의 총애를 받았다.

그는 1862년 막부의 시찰단 모집에 뽑혀 청나라 상하이로 가서, 아편전쟁 후 서양의 식민지화가 진행되는 청나라의 실상을 보고 큰 충격을 받는다. 그는 일본이 변하지 않으면 안 된다는 위기감을 갖게 되었다. 신사쿠는 1862년 동료들과 함께 에도에 건설 중인 영국 공사관에 방화하는 사건을 저질렀다. 1863년 조슈번이 영국과 미국 등을 상대로 시모노세키 전쟁을 하게 되자, 그는 정규군으로 대항할 수 없다는 것을 깨닫는다. 쇼인의 '민초를 궐기시켜 막부를 타도하라'는 가르침을 실천하기 위해 그는 일반 평민을 모집해 키헤이타이를 창설했다. 키헤이타이가 일본 국민개병제의 원형이다. 키헤이타이는 조슈번의 강력한 무력이 되었다. 신사쿠는 1864년 시모노세키 전쟁 강화회의에 조슈번 대표로 참석해, 피해를 최소화했다.

1865년 그는 키헤이타이 부대의 힘으로 쿠데타를 일으켜 조슈번의 실권을 장악한다. 1866년 막부의 2차 조슈 정벌이 시작되자, 조슈번 해군총독으로 막부군과 싸워 패퇴시킨다. 하지만 그는 막부 멸망을 앞둔 1867년 5월 폐결핵으로 사망했다. 그는 단호한 결단과 행동으로 일본 역사를 바꾼 인물이었다.

다카스기 신사쿠는 평민들을 모집해 만든 키헤이타이를 창설하여 막부를 타도하는데 큰 역할을 했다.

무라타제작소
- 도자기 공장에서 전자 부품업계 황제가 되다.

  1944년 아키라 무라타(1921~2006)가 교토시에서 무라타 매뉴팩처
링을 창업했다. 그는 선대로부터 내려온 도자기 공장을 이어받아, 세
라믹을 이용한 전자부품을 생산하기 시작했다. 처음 생산품은 라디오
부품으로, 이산화티타늄 세라믹 커패시터(축전기, 콘덴서)였다. 2차 세
계 대전 이후 라디오는 거의 유일한 오락 및 정보의 원천이었다. 기존
것보다 성능이 뛰어난 무리타의 제품을 장착한 라디오가 빠르게 인
기를 끌면서, 무라타는 공장을 확장할 수 있었다. 1950년대 들어서는
일본의 늘어나는 수산 자원 생산에 필요한 어군탐지기 부품을 생산
했고, AM라디오 세라믹 필터 상용화에도 성공했다. 1960년대 컬러
TV 방송이 시작되고, 일본 경제가 호황을 누리면서 전자부품 수요도
크게 늘어났다. 이때부터 컴퓨터, 오디오, 휴대전화, 비디오카메라 등
각종 전자제품에 들어가는 핵심 부품을 생산하며, 무라타는 전자 부
품업체로 빠르게 성장했다.
  무라타는 2010년 스마트폰 시장이 열리면서 전자 부품 업계의 황

제로 등극했다. 스마트폰 다기능화의 핵심이자 전자산업의 쌀로 불리는 MLCC(적층세라믹콘텐서, Multilayer Ceramic Capacitors)를 개발해, 이 분야 세계 1위 자리를 차지하고 있다. MLCC 이외에도 각종 전자제품용 필터 및 센서, 와이파이 모듈 분야에서도 1위다. 무라타 제작소는 매출액의 90% 정도가 해외에서 발생하는 대기업으로, 영업 이익률이 매우 높다. 무라타는 탁월한 기술력으로 세계 최강의 부품기업이란 명성을 얻고 있다.

그럼에도 무라타는 기존 산업의 구도를 완전히 바꾸는 새로운 기술과 기업 시대에 사업을 성장시키려면, 기존의 고객뿐만 아니라, 원격의료 의사, 인공지능을 활용한 공장, 자율주행 연구소와 스타트업 업체 등을 새로운 고객으로 만들어야 한다며, 사업을 과감하게 재편하는 포트폴리오 경영에도 힘을 쏟고 있다. 경쟁력이 없는 사업은 잘라내고, 남는 자원을 이기는 분야에 집중하고 전략을 구사하고 있다. 무라타는 중장기적 시선을 갖고 웨어러블 제품용 전고체배터리, 로봇사업 부품과 소프트웨어, 모듈 개발 등에 투자를 지속하고 있다.

무라타제작소는 탁월한 기술력으로 세계 최강의 부품기업임에도 불구하고, 끝없는 변화와 투자를 통해 미래 산업 변화에 대응하는 혁신기업이다.

10

개화를 이끈 인물의 차이

1) 흑선에 올라탄 요시다 쇼인

역사는 인간이 만든다. 시대의 변화를 선도하는 인물의 존재
에 따라 역사가 달라지기도 한다. 일본 근대사의 변화를 초래한
인물이 적지 않지만, 그 가운데 요시다 쇼인은 사상적인 측면에
서 일본을 변화시킨 인물이라고 할 수 있다.

요시다 쇼인(吉田松陰, 1830~1859)은 조슈번 출신으로, 병학을
가르치는 사범이었다. 그는 1850년 번주의 허락을 받아 규슈로
유학을 가서 히라도에서 병학자를 만나 병학을 공부했다. 그는

히라도를 떠나 나가사키에 들렀다. 그는 그곳에서 처음 서양식 대포술을 목격한다. 그는 다시 막부가 있는 에도로 유학을 갔다가, 그곳에서 사쿠마 쇼잔을 만나 서양 병학을 배웠다. 그는 자신이 배운 과거의 병학으로는 서양을 이길 수 없다는 것을 깨닫게 되었다. 그는 미토번으로 가서 존왕양이 즉 천황에게 권력을 돌려주고, 외적을 물리치자고 주장하는 미토학을 배운다. 그는 존왕양이 사상을 연합국가적 성격의 일본을 강력한 중앙집권국가로 변신시켜 외적을 막자는 현실적인 국방론으로 발전시켰다.

쇼인의 스승인 쇼잔은 아편전쟁에서 청나라가 패배한 것을 보고 말했다.

"서양제국이 주공과 공자의 나라인 중국을 무너뜨린 이유는 무엇인가? 서양 학문은 요체를 꿰뚫었고, 중국 학문은 뽐내기만 하고 내실이 부족한 논담(論談-말로 시비를 가림)에만 빠졌기 때문이다. 그 실체를 상실함으로써 나라의 기풍이 이론과 실천 사이에 거리가 생겼기 때문이다."

요시다 쇼인은 사쿠마 쇼잔과 같은 생각을 갖게 되었다. 그는 1853년 사쿠마 쇼잔과 함께 일본을 찾아온 미국의 흑선을 직접 보았다. 그는 현재 일본의 힘으로는 서양을 물리칠 힘과 기술이 없다고 판단하고, 적을 물리치기 위해서는 먼저 적을 알 필요가 있다고 생각했다. 1853년 가을 그는 쇼잔과 함께 러시아 배를 타기 위해 나가사키까지 달려갔지만, 배가 막 떠난 직후여서 타지 못했다. 그러자 그는 1854년 미국의 배가 일본에 다시 왔을 때, 미국에 유학 갈 생각으로 나룻배를 타고 미국 기함에 접근해 밀항을 시도했다. 하지만 페리 제독에게 거절당한다. 이 일이 발각되어 쇼인은 막부에게 붙잡혀, 조슈번으로 압송되어 14개월간 감옥에 갇힌다. 1855년 12월 감옥에서 풀려나 자택에 연금되어 생활하던 그는 소식을 듣고 찾아온 학생들을 가르치게 된다. 1857년 정식으로 쇼카손주쿠(松下村塾)를 열고 제자들을 받아들인다.

그는 일본이 서양의 침략을 받지 않으려면, 스스로 강하다는 것을 보여주어야 한다면서, 북쪽으로 에조(홋카이도)를 수중에 넣고, 서쪽으로 조선을 정복해야 한다고 주장했다. 그의 조선정벌론 즉 정한론은 특별한 명분과 구체적인 방법을 제시하지는 않았다. 하지만 그의 정한론은 훗날 대동아공영권까지 발전하는 아시아 침략론으로 비화된다.

요시다 쇼인은 천황의 허락도 없이, 자신의 판단으로 미일수호통상조약을 체결한 막부의 최고 중신인 이이 나오스케(井伊直弼, 1815~1860)의 암살을 계획했다. 그러자 이이 나오스케는 존왕양이파 일당들을 탄압하는 안세이의 대옥(安政の大獄)을 일으켰다. 이 사건으로 요시다 쇼인은 사형을 당했다.

그는 젊은 나이에 죽어 제자들을 가르친 기간은 3년에 못 미친다. 그렇지만 그는 뛰어난 제자들을 많이 양성했다. 그에게 배운 제자들은 대략 50~100명 정도다. 다카스기 신사쿠, 기도 다카요시, 야마가타 아리토모, 이노우에 가오루, 이토 히로부미 등 그의 제자들은 조슈번은 물론, 일본의 운명을 바꾸어 버린다. 그의 존왕사상은 먼저 대정봉환을 통해 천황 중심의 정부가 세워진 것을 통해 실천되었다. 그의 조선침략론은 메이지 신정부의 요인이 된 기도 다카요시에게 계승되었다. 서양을 배워 서양을 물리치자는 사상은 그의 제자들에 의해 조슈번을 넘어 메이지 신정부까지 이어졌다.

그의 사상은 그의 제자들에 의해 일본에서 실현되었다. 그의 제자들은 막부를 무너뜨리고, 메이지 신정부를 수립하고, 일본을 근대화시킨 주역들이 되었다. 조선에 그와 비교될 만한 사람은 평안감사를 지낸 박규수가 있다.

- 1. 요시다 쇼인은 강력한 일본을 꿈꾸었고, 정한론을 주장했다.
- 2. 요시다 쇼인의 제자들은 메이지 신정부를 수립하고, 일본을 근대화시킨 주역들이 되었고, 정한론을 실천에 옮겼다.

2) 제너럴셔먼호와 박규수 스쿨

1866년 7월 평양 앞을 흐르는 대동강 한 가운데서 이양선 한 척이 평양의 백성들에 의해 불에 타 버렸다. 배 안에는 서양인 5명과 중국인 등이 타고 있었다. 탈출에 성공한 사람들은 평양시민에게 맞아 죽었다. 불에 탄 배는 제너럴셔먼호. 선주는 미국인 프레스턴이었다.

제너럴셔먼호의 선주 프레스턴은 개인적인 영웅심과 조선에 대한 무지로 조선에 대포 몇 방을 쏘면 겁을 내고 자신들의 요구를 들어줄 것으로 착각했다. 그는 조선의 경고를 무시하고, 배를 대동강 중류까지 거슬러 항해했다. 또 대포를 쏴서 사람들을 7명이나 죽였다. 조선이 식량과 식수 등을 주는 등 호의를 베풀었음에도 그는 조선 관리를 가두고, 식량을 약탈하며 행패를 부렸다. 결국 화가 난 조선 백성들이 배를 불태워 버렸다. 아무런 허락도 없이 타국의 강을 거슬러 올라가 행패를 부린 것은 조선을 무시한 태도로, 어떤 변명에도 용서받을 수 없는 범죄행위였다.

이때 평양지역 최고 책임자인 평양감사는 박규수(朴珪壽, 1807~1877)였다. 그는 실학자 박지원의 손자로, 조선의 다른 관리와는 달리, 서양을 어느 정도 알고 있었다. 그는 이양선의 선원들을 죽이지 않고 살려서 그들로부터 서양 정보를 얻고 싶어 했다.

『해국도지』는 1842년 청나라 위원이 쓴 세계 지리서다. 바다를 방어하는 방법(海防)과, 서양의 무기 체계에 대해서도 자세히 쓴 책이다. 1845년 조선에 이 책이 소개되었다. 박규수 역시 이 책을 접하면서 서양에 대해 알게 되었다. 그는 1861년 처음 청나라에 사신으로 갔을 때 청나라의 힘이 약해지고 있음을 자각하게 된다. 그는 서면호 사건을 체험하면서, 조선에 가장 중요한 과제는 군비 확보라고 판단했다. 그는 청, 일본의 개혁 사상가들이 서양 열강과 만난 이후에 공통적으로 갖게 되는 해방론(海防論)의 생각을 갖게 되었다. 1872년 사신으로 청나라를 방문하고, 청나라에서 진행되고 있는 양무운동을 파악하고 귀국했다. 박지원의 손자답게 그는 개혁적인 북학파 사상가였다. 그는 자신의 북학사상을 좀 더 발전시켜 개화사상으로 나아갔다. 그래서 그를 개화사상의 선구자, 북학사상과 개화사상의 연결자로 보기도 한다.

그는 서양과 교류하는 것에 찬성하는 입장이었다. 하지만 그는 유학자로서 최고의 자리인 홍문관 대제학을 지냈고, 우의정에 오른 집권세력의 일원이었다. 흥선대원군이 집권하던 당시에는 서양을 배척하자는 흥선대원군의 척화(斥和) 정책에 반대하지 않았다. 대원군이 실각한 후에, 비로소 자신의 주장을 펴기 시작했다.

그가 북학파 사상가들과 다른 것은 서양세력의 대두에 따라 배워야 할 대상을 청나라에서 서양으로 바뀌었다는 점이다. 실학자의 실학이 이론에 그쳤다면, 개화사상은 직접 행동에 옮기려는 실천 학문이란 점이 달랐다. 박규수는 부국강병을 위해 서양과 통상을 하고, 서양 기술을 받아들일 것을 강조하는 초기 개화사상가였다. 그는 실학자에서 양무론자로, 다시 개국론자로 변해갔다. 박지원, 박제가, 이규경, 최한기 등의 실학자는 나라가 부유해지기 위해서 해외통상론을 주장했다. 반면 박규수는 일본을 비롯한 서양 열강의 침략에 대응하자는 위기의식에서 개국론을 주장했다.

그는 더 이상 조선이 전통적인 중화질서 안에 갇혀 "예(禮)"의 나라가 되어서는 안 된다고 보았다. 또한 그는 천주교도에 대해 관대한 처분을 해야 한다고 주장했지만, 서양의 종교나 사상을 받아들이자고 주장하지는 않는다. 그는 유학자였고, 정신세계만큼은 서양보다 조선이 우월하다고 생각했다.

박규수는 신분과 나이를 초월해 오경석(1831~1879)과 한의사인 유홍기(1831~?)와도 친구처럼 지냈다. 또한 개화 사상가인 승려 이동인(1849~1881)과도 교류했다. 그는 사람을 신분이나 지위로 평가할 것이 아니라, 사람의 됨됨이를 보고 평가해야 한다고 했다. 자신이 직접 지도를 제작했고, 해시계이자 천문도인

간평의(簡平儀)를 종이로 제작하기도 했다. 또한 그는 청나라를 왕래하는 사신이나 역관이 전하는 새로운 사상과 물건들을 꾸준히 수집했다. 1874년 관직에서 물러난 그는 자신의 사랑방에 출입하는 젊은 양반자제들에게 박지원의 사상, 세계 지리서인 『해국도지(海國圖志)』 등을 강의했다. 또 자명종, 시계, 태엽, 서양화 등을 소개하고, 서양의 무서움과 청나라의 패배, 양무운동 등 세계의 정세를 전하고 부국강병을 강조했다.

그의 문하에서 김옥균(1851~1894), 박영교(1849~1884), 박영효(1861~1939), 홍영식(1855~1884), 서광범(1859~1897), 서재필(1864~1851), 유길준(1856~1914), 김홍집(1842~1896), 김윤식(1835~1922), 어윤중(1848~1896), 이상재(1850~1927), 윤웅렬(1840~1911), 윤치호(1865~1945) 등이 배웠다. 김옥균(金玉均)은 당대 최고 명문인 안동김씨 가문 출신이며, 박영효(朴泳孝)는 철종(재위:1849~1864)의 사위이며, 박영교(朴泳敎)는 그의 형이었으며, 홍영식(洪英植)은 영의정 홍순목의 아들이었다. 서광범(徐光範)은 영의정 서용보의 증손자로 이조참판 서상익의 아들이었다.

1875년 운요호 사건이 일어난 직후, 그와 그의 제자 김홍집(金弘集), 역관 오경석(吳慶錫) 등이 다시금 일본과 수교를 강력히 촉구해 1876년 2월 조일수호조규가 체결된다. 그러자 그는 매국노로 규탄 받고 온갖 모함에 시달리게 된다. 그러자 그의 건강도 악화되었다. 70세가 넘은 나이에도 고종은 그를 수원부 유수로 임명했고, 그는 6개월간 수원부에서 일하다가 1877년 2월 수원에서 사망한다.

일본과 조선의 대표적인 개혁 사상가 요시다 쇼인과 박규수를 도표로 비교해 보자.

구분	요시다 쇼인	박규수
생존 시기	1830 ~ 1859	1807 ~ 1877
지위	조슈번 병학 교수	평양감사, 대제학, 우의정, 정책책임자
배경 학문	존왕양이를 앞세운 국학, 병학	성리학
영향 학문	난학	실학 중 북학
서양과 접촉	직접 접촉 시도	직접 접촉 시도, 지도, 천문도 제작
주요 사상	막부타도, 부국강병, 정한론	군비증강, 해방론, 개국, 해외통상론
특징	젊은 학자, 급진 과격	경험 많은 관리, 온건론
제자양성 시기	1855~1859	1874~1877
제자 구성	조슈번의 사무라이	조선 최고 양반 자제
제자의 활동	막부타도, 신정부 요인 활동	갑신정변 실패, 갑오개혁 담당
사상적 동료	다수의 개혁가 존재	거의 없음

박규수는 요시다 쇼인과 달리 정부의 최고위 관리였고, 60세가 넘은 나이에 제자들을 키웠다. 요시다 쇼인을 키운 것이 일

본의 난학이라면, 박규수를 성장시킨 것은 조선의 실학이었다. 일본의 난학은 서양의 학문을 직접 수입한 것이고, 조선의 실학은 청나라를 거쳐 간접적으로 서양의 학문을 수입했다는 점이 다르다. 박규수는『해국도지』등을 통해 간접적으로 서양 학문을 접했을 뿐이다.

요시다 쇼인의 제자들이 조슈번의 사무라이였던 것과 달리, 박규수의 제자들은 조선 최고의 양반가의 자제들이었다. 김홍집, 홍영식, 김옥균, 박영효, 어윤중, 김윤식 등은 정부의 고위 관리가 되었다.

문제는 제자들이었다. 요시다 쇼인의 제자들은 대중들을 포섭하고, 조슈번을 바꾸고, 마침내 일본을 개혁시키는 주역이 되었다. 하지만 박규수의 제자인 김옥균, 박영효, 박영교, 서재필, 서광범, 홍영식, 유길준 등 급진개화파가 1884년 10월 성급하게 갑신정변을 일으켰으나, 실패하고 말았다. 문하생들이 역도로 몰리자, 이미 사망한 그의 관직이 모두 삭탈되었고, 그의 집은 헐려 공터가 되었다. 그의 집터는 학교 부지가 되었다가, 지금은 헌법재판소가 되었다. 그는 1894년 온건개화파인 김홍집 등이 권력을 잡은 후에야 죄가 없다고 인정되어 복권될 수 있었다.

일본에 근대화의 주역이 된 인재들을 키워낸 요시다 쇼인이 있다면, 조선에도 박규수가 있다. 다만 차이라면 제자들의 역량과, 그들의 활동을 지지할 사회적 여건의 차이였다. 조선에는 박규수의 제자들과 같은 생각을 가진 젊은 개혁가들이 거의 없었다. 박규수가 폭넓은 신분층과 교류한 것과 달리, 그의 제자들은 백성들과 거리 먼 명문가 집안의 자식들이었다.

- 1. 박규수는 개화사상의 선구자로, 개화파 제자들을 육성했다.
- 2. 박규수의 제자들은 갑신정변에 실패했고, 갑오개혁 담당자가 되었지만 박규수의 부국강병론을 실천하지는 못했다.

3) 사이고 다카모리와 김옥균

요시다 쇼인의 제자인 조슈번 출신 기도 다카요시는 사쓰마번 출신인 사이고 다카모리(西鄕隆盛, 1828~1877), 오쿠보 도시미치와 함께 유신 3걸로 불린다. 유신 3걸 가운데 2명을 키워낸 사쓰마번에는 요시다 쇼인을 능가하는 뛰어난 인물이 있었다. 앞서 소개한 사쓰마번의 번주 시마즈 나리아키라다. 사쓰마번을 변화시켜 강성한 번으로 성장시킨 그의 능력도 대단하지만, 사람을 보는 그의 안목도 탁월했다. 그는 사이고 다카모리와 오쿠보 도시미치와 같은 걸출한 인물들을 키웠다. 특히 사이고 다카모리는 시마즈 나리아키라의 총애를 받아 사쓰마번의 하급 무사의 아들에서 전국적인 인물로 거듭났다.

그는 교토에 주둔했던 사쓰마번의 사령관으로, 1866년 사쓰마번과 조슈번 동맹 협상을 주도했다. 그는 1867년 11월 8일 쇼군을 무력으로 사임시킨 인물이다. 1868년 보신전쟁에서는 신정부군의 참모총장으로서 구막부군을 제압했다. 1871년에는 신정부군 사령관으로 활동했다. 그는 1873년 조선을 정벌해야 한다는 정한론을 주장했다. 자신이 직접 조선에 특별교섭인으로 가서, 일본의 말을 듣지 않으면 조선을 정벌하겠다는 주장을 펼쳤다. 하지만 그의 정한론은 아직 일본 내정이 안정이 안 되었다는 이유로 거절당한다. 그는 정한론 논쟁에서 패배하자, 정부 관직에서 모두 사임했다.

그는 고향인 가고시마로 돌아와 군사학교를 열었다. 1876년 사무라이의 칼 휴대를 금지한 폐도령(廢刀令)이 시행되고, 사무라이의 봉록을 퇴직금으로 퉁쳐 채권으로 전환한다는 정부의 정책이 시행되자, 전국의 사무라이들은 신정부에 반감을 갖게 되었다. 그 결과 일본 전역에서 사무라이들이 사이고를 찾아온다. 1877년 군사학교에 참여한 학생 수가 2만이나 되었다. 1월 27일 그의 제자들이 만든 단체가 가고시마의 군수공장과 해군

기지를 공격하고, 군수물자를 준비해 반란을 모의했다. 사이고 다카모리는 반란의 지도자로 추대되었다. 그의 군사들은 신정부를 비판하며 도쿄로 행진하고자 했다. 그는 사무라이 계급의 이익을 위해 행동했다.

하지만 그가 이끈 군사들의 행진은 일반 평민들을 징집해 구성된 신정부군에 의해 구마모토번(熊本藩)에서 가로막혔다. 신정부군과 사이고의 반란군 사이에 세이난(西南) 전쟁이 일어났다. 일본 최후의 내전이라 불리는 세이난 전쟁을 진압한 사람은 그의 친구였던 조슈번 출신의 야마가타 아리토모였다. 신정부군과 대결에서 패한 그는 가고시마로 돌아와 최후의 방어전을 구축했다. 9월 24일 정부군의 최후 공격에 부상을 당한 그는 자결을 선택했다. 그는 비록 반란의 우두머리였지만, 신정부 수립의 주역이라는 공 때문에 연좌제 처벌은 피했다. 그의 친동생 사이고 주도는 계속 신정부에 남아, 1898년 일본 최초의 해군 원수에 오른다.

사이고 다카모리는 보수적인 양이(攘夷) 세력의 대표로, 반은 성공, 반은 실패한 혁명가였다. 조선에도 그와 비교할 혁명가가 있었다. 갑신정변을 일으킨 김옥균이다.

김옥균은 1851년 김병태의 장남으로 태어나 7세에 당숙인 당대의 세도가 김병기에게 입양되었다. 1872년 문과에 장원으로 급제해 관직 생활을 시작했고, 1874년 박규수의 문하에서 개화 사상을 공부했다. 그는 박규수 문하에서 함께 배운 홍영식, 서광범, 박영효 등과 함께 개화당을 조직했다. 1879년 그는 승려 이동인을 일본에 밀파해 일본의 변화된 실상을 알아보게 하고, 조사시찰단 파견을 주도했다. 그는 개화당 세력 확장에 노력하는 한편 1881년 직접 일본으로 건너가 6개월간 머물렀다. 그는 각종 산업 시설들을 돌아보고 일본의 정치가들과 접촉해 그들의 동향을 파악하기도 했다. 1882년 임오군란이 일어나자 황급히 귀국했다. 1882년 수신사로 다시 일본을 방문했고, 1883년 6월부터 1884년 5월까지 1년간 일본에 체류했다. 조선의 근대화에 필요한 자금을 구하기 위해 일본 정부와 협상하였으나 실패했다.

일본에서 돌아온 그는 임오군란 이후 청나라에 기댄 민씨 외척이 권력을 잡고 있는 한 조선의 근대화가 어렵다고 보고, 정치변혁이 필요하다고 판단했다. 그는 1884년 12월 4일 우편업무를 담당하는 우정국 준공 축하연 날 갑신정변을 단행했다. 축하연 자리에서 민씨 외척의 대표인 민영익에게 부상을 입힌 후, 고종과 왕비를 경우궁으로 옮겨, 개화파 군사력 50여 명과 일본군 200명에게 지키게 하고, 민태호, 민영목, 조영하 등 친청파 대신들을 제거했다. 홍영식, 박영효, 서광범, 김옥균 등은 정부 요직을 차지하고 군사권과 재정권을 장악했다. 또 갑신혁신 정강 14개조를 발표했다. 문벌 폐지, 내시부 폐지, 국내 재정을 호조에서 일괄 관리, 군사 개혁, 탐관오리 수탈 금지, 청나라에 대한 조공 허례 폐지 등 조선의 자주화와 근대화를 위한 개혁을 단행했다.

하지만 갑신정변에는 치명적 약점이 있었다. 병력을 동원하기로 한 함경남도 병마절도사 윤응열과 그 아들 윤치호 부자가 망설인 것이었다. 그럼에도 김옥균은 일본의 1개 중대 150명이 도성 안에 주둔한 청나라 병사를 막을 수 있다는 다케조에 신이치로 일본공사의 호언장담을 그대로 믿고 정변을 일으킨 것이다. 적은 군사로 정변을 일으킨 만큼, 반격에 취약했다. 또한 정변 직후 민중들의 호응이 거의 없었다. 일본과 밀착된 개화를 적대적으로 보는 사람들이 더 많았다. 개화파의 지지자는 북학파 출신 일부 유학자와, 외국에 사절로 다녀온 일부 통역관과 수행원 정도였다.

정변 직후 궁궐로 들어가려다가, 달아난 민씨 외척들은 왕비와 연락하고, 곧장 청나라에 도움을 요청했다. 민씨 왕비는 고종을 움직여 경우궁이 좁다며 창덕궁으로 환궁하게 했다. 고종이 방어하기 어려운 창덕궁으로 옮겨가자, 12월 6일 청나라군

1,500명이 창덕궁으로 쳐들어왔다. 전세가 불리해지자, 일본군은 창덕궁에서 철수했다. 결국 김옥균 등 갑신정변의 주역들은 일본으로 탈출하고 말았다. 갑신정변이 실패로 돌아가자 개화정책도 중단될 수밖에 없었다.

갑신정변의 실패로, 조선의 개화정책 추진은 10년 뒤로 미뤄지고 말았다. 조선은 소중한 시간을 낭비하고 말았다. 갑신정변이 실패한 원인으로 병력 준비가 안 된 상태에서, 과도하게 일본을 믿고 정변을 실행했다는 점을 들 수 있다. 또한 개화를 지지하는 세력이 충분히 양성되지 않은 가운데 성급히 권력을 잡으려 했던 조급함도 원인이라 하겠다.

일본이 막부를 타도하고, 메이지 정부를 출범시켜 적극적인 근대화에 나서기까지 오랜 시간이 필요했다. 양이(攘夷)와 개국(開國)의 갈등을 통해 서양의 앞선 기술을 배워야 한다는 믿음을 가진 사람들이 충분히 성장한 후, 그들의 힘으로 막부를 타도할 수 있었다. 사쓰마번 출신 사이고 다카모리에게는 다른 배경을 가진 조슈번 출신 기도 다카요시와 같은 동료들이 있었다. 하지만 조선에서는 개화파가 성장할 충분한 시간이 없었다. 김옥균에게는 그를 도와줄 또 다른 세력들이 없었다. 또한 대중들의 지지도 달랐다. 이러한 점이 두 혁명가의 운명을 갈랐고, 일본과 조선의 운명도 달라지게 했다.

- 1. 사이고 다카모리는 막부 타도에 큰 공을 세웠지만, 정한론을 주장하다 실각해 사쓰번으로 돌아와 반란을 일으키다 실패한 반은 성공, 반은 실패한 혁명가다.
- 2. 김옥균은 성급히 갑신정변을 일으켰다가 실패한 혁명가다.

시부사와 에이치(渋沢栄一, 1840~1931)
- 일본 자본주의의 아버지

　시부사와 에이치는 도쿄 북쪽에 있는 사이타마현의 부농 가문에서 태어났다. 그는 21살에 도쿄로 나와 검술을 배우며 정계에 뛰어든다. 그는 천거로 1863년 도쿠가와 요시노부를 섬기게 된다. 주군인 요시노부가 쇼군이 되자, 막부의 신하가 된다. 1867년 파리 만국박람회에 쇼군의 대리인으로 가게 된 도쿠가와 아키타케의 수행원으로 프랑스에 가게 되어, 약 1년간 유럽 각국을 방문하고 파리에서 유학을 한다. 그는 1868년 말에 귀국한 후 프랑스에서 배운 주식회사 제도를 도입해 시즈오카 상법회소를 설립한다. 그러다가 메이지정부의 대장성에 들어가, 오쿠보 도시미치 밑에서 일을 하게 된다.

　1873년 퇴직한 후, 관료 시절에 설립을 주도했던 제일국립은행 은행장이 되었고, 77국립은행 등 많은 은행 설립을 지도한다. 뿐만 아니라 도쿄가스, 도쿄해상화재보험, 오지제지, 지치부 시멘트, 제국호텔, 기린 맥주, 도쿄증권거래서, 동양방적 등 다종다양한 기업 설립에 관여한다. 그가 설립하거나 관여한 회사가 500개 이상으로 알려져 있다.

그는 미쓰이 그룹을 만든 미쓰이 다카요시, 미쓰비시 그룹을 만든 이와사키 야타로 등 다른 재벌 창시자들과 달리, 스스로 재벌을 만들지 않았다. 그는 오쿠라 상업학교를 비롯한 여러 학교 설립에도 관여했고, 일본여자대학, 도쿄 여학관 설립에도 기여했다. 또한 미국, 중국과의 민간외교에도 기여해 노벨평화상 후보로 지명되기도 했다.

시부사와 에이치는 1916년 『논어와 주판』을 저술해, 도덕경제 합일설을 주장했다. 그는 유교의 윤리를 바탕으로 이익의 양립이란 이념을 내세워, 경제를 발전시켜 이익을 독점하는 것이 아닌 나라 전체를 풍족하게 만들기 위해 기업을 운영하고, 이익은 사회에 환원해야 한다고 주장했다. 유럽에서 배운 지식을 일본 경제 발전에 활용한 그는 19세기 말 일본경제 성장에 중요한 역할을 했다. 2024년 7월 발행된 1만 엔권 화폐에 그의 초상이 그려졌다.

시부사와 에이치는 일본 자본주의의 아버지로, 유교를 현대 자본주의에 결합시킨 인물이다.

소니
– 워크맨으로 세계를 호령했던 세계적인 전자회사

1946년 모리타 아키오(盛田昭夫, 1921~1999)와 이부카 마사루(井深大, 1908~1997)가 공동으로 라디오 수리점을 시작한 것이 소니(SONY)의 시작이다. 소니가 처음 생산한 제품은 전기밥솥이었다. 초기 주력 사업은 단파라디오 복구 수리작업과 방송국 납품용 녹음기 제작 사업이었다. 소니는 1957년 세계 최초로 트랜지스터가 들어간 포켓사이즈 휴대용 라디오 생산을 시작으로, 1960년 세계 최초로 상업용 트랜지스터텔레비전 개발에 성공했다. 특히 1979년 세계적인 선풍을 일으킨 워크맨을 통해 세계적인 전자회사로 부상했다. 1981년에는 세계 최초로 디지털 카메라를 상용화했다. 1982년에는 네덜란드의 필립스사와 함께 저장매체 포맷인 CD를 발표했다. 1991년에는 세계 최초로 리튬이온 배터리를 상용화하는 등, 세계 최고의 기술력을 가진 전자기업의 이미지를 굳혔다.

이때부터 소니는 기술력보다 기계 안에 들어갈 콘텐츠 미디어 분야 투자를 적극 늘렸다. 미국 CBS레코드를 인수해 소니 뮤직 엔터테인먼트를 만들고, 컬럼비아 픽처스를 인수해 소니 픽처스 엔터테인먼트를 설립한다. 또 비디오 게임 시장해 진출해 닌텐도와 경쟁을 했다. 소니는 콘텐츠와 미디어 산업이 중요해지는 상황에서 앞선 행보였으나, 콘텐츠 산업에 대한 무리한 투자 결과 1995년 심각한 부채를 갖게 되었다.

1995년 소니는 '디지털 드림키즈' 전략을 발표하고, 콘텐츠, 유통, 기기를 서로 유기적으로 연결해 소비자들이 쉽고 편리하게 디지털 기술을 이용할 수 있게 만들고자 했다. 하지만 소니 제품끼리만 연결되는 소니 네트워크를 고집하는 폐쇄성을 보였다. 당시 세계 기술 1등 기업이라는 자부심이 가진 오만함이었다. 시대를 앞선 전략이었음에도, 소비자들에게 외면을 받았다. 2003년 4월 소니의 주가가 대폭락하는 쇼크 사태를 맞이하며, 브랜드 가치가 폭락했다. 세계 TV판매 1위였던 소니는 2006년부터 매년 순위가 하락했고, 2010년대에는 전자 부분에서 대규모 적자를 보는 일도 많아졌다. 2010년대 후반부터 다시 흑자를 기록하며 실적이 개선되며 일본 주식시장 시가총액 2~5위를 유지하고 있다. TV, 음향기기, 카메라, 캠코더, 디스플레이, 게임, 엔터테인먼트, 이미지 센서 등에서 여전한 경쟁력을 갖고 있지만, 과거 전성기로 되돌아가지는 못하고 있다.

소니는 뛰어난 기술력을 바탕으로 1980년대 세계 최고의 전자회사였으나, 폐쇄적인 소니 네트워크를 고집하면서 소비자의 외면을 받기 시작해, 브랜드 가치가 폭락했다.

11

조선과 일본의 신분제도

1) 막부 붕괴와 신분제도 철폐 - 안세이 대옥과 사쿠라다몬 사건

도쿠가와 막부시기 일본은 엄격한 신분제도를 가진 나라였다. 아래 계급에서 위 계급으로 올라가는 것이 매우 어려운 나라였다. 천황의 권위는 아무리 쇼군이라도 넘볼 수 없었고, 다이묘는 감히 쇼군에게 대항할 수 없었다. 지배계층인 사무라이는 전 인구의 10% 미만으로, 하타모토를 비롯한 상급무사와 하급무사 간의 구분은 엄격했다. 사무라이는 농민이나 상공인의 무례함에 의해 명예가 손상되는 경우, 그들을 죽일 수 있는 기리스테고

멘(切捨御免) 특권을 갖고 있었다.

농민은 전체 인구의 80% 정도로 이들은 감히 무사에게 대항할 수 없었고, 늘 공순해야 했다. 농민들은 생산량의 절반 정도를 세금으로 납부해야 하는 무거운 의무를 지고 있었지만, 다른 신분으로 전환하기 어려웠다. 다만 군대에 갈 의무는 없었다.

상공인은 조닌(町人)이라 부르며, 전 인구의 7% 정도를 차지했다. 농민보다 지위는 낮았지만 통제가 적고 세금도 적어 경제적인 면에서는 농민보다 나았다. 상인 가운데 거상들은 사무라이를 고용하기도 했다. 하지만 신분의 한계는 엄격했다. 이들 이외에 에타(穢多), 히닌(非人) 등 천민이 있는데, 가죽 제품을 생산하거나, 시체를 처리하는 일을 하는 사람 또는 거지들을 말한다. 이들은 농민과 떨어져 따로 살았다.

일본은 철저한 신분 통제로 사회적 안전을 이룬 나라였다. 수많은 번(藩)들이 난무하는 가운데 신분 이동이 심하다면 번의 질서가 무너지게 되고, 막부도 흔들리기 때문이다. 따라서 신분을 상승하려는 욕망을 자신의 직분에 충실해 그 분야에서 인정받는 것으로 해결하는 나라였다.

그런데 일본의 신분제도가 급격히 붕괴되는 사건이 발생했다.

1858년 7월 막부의 다이로(大老)인 이이 나오스케(井伊直弼)가 미국과 "미일수호통상조약"을 체결했다. 14대 쇼군의 후계자 분쟁에서 도쿠가와 이에모치와 히토츠바시 요시노부(15대 쇼군이 되는 도쿠가와 요시노부)가 대립하자, 13대 쇼군 도쿠가와 이에사다의 의중이 이에모치에 있음을 알게 된 나오스케가 이에모치를 옹립해 14대 쇼군에 오르게 한다.

그러자 존왕양이파와 미토번주 도쿠가와 나리아키 등이 나오스케를 비난하며, 그의 결정에 반대했다. 그러자 나오스케가 미토번주 등을 처벌했다. 히토츠바시 지지자들은 나오스케를 몰아내기 위해 천황의 권위를 이용했다. 그들은 나오스케가 천황의 허락도 없이 미국과 조약을 체결했다고 비난했다. 그러자 고메이 천황은 자기 마음대로 조약을 체결했다며 격노했다. 천황은 정치 쇄신과 다이묘의 결속을 명하는 비밀 칙서(戊午の密勅)를 미토번에 내린다. 미토번은 막부에 후계자가 없으면 쇼군을 배출할 수 있는 가문인 고산케(御三家)에 해당하는 도쿠가와 일가이지만, 존왕양이 사상을 발전시킨 미토학의 본거지이기도 하다. 그런 미토번에 천황이 힘을 실어준 것이다.

도쿠가와 막부가 등장한 이후, 천황이 직접 번에게 명령을 내린 적은 없었다. 이 사건은 막부체제의 근간을 흔들었다. 막부와 번이 동급으로 취급되었기 때문이다. 도쿠가와 막부시기 천황이란 존재는 일본 통합의 구심점이란 상징적인 의미 외에는 별다른 역할이 없었다. 그런데 존왕양이파의 등장과 더불어, 천황이 정치적인 행동을 취하기 시작한 것이었다.

그러자 나오스케는 대대적인 조사와 심문을 시작하여 히토츠바시 지지자와 존왕양이파를 대대적으로 숙청했다. 이때 요시다 쇼인이 사형을 당했다. 미토번주를 비롯해, 도사번주 등이 은거 및 근신 조치, 가택 연금, 유배, 추방 등의 처벌을 받았다. 이를 안세이 대옥(安政の大獄)이라고 한다.

1860년 3월 24일 에도성 사쿠라다문 밖에서 미토번의 낭인 무사들이 출근하려는 나오스케의 행렬을 습격했다. 안세이 대옥에서 미토번주가 근신 처분된 것에 미토번 사무라이들의 불만이 폭발한 것이다. 막부의 최고 관리인 이이 나오스케가 그 자리에서 살해되고 말았다. 사쿠라다문 밖의 변(桜田門外の変)이 일어난 것이었다.

이이 나오스케는 쇼군에게 가장 영향력 있는 신하였다. 그는 막부 주도의 정치를 행하고, 천황의 정치 개입을 거부했다. 그런데 그가 죽음으로써 세력이 강한 번들이 정치를 주도하고, 막부는 천황의 정치화를 저지하지 못해 권위가 실추되었다. 안세이 대옥과 사쿠라다몬 사건은 막부체제의 붕괴의 시작을 알리는 계기가 된다.

막부가 흔들리기 시작했지만, 막부는 일본에서 가장 강력한 군사력과 경제력을 갖고 있었다. 무력에 기반을 둔 정권이었던 만큼, 몇몇 번이 연합한다고 막부를 무너뜨릴 수는 없었다. 막부의 권력은 수백 년간 견고했다. 막부를 무너뜨린 주역은 사쓰마번과 조슈번의 하급 사무라이들이었다. 하지만 이들의 힘으로만 막부를 무너뜨린 것은 아니었다. 일본에서 전쟁은 사무라이들의 전유물이었고, 농민들은 칼을 휴대할 수가 없었다.

그런데 1863년 조슈번의 다카스키 신사쿠가 신분을 초월한 총력적인 서양 병제라야, 일개 번에 불과한 조슈가 막부를 물리치고 외세의 침략에도 버틸 수 있다고 번주에게 상소했다. 그의 제안으로 중세 봉건적 신분제와 군 편성 방식을 탈피해 사무라이는 물론, 농민 출신을 망라한 집단인 키헤이타이(奇兵隊)가 만들어졌다. 아무리 강한 힘을 가진 조슈번이라고 해도, 막부를 상대하기에는 기존의 사무라이 병력만으로는 부족했다. 평민도 군인으로 만들 필요가 있었다.

키헤이타이는 1865년 막부군을 상대로 한 전쟁에서 조슈번이 승리하는데 결정적인 역할을 했다. 1868년 메이지 신정부군에 배속된 키헤이타이는 보신전쟁에서도 막부군을 격파하는 큰 공을 세웠다. 결국 평민들이 일본 군사력의 주력이 되었다.

1871년 메이지 신정부는 "해방령"을 선포해, 일본에서 신분제를 공식적으로 철폐했다. 불과 10년 사이에 막부가 무너지면서, 급격하게 신분제도가 붕괴되어 버린 것이다. 1873년 일본은 징병령을 선포해, 지금까지 군역의 의무가 없던 평민들을 군인으로 징발했다. 그 결과 1945년 일본은 무려 555만이 넘는 육군을 보유할 수 있었다. 이처럼 일본의 신분제 폐지는 아래로부터의 신분을 해방하려는 열망으로 이루어진 것이 아니라, 국가의 필요에 의해 급격하게 이루어졌다.

- 1. 일본의 철저한 신분제도는 안세이 대옥에서 시작된 막부의 멸망으로 인해 급격히 붕괴되었다.
- 2. 일본의 신분제 폐지는 아래로부터 요구가 아닌, 위로부터 이루어졌다.

2) 조선에서 일어난 거대한 신분혁명

1606년 경상도 단성현의 호적에는 전체 인구의 64%가 노비로 기록되어 있다. 1663년 한성부 북부 호적에는 전체 인구의 75%가 노비다. 일부 지역의 기록이지만, 조선에 노비 비율이 엄청나게 높았던 것을 볼 수 있다. 노비가 많은 만큼, 지배층인 양반은 소수였다. 1690년 경상도 대구부의 호적에는 양반이 7.4%에 불과했다. 그런데 1729년 대구부의 호적에 양반 인구가 14.8%

로 증가하더니, 1783년에는 31.95%로 늘어났고, 1858년에는 절반에 가까운 48.6%가 양반으로 기록되어 있다. 양반이 늘어난 만큼, 노비는 크게 줄어들었다. 대구뿐만 아니라, 전국적으로 노비가 줄고, 양반이 크게 늘어났다. 서양의 시민혁명에 버금갈 만한 "노비에서 양반으로 신분 해방 운동"이 벌어진 것이다.

조선은 세금을 내고, 국역(國役)에 종사할 양인을 확보하고, 농민 생활을 안정시키는 것을 국가의 기본정책으로 삼았다. 이를 민본(民本) 정책이라고 한다. 조선은 양인인 농민을 확보하기 위해 양인과 천민이 결혼하면, 양인으로 삼는 정책을 추진해 왔었다. 조선 초기 노비는 전체 인구의 10% 미만이었다. 그런데 양인 아버지와 천민 어머니가 낳은 자식을 아버지의 신분에 따라 양인으로 삼는 종부위양법이 폐지되고, 1432년 어머니를 따라 노비로 만드는 노비종모법이 시행됨에 따라 노비는 급격히 증가하기 시작했다. 차츰 아내가 양인이고, 남편이 노비면 자식을 노비로 삼는 일천즉천 제도가 일반화되었다.

양반들은 평민들에게 돈을 빌려주고, 못 갚으면 노비로 삼았다. 그 결과 15세기 말엽 1만 명을 노비로 거느린 사람도 등장했다. 조선의 대표 유학자인 이황도 노비를 367명이나 거느린 대농장 소유주였다. 15세기 말 조선 전체 인구의 1/3이 노비로 채워졌다. 노비가 증가함에 따라, 세금을 낼 양인이 부족해져 국가의 재정이 악화되었다. 또한 군대에 갈 양인이 부족해지자 국방력도 약해졌다. 국가의 공사에 동원할 양인이 부족해져 대규모 국가사업을 시행하기 어려워졌다. 조선의 노비제도는 한번 노비가 되면, 대를 이어 노비가 되는 잔혹한 제도였다.

인간 이하의 대접을 받는 노비가 선택할 수 있는 길은 3가지다.

첫째, 노비가 된 것을 숙명으로 여기며 평생을 살아가는 길.

둘째, 도망 혹은 사회 질서 전복을 꿈꾸며 저항하는 길.

셋째, 경제적 성장 또는 군공 등을 세워 합법적으로 노비에서 벗어나는 면천의 길.

노비가 사회질서를 바꾸기 위해 반란을 일으킨 사례는 1198년 고려시대에 당시 최고 권력자 최충헌의 사노비였던 만적 등이 "왕후장상의 씨가 따로 있느냐"며 반란을 모의했던 만적의 난이 있었다. 하지만 조선시대에는 노비들의 반란은 크게 부각되지는 않았다. 그렇다고 조선의 노비들이 체제에 순응만 했던 것은 아니다.

15세기 말 노비가 크게 증가하자, 도망가는 노비들도 많았다. 그러자 도망 노비를 잡아들이는 추쇄도감이 만들어져, 수십만 명의 노비를 잡아들였다. 1484년 기록에는 지난 날 추쇄(推刷-도망간 노비를 잡아서, 옛 주인에게 돌려주기)한 자가 20만에 지나지 않았는데, 이번에는 30만이 되었고, 추쇄하지 못한 자가 10만 명이 넘는다는 하였다. 조선 초기 노비들의 도망은 성공하지 못했다. 도망간 노비가 붙잡히면, 잔혹한 형벌을 받았다. 그로 인해 노비들은 불만이 커졌다. 그런 불만은 임진왜란이 발발하자, 폭발했다. 노비 문서를 관리하는 형조와 장예원이 불에 탔고, 다수의 노비들이 일본 편에 서기도 했다. 임진왜란 당시 정부는 일본군을 죽이는 자에게는 노비 신분에서 해방시켜 줄 것을 약속했다. 하지만 전쟁 후, 그 약속은 잘 지켜지지 않았다.

노비들은 노비신분에서 벗어나기 위해 노력했다. 17세기에도 도망간 노비들이 많았다. 도시 상공업이 발달하며, 도시로 흘러들어간 노비들은 임금 노동자로 일했고, 변방으로 도망친 노비들은 군대에 들어갔고, 산으로 들어가 화전을 하거나, 개인의 노비보다 대우가 좋은 공노비가 되었다가 정식으로 노비에서 해방되는 길을 택하는 자들도 늘었다. 무엇보다 재물을 모은 노비와 양인들이 양반 신분을 돈으로 구매하여 신분을 상승하는 경우가 많아졌다.

두 번의 전쟁 이후 국가 재정이 부족해진 정부는 공명첩(空名帖)을 발행했다. 공명첩은 관직을 수여하는 일종의 임명장인데, 받는 사람의 이름이 적혀 있지 않다. 정부는 군공을 세우거나 곡식을 바친 자에게 대가로 공명첩을 주었으나, 차츰 돈을 받고 팔았다. 양반들은 실제 관직을 받기 위해, 서얼은 일반 사대부와 마찬가지로 과거 시험이나 관직에 오를 자격을 갖추기를 위해 공명첩을 샀다. 일반 양인은 군역에서 빠지는 양반 신분을 얻기 위해, 천인들은 양인이 되기 위해 공명첩이 필요했다. 양인과 노비들은 공명첩을 구입해 신분을 상승시킬 수가 있었다.

그 결과 노비, 양인들은 신분을 상승시키기 위해 열심히 부를 축적해야 했다. 노비는 성씨가 없다. 노비가 노비 신분에서 해방되면, 노비였던 흔적을 지우기 위해 성씨를 얻어야 했다. 이를 위해 족보를 사고파는 일도 벌어졌다. 족보를 구입해 양반으로 행세하려면 글을 알아야 했다. 양반은 서원이나 향교에 학생으로 등록되어 있다. 따라서 신분을 상승시키려면 공부를 해야 했다. 양인은 물론 노비 자식들도 글공부를 시켰다.

서민층은 고용노동자, 상업 활동 등을 통해 경제적으로 성장했다. 또 유흥업에 종사하거나, 광산업에 종사하거나, 경제작물을 재배하여 부를 늘려갔다. 경제적으로 성장한 서민은 신분을 상승시켰다. 신분 상승의 욕망은 차별 철폐 운동으로 이어졌다. 1724년 서얼들이 적자와 서자의 차별을 없애달라는 통청운동(通淸運動)을 벌였고, 1851년 기술직 중인과 관청의 서리 등도 신분 차별을 철폐해달라고 요구했다. 사회 전반에 걸쳐 신분 해방운동이 벌어졌다. 그러자 조선 정부는 1801년 공노비를 해방시켰다. 1886년 노비 신분 세습을 폐지시켰고, 1895년 사노비를 해방시켰다.

조선의 신분 해방 운동은 17세기 이후 약 200년 넘게 지속되었다. 신분이 고정된 사회와 달리, 조선은 신분 변동이 가능한 사회였다. 1894년 갑오개혁 이후 정부의 대신들 가운데 과반수는 이전에는 차별받던 서자나 중인 출신이었다. 천민에서 평민, 다시 중인, 양반으로 신분을 이동하려는 열기는 조선사회를 역동적으로 만들었다.

한국인의 성공에 대한 열망, 역동성은 매우 오랜 역사의 결과물이다.

- 1. 17세기 이후 천민에서 평민, 평민에서 중인, 양반으로 신분 이동이 활발히 이루어지는 거대한 신분혁명이 일어났다.
- 2. 신분을 상승시키려면 재물을 모으거나, 글을 배워야 했다. 평민과 천민의 신분 상승 욕망은 조선사회를 역동적으로 만들었다.

3) 20세기 두 나라의 다른 신분구조

1869년 보신전쟁과 1877년 세이난전쟁 이후 사무라이가 몰락하자, 일본의 권력은 관료로 옮겨졌다. 관료는 철저하게 공개적인 경쟁시험인 고등문관시험을 통과한 자들로 구성되었고, 업적에 따라 승진이 결정되었다. 그런데 메이지 초기 관료는 사무라이 출신이 압도적이었다. 이들은 관료가 되는 데 필요한 지적 교육을 받았기 때문에, 평민들보다 유리할 수밖에 없었다. 1880년 제국대학 법대 졸업생의 75%가 사무라이 출신이었고, 1890년대 고등문관시험 시험 합격자 50%가 사무라이 출신이었다. 전 인구의 6% 정도에 불과한 옛 사무라이들은 1910년대 후반까지도 관료의 20%를 넘게 차지했다.

메이지 신정부는 기존의 계급질서를 완전히 무시할 수 없었다. 그 결과 나타난 것이 카조쿠(華族)다. 카조쿠는 1869년에 만들어져 1947년까지 존재한 근대 일본의 귀족 계급이다. 다이묘들이 자신의 영지와 백성을 천황에게 반환하는 판적봉환(版籍奉還)이 이루어진 이후, 옛 귀족인 공가(公家)와 다이묘의 칭호가 폐지되고 만든 것이 화족이다. 화족은 세습에 기반한 영세 화족과 세습이 불가능한 종신 화족으로 구분했다. 화족은 공작, 후작, 백작, 자작, 남작 5등작으로 구분했다. 또한 국가에 훈공을 세운 자에게도 작위를 부여해 주었다. 화족은 귀족원 의원이 될 자격을 받았다. 하급 사무라이였던 이토 히로부미는 백작에서 시작해, 후작, 공작으로 작위를 올려 받기도 했다.

1947년 카조쿠 제도는 폐지된다. 하지만 카조쿠 출신 중 상당수가 현재에도 정계의 명문가로 불리며, 대대로 지역구를 세습하는 국회의원이 되고 있다. 이들은 현대판 귀족인 세습 정치인들로 남아있다. 일본이 비록 빠르게 서구화, 근대화가 되었지만, 지배세력의 교체가 완전히 이루어지지 않았다. 그 결과 미국과 유럽, 한국과 달리 일본은 과거 신분질서의 잔영이 지금까지 남아있다. 일본은 지방 명문가를 비롯한 지역 고유의 특색이 매우 강한 데다, 과거 신분에 따른 거주지 구분이 지금도 거의 그대로 유지되고 있다. 아직도 천민에 대한 차별이 존재하는 나라이며, 일반인과 구분되는 황실이 여전히 존재하고 있다.

1894년 갑오개혁 이후 조선에서 전통적인 신분제도가 폐지되었다. 일본의 카조쿠 제도는 조선에서는 만들어지지 않았다. 일제강점기 일제에 협력했던 이완용을 비롯한 자들은 일제로부터 작위를 받아, 조선 귀족이 되었다. 이들은 일제의 신분제도에 편입되었을 뿐이다.

신분제도가 폐지되었다고 해도, 현실에서 당장 변화가 크게 이루어지지는 않았다. 양반집에서 노비로 생활하던 사람이 노비제도가 폐지되었다고 해서 곧장 상전과 대등한 지위를 갖기는 어려웠다. 무엇보다 노비 출신들은 경제적 측면에서 옛 주인에게 의지하는 것이 컸기 때문이다. 그렇지만 경제적으로 예속 관계에 있지 않는 사람들의 경우는 차츰 신분 차별에서 해방되기 시작했다. 20세기 초 한국사가 단절됨에 따라 지배계급이 몰락했다. 전통의 명문가라고 할지라도, 일제에 협력하지 않으면 경제적으로 몰락했다. 반면 천한 신분이라도 일제에 협력해 위세를 떨치는 이들도 등장했다. 지배계급이 몰락하면서 신분 구별이 점점 모호해졌다.

　신분 차별 가운데 가장 오래 지속되는 것은 천민에 대한 차별이다. 인도의 불가촉천민, 일본의 부라쿠민(部落民) 차별은 지금까지도 지속되고 있다. 조선에서 가장 대표적인 천민인 백정(白丁)은 갑오개혁 이후에도 계속 차별받았다. 1902년 경남 지역 백정들이 모여 차별 관습을 없애달라고 관찰사에게 탄원했지만, 이때는 효과가 없었다. 1923년 경남 진주에서는 백정들이 신분 해방과 사회적 처우 개선을 목적으로 형평사라는 단체를 만들어, 형평사대회를 개최하는 등 적극적인 해방 운동을 펼쳤다. 서울 지역에서 대표적인 천민 집단 거주지는 반촌(泮村)이다. 성균관 노비들인 반촌민은 소고기를 도살하고 판매하면서 살았다. 이들은 성균관의 몰락과 함께 반촌을 떠나 자신들의 신분을 세척했다. 차별받지 않고 동등한 인간으로 살고 싶어 하는 욕망이 강한 한국 사회에서 천민들은 빠르게 자신의 신분을 지워버렸다.

한국에서 신분 차별은 1945년 해방 이후 1953년 한국전쟁이 종전될 때까지 극심한 사회 혼란기에 완전히 사라졌다. 해방 이후 해외에 망명했던 사람들이 귀국하고, 남북 분단으로 인해 북쪽에서 남쪽으로 내려온 사람들이 많아지는 등 인구 이동이 극심했다. 이때부터는 누가 양반이고 천민인지 출신을 확인하는 것조차 어려워졌다. 그 결과 한국은 사실상 신분 차별이 없는 나라가 되었다.

다만 20세기 후반 빠르게 경제가 성장하면서, 부자와 가난한 자의 빈부 격차가 벌어지고, 경제력에 따른 새로운 계급 차별이 생겨났다. 하지만 경제적 계급은 대를 이어 지속된다는 보장이 없다. 부자들은 더 큰 부자가 되거나 현재의 계급적 지위를 유지하기 위해, 가난한 자들은 자식만큼은 중산층, 부유층으로 살 수 있게끔 자식 교육에 전념하는 모습을 보인다. 한국에서 교육은 계급을 이동하는 가장 중요한 수단이 되고 있다.

신분 차별이 유지되고 있으면서도, 일본은 사회가 안정되어 있다. 반면 한국은 신분 차별은 사라졌지만 새롭게 계급 차별이 생겨났다. 그 결과 경제적 계급 차별을 극복하기 위한 노력이 지속되며 역동적인 사회를 이루고 있다.

- 1. 아래로부터 신분 해방이 아닌, 위로부터 주어진 신분 해방 탓에 일본에는 여전히 신분질서의 잔영이 남아있다.
- 2. 한국은 오랜 신분 해방의 역사가 있었고, 20세기 초 한국사의 단절로 인해 지배계급이 몰락하면서 신분 차별이 거의 사라진 나라가 되었다.

이토 히로부미(伊藤博文, 1841~1909)
- 제국주의 일본의 대표 정치가

　조슈번의 농민 출신 하급무사의 아들로 태어난 그는 16세 때 요시다 쇼인의 쇼카손주쿠에 들어가 공부했다. 그는 쇼인의 제자인 다카스기 신사쿠, 이노우에 가오루의 영향을 크게 받아, 두 사람이 주도한 1862년 영국공사관 방화 사건에 참여하기도 했다. 그는 막부 타도와 천황의 직할 통치론을 주장했다.

　1863년 5월 조슈번이 막부 몰래 영국에 보낸 유학생 5명 중 한 명이 된 그는 영국 대학에서 영어와 화학을 공부했다. 그는 영국의 앞선 국력을 체감하고, 쇄국주의자에서 개항론자로 변신한다. 조슈번이 영국 함선에 포격을 가해 시모노세키 전쟁이 일어나자, 그는 1864년 6월에 귀국했다. 시모노세키 전쟁은 영국의 압도적인 승리로 끝났고, 그는 조슈번과 영국이 벌인 협상회의에 영어 통역으로 참가했다. 그는 막부 타도 운동에 앞장섰고, 메이지 신정부에도 참여했다.

　영어에 유창한 그는 1871년 이와쿠라 사절단의 일환으로 세계를 돌아본다. 이때 신정부 실세인 오쿠보 도시미치와 친분을 쌓아 신임을 얻어 출셋길에 오른다. 1878년까지 사이고 다카모리, 기도 다카요시, 오쿠보 도시미치 유신 3걸이 모두 사망하면서, 이토는 내무상이 되었다. 그는 1882년 유럽으로 건너가 18개월간 유학한 후, 귀국하여 헌법 초안을 완성했다. 1885년 내각제를 조직해 초대 내각총리대신이 되었다. 이후 그는 1대, 5대, 7대, 10대 총리를 지냈고, 초대 추밀원 의장, 초대 귀족원 의장 등 최고의 권력을 차지했다.

1905년 초대 조선통감으로 부임해 조선에 대한 실질적인 지배권을 행사했다. 그는 대한제국을 병합하기 위한 여러 조치를 취한 후, 1909년 러시아의 동의를 얻기 위해 하얼빈에서 러시아 재무대신을 만나러 갔다. 이곳에서 안중근 의사에게 저격당해 최후를 맞이했다. 그는 일본 헌법 제정에 공을 세웠고, 일본 근대화 추진과 국력 향상에 큰 역할을 했다. 또한 조선을 일본의 식민지로 만드는 일에 앞장선 인물이다.

일본 근대화 추진에 공을 세운 정치인으로, 조선을 일본의 식민지로 만드는 일에 앞장선 인물이다.

키엔스
- 공장 자동화 분야 세계 최고 기업

일본에서 평균 연봉이 가장 높은 기업인 키엔스(KEYENCE)는 제조업체이면서도 55%에 달하는 압도적인 영업 이익률을 자랑한다. 키엔스는 2024년 2월 일본 주식시장에서 토요타, 소니, 미쓰비시에 이어 시가총액 4위를 차지하고 있다. 키엔스를 창업한 다키자키 다케미쓰(滝崎武光, 1945~)는 2022년 일본 부자 순위에서 유니클로 회장 야나이 타다시를 제치고 1위에 오르기도 했다.

창업자 다키자키 다케미쓰는 1964년 공업고등학교를 졸업한 후 플랜트 제어기기 회사에 취직했다. 그는 1970년부터 2번 창업과 도산을 경험한 후, 1974년 키엔스의 전신인 리드 전기를 설립한다. 1986년에는 사명을 "Key of Science"에서 유래한 키엔스로 바꾼다. 키엔스는 자동제어기기, 센서를 비롯한 바코드 해독기, 계측기기, 정보기기, 광학현미경 및 전자현미경 등의 개발과 제조 판매를 하는 대기업이다. 전체 매출 증 해외 판매 비율이 60%가 넘는다. 전자기기 회사임에도 높은 영업 이익률을 올리는 이유는 키엔스가 개발 판매하는 상품의 70%가 세계 최초이거나, 업계 최초로 개발한 것이기 때문이다.

높은 기술력을 가질 수 있는 비결은 사원들에 대한 확실한 보상이다. 영업 이익의 10%는 무조건 상여금으로 지급한다. 우수한 인재들에게 엄청난 연봉을 지급하는 반면, 직원들은 매우 바쁘게 일을 해야 한다. 키엔스는 세계 최고 기술력을 보유하고 있고, 연구개발에 적극 투자하기 때문에 공대생들에게 꿈의 기업으로 불린다.

키엔스는 소매 판매를 대리점에 맡기지 않고 영업직을 본사에서 직접 뽑아, 모든 제품을 직접 판매해 중간 마진을 없앴다. 키엔스는 공장을 갖지 않고 대부분을 위탁 생산하며, 자회사인 키엔스엔지니어링을 통해 제조원가를 정확히 파악 합리적 가격을 산출한다. 고정비용이 들지 않는 만큼 고수익을 올릴 수 있다. 또한 고객의 니즈를 영업사원이 조사하고, 고객의 잠재욕구를 먼저 찾아 고객이 필요한 제품을 경쟁사보다 한발 앞서 파악한 뒤, 일정 규모 수요가 있는 경우 제품을 개발한다. 따라서 고객의 필요를 파악해 개발한 제품이라 접대비, 가격할인 없이 고가에 판매를 해 수익을 극대화할 수 있다. 불필요한 비용을 최소화하고, 효율적이고 효과적인 경영전략을 통해 키엔스는 제조업체임에도 높은 영업 이익률을 올리고 있다.

고객의 잠재욕구 파악, 선제적 신제품 개발, 영업방식 차별화, 뛰어난 인재와 성과보수, 불필요한 비용 최소화 등을 통해 키엔스는 높은 영업 이익률을 올리고 있다.

12

일본제국과 식민지 조선

1) 일본이 제국이 되고, 조선이 식민지가 되다.

비서구권 국가 가운데 서구 열강으로부터 개항을 당하고도, 식민지로 전락하지 않은 나라는 매우 드물다. 그런데 일본은 식민지가 되지 않았을 뿐만 아니라, 빠르게 서구화, 근대화에 성공하여 제국주의 길로 나아가 식민지를 가진 제국으로 변신하는 데 성공했다.

일본이 제국으로 빠르게 성장한 이유와, 반대로 조선이 식민지로 전락한 이유를 표로 비교하며 살펴보기로 하자.

요인	일본	조선
개항	이른 개항, 서양문물을 배우고 익히고, 충분히 적응할 시간이 있음	늦은 개항, 서양문물을 배우고 익혀 서구화에 적응할 시간이 부족
학문	난학을 통해 서양학문을 직접 배운 경험이 있어, 서양학문 수용이 쉬움	실학은 근대화와 직접 연결이 안 됨 유학은 근대화에 방해(위정척사)
중화 질서	중화질서에서 소외되었기에, 중화문명 바깥 서양문명을 빠르게 수용	중화질서에 철저하게 순응하여, 중화문명 외 서양문명을 배척
침략국	미국은 일본을 침략할 욕심 없음	일본, 청, 러시아 모두 조선에 욕심
러시아	일본의 영토 확장 및 군비증강에 자극	조선을 외세에 의존하게 만든 세력 조선에게는 침략국
외부 도움	러시아 남진 억제를 위해 영국이 도와줌 (영일동맹)	청나라는 조선에 전혀 도움 안 됨 서구세계의 무관심
국가 체제	분권국가의 장점 발휘, 초기 중앙집권국가 장점 발휘	중앙집권국가의 단점 - 무능한 군주와 수구적 신하들로 인해 개혁 좌절
개혁가	개혁적 인물이 많고, 실행력이 뛰어남	소수 개혁가가 백성의 지지를 못 받음
경제력	국내 상업이 발달하고 제조업 성장해, 근대화 추진을 위한 경제 여건 충분	국내 산업 미발달로, 근대화 추진에 필요한 경제적 여력이 부족
사고 방식	직업정신, 각 분야에 최고가 되려는 전문가 정신이 자본주의에 적합	상업과 광공업 천시. 이윤 추구를 부정적으로, 변화를 나쁜 것으로 인식

일본이 제국이 되고, 반대로 조선이 식민지로 전락한 것은 하나의 이유로만 설명될 수 는 없다. 일본이 가진 장점, 조선이 가진 단점이 두 나라의 운명을 바꾼 결정적인 이유라고 볼 수도 없

다. 두 나라의 운명이 갈린 과정을 살펴보면, 일본에게는 행운이, 조선에게는 불운이 겹쳤던 것을 볼 수 있다.

일본은 17세기 초 가톨릭이 빠르게 전파되어 체제 전복의 위협을 받아본 경험이 있었다. 따라서 일본은 네덜란드를 통해 일본에게 위협이 되는 외부세계의 정보를 매년 받아왔다. 일본은 외부 위협에 대해 두려워했다. 따라서 일본의 개혁가들은 일본이 어떻게 하면 외세를 몰아낼 수 있는가를 고민했다. 사쓰마번과 조슈번은 직접 서구 열강과 전쟁을 통해 그들의 강함을 깨닫고 그들로부터 배워야 한다며 유학생을 파견했다. 반면 일본의 개항 이후 서구 열강은 일본에 큰 위협이 되지 않았다. 일본은 17세기에는 유럽인들이 선호하는 매력적인 상품인 은(銀)이 많이 생산되는 나라였지만, 19세기에는 은 생산이 줄어들었다. 따라서 서구 열강은 청나라를 침략해 이권을 얻는 것에 우선 관심을 가졌고, 일본은 후순위였다. 미국은 일본의 영토를 탐하지 않았고, 러시아는 만주가 우선 관심사였다. 도리어 영국은 러시아의 남하를 막기 위해 일본과 동맹을 체결하며 일본으로 하여금 러시아를 막도록 도움을 주었다. 서구 열강은 일본이 근대화를 이룰 때에 스승이었고, 방해자는 아니었다. 일본에게는 행운이었다.

반면 조선은 서구 열강에게는 관심 밖의 나라였지만, 일본이 외부로 팽창하고자 할 때는 가장 먼저 관심을 갖는 나라였다. 그럼에도 조선은 중화질서에 편입되어 장기간 평화를 누리며 외부 위협에 대해 관심을 갖지 않았다. 병자호란 이후 조선은 자주국방을 포기한 상태였다. 군사력이 붕괴되어도 전쟁 없이 평화를 유지하고 있었기 때문에 군사력 증강을 위해 노력하지 않았다. 유교를 맹신하며 하늘이 어찌 조선을 버릴 것이냐는 안일한 태도를 취하고 있었기에, 외부 위협의 정도를 제대로 알려고도 하지 않았다. 외세를 배격하면서도, 그들을 알려고 하지 않았던 것은 조선이 강한 종교국가였기 때문이다. 외부 위협에 대한 두려움을 느껴야 자국을 방어할 준비를 할 텐데, 조선은 외부 세계에 대한 관심이 없어 두려움을 느끼지 못했다. 조선은 병인양요, 신미양요를 통해 프랑스군과 미군의 강함을 보면서도, 적군이 물러간 것을 승리한 것이라고 착각하고 그들로부터 아무것도 배우려고 하지 않았다. 조선의 근대화를 방해한 국가는 청나라와 일본이었다. 청나라는 조선에게 전혀 도움이 되지 않는 쇠퇴해가는 나라였고, 일본은 조선의 근대화를 돕는 나라가 아니라 조선을 식민지로 만들고자 하는 나라였다. 조선은 서구 열강이 아닌, 이웃인 일본에게 멸망했다. 조선에게는 좋은 이웃도, 배울만한 스승의 나라도 없었다. 조선에게는 불행이었다.

조선의 실학은 청나라를 통해 들어온 서양학문을 간접적으로 접하고, 이를 연구하기도 했지만, 간접적이며 불완전한 정보를 토대로 막연한 정보만을 입수했을 뿐이다. 실제 서양의 과학기술이 조선의 산업생산으로 연결되지 못했다. 반면 일본은 난학을 연구하면서 일본의 사회와 문화의 결점을 자각하게 된다. 또한 점차 네덜란드가 아닌 영국, 독일, 프랑스, 미국 등을 알아야 한다는 것을 깨닫는다. 일본은 조선보다 30년이나 앞서 서구 열강에 유학생을 보냈고, 그 비용을 지급할 충분한 경제적 여력을 갖추고 있었다. 반면 조선은 유학생을 보낸 시점도 늦었고, 많은 유학생을 보내지도 못했다. 일본은 군사력에 투자하고, 유학생을 보내 인재를 양성하고, 산업을 일으켰다. 반면 조선은 군사력에 대한 투자가 거의 없었고, 근대화에 필요한 인재를 양성하지 못했으며, 산업을 일으키지 못했다. 개항 이후 조선과 일본의 두드러진 차이점이다.

일본의 근대화 초기에는 분권국가답게, 각지에서 백가쟁명(百家爭鳴)하듯 일본의 변화를 촉구하는 움직임이 일어났다. 막부를 무너뜨린 것은 웅번(雄藩)이라 불리는 여러 번들이 먼저 개혁을 통해 힘을 키운 탓이었다. 일본은 대정봉환을 통해 천황의 권위를 다시 세우고, 국력을 하나로 모아 중앙집권국가를 만들었다. 그러자 강력한 군사력과 경제력을 바탕으로 외부 팽창을 성공적으로 할 수 있었다. 중앙집권국가의 장점을 제대로 살렸다.

반면 조선은 중앙집권국가의 단점이 근대화시기에 드러났다. 고종의 해산 명령 한마디에 을미의병이 해산했고, 부패(腐敗)하고 무능한 왕과 외척이 정치를 좌우함에 따라 근대화의 방향을 잃고 우왕좌왕하다 근대화에 필요한 시간을 모두 허비했다. 대원군과 민씨왕후의 권력 다툼, 왕실의 이익을 위해 근대화를 퇴행시킨 고종의 무능함 등 중앙집권국가에서 볼 수 있는 최대의 단점, 즉 소수의 잘못된 지도자들의 무능함이 국가 전체를 무능하게 만드는 일들이 근대화시기에 일어났다.

- 1. 일본이 근대화에 성공하고 제국으로 성장할 수 있었던 것에는 행운이, 조선이 식민지로 전락된 것은 불운이 따른 탓도 있다.
- 2. 일본은 외국 정보에 민감하게 반응하고 빠르게 서양문물을 받아들인 반면, 조선은 변화를 따라가지 못하고 무능한 정권이 근대화에 필요한 시간을 낭비했다.

2) 자본주의에 적응한 일본, 그렇지 못했던 조선

산업혁명 이후, 서구 열강들이 강력한 경제력과 군사력을 앞세워 다른 나라를 정치, 경제, 및 문화적으로 지배하려는 사상과 그러한 사상을 바탕으로 한 정책을 '자본주의적 제국주의'라고 부른다. 산업혁명 이전 '중상주의적 제국주의'와는 구분이 된다. 19세기 말 서구 열강들은 막강한 경제력을 토대로, 값비싼 무기들을 생산을 해 압도적인 무력으로 세계 각국에 식민지를 건설했다. 가장 먼저 산업혁명에 성공한 영국은 자국의 면방직 산업을 위한 원료조달지로 인도를 필요로 했기에 식민지로 삼았다. 영국에게는 원료 조달지 만큼이나, 자국 상품을 팔아줄 시장이 필요했기 때문에 끝없이 식민지를 넓혀갔다.

일본은 서구 열강과 맞설 만큼 강해지기 위해서는 산업을 일으켜야 했고, 자본주의를 발달시켜야 했다. 일본은 자본주의 발전에 필요한 원료 공급지와 시장을 확보하기 위해 대만과 조선을 식민지로 삼았다. 산업생산이 늘어나자, 더 많은 시장과 원료를 필요로 했고, 그 결과 만주, 화북을 넘어 화남지방과 동남아시아로 끝없이 영토를 넓혔다. 자본주의가 일본의 제국화를 촉진했고, 일본의 제국화는 자본주의 성장과 함께 달성되었다.

일본이 산업화에 성공하고 자본주의에 빠르게 적응한 것은 매우 놀랄만한 일이다. 자본주의가 성장하기 위해서는 무엇보다 사적 소유권을 개인의 천부적 권리로 인정해야 한다. 또한 생산수단의 소유로 결정되는 뚜렷한 계층 즉 노동자와 자본가가 필요하다. 그리고 자본의 이동을 가능하게 하는 여러 기재, 즉 어음, 환전, 은행 그리고 이를 보완할 사회적 요인 등이 필요하다. 즉 신용을 담보로 하는 경제 활동이 가능한 사회여야 한다.

일본에는 "상인이 화를 내면 천하의 제후도 놀란다."는 말이 있다. 일본에서 상인의 지위는 낮았지만, 상인의 역할은 존중받았다. 1705년 막부가 '상인의 분수를 넘어 사치가 지나치다.'는 이유로 오사카의 거대 상인인 요도야 조안 가문 5대 당주의 재산을 몰수 처분한 적이 있었다. 이런 예외가 있기는 하지만, 상인의 재산권은 철저히 보호되었다. 막부가 아닌, 다이묘가 상인의 재물을 함부로 탈취할 수 없었다.

자본가는 생산에 따른 이윤을 생산증대를 위해 재투자하는 사람들을 말한다. 단순히 재산이 많은 사람은 자본가가 아니다. 조선에는 대농장 소유주는 있었지만, 그들은 농장의 생산성을 높이는데 별다른 투자를 하지 않았다. 자본가다운 인물이 거의 없었다. 하지만 일본은 달랐다. 일본의 오래된 가게들은 산업화 시기 근대기업으로 변신에 성공했다. 일본의 3대 재벌인 스미토모(住友) 그룹은 그 뿌리가 17세기로 올라간다. 스미토모 그룹은 1691년부터 1973년까지 283년간이나 구리를 제련했다. 미쓰이(三井) 그룹은 1673년 에도(江戸)의 포목점 에치고야(越後屋)에서 시작된다. 에치고야는 1904년에는 미츠코시(三越) 백화점으로 변모한다. 일본에 백년이 넘는 오랜 역사를 가진 기업들이 3만 개가 넘는다. 일본의 상인이 자본가다운 속성을 갖고 있었기 때문에, 근대 자본가로 쉽게 전환했다. 자본가가 형성되자, 노동자도 형성되며 자본주의가 정착할 수 있었다.

청나라의 중체서용(中體西用), 조선의 동도서기(東道西器), 일본의 화혼양재(和魂洋才)는 근대화 시기 동양 3국이 자국의 전통과 정신을 소중히 여기면서, 서양의 학문과 지식, 기술을 받아들여 조화롭게 발전시키자는 의미의 구호다. 의미는 유사하지만, 각국이 서양의 학문과 지식, 기술을 받아들이는 태도는 크게 달랐다. 청과 조선은 자국의 정신문화가 서양의 것보다 우수하다는 태도를 오래 유지했지만, 일본은 달랐다. 일본의 사무라이는 자신보다 강한 자에게는 철저하게 머리를 숙여야 산다는 것을 잘 안다. 일본은 서양인들에게 배워야 한다고 인식한 순간부터 철저하게 머리를 숙이고 배운다. 청, 조선과 달리 일본은 서양기술은 물론, 각종 제도와 생활습관까지 철저히 수용했다.

자본주의가 발전하려면 자본의 이동이 자유로워야 하며, 이를 위해 신용수단이 발전해야 한다. 은행, 보험, 주식거래, 환전, 어음 거래 등이 발달해야 한다. 일본은 19세기 말에 이미 은행, 보험사, 주식거래소 등이 설립되어 정상 운영되었다. 신용거래의 하나인 선물 거래는 이미 17세기 오사카 쌀 시장에서 시작되고 있었다.

이윤 추구를 정당한 것으로 여기고, 개인이 열심히 노력해서 정직하게 돈을 버는 것을 장려하는 사회적 인식이 일본에는 정착되어 있었다. 일본의 장인정신, 가업계승의 문화는 자본주의와 잘 맞았다. 일본은 에도, 교토, 오사카, 나고야, 가나자와 등 거대 도시가 성장하고 있었고, 상업도 상당 수준 발전한 상태에서 개항을 맞이했다. 자본주의가 발전하려면 먼저 상업이 발전한 상황에서 생산성 혁신이 일어나야 한다. 일본은 19세기 말에 서구의 기술과 제도를 받아들여, 서구식 생산시설을 도입해 근대 공장을 만들어 생산성의 혁신이 일어났다. 일본은 자본주의가 발전할 수 있는 충분한 사회적 토대를 갖고 있었다. 또한 서구에서 수입한 기계와 기술을 빠르게 국산화할 수 있는 모방능력도 갖추고 있었다. 19세기 일본은 비서구권 국가 중 자본주의 사회로 전환에 성공하고, 산업혁명을 달성한 유일한 국가가 되었다. 이것이 일본이 제국주의 국가로 변신하는 기본 요건이 되었다.

반면 조선은 자본주의 사회로 전환이 쉽게 이루어질 수 없는 사회였다. 조선의 성리학자들은 부국강병을 패도(霸道)를 추구하는 일이라며, 유교의 이상적 인물인 군자(君子)가 추구해서는 안 되는 것이라고 폄하했다. 조선에서는 죄를 지은 자의 재산은 언제든지 몰수가 가능했다. 상인들은 자신들이 번 재물을 권세가들이 언제 빼앗을지 몰라 그들 앞에서는 부를 과시할 수가 없었다. 따라서 상인들의 재투자는 이루어지기 어려웠다. 조선에는 대지주는 많았지만, 이윤을 더 얻기 위해 적극적으로 투자하는 자본가는 없었다. 사유재산권의 절대보장이라는 자본주의의 가장 중요한 요소를 조선은 갖지 못했다. 또한 조선의 상인들의 경제력과 공인들의 기술력은 청, 일본에 비해 열등한 상황이었기 때문에, 시장이 개방되었을 때 빠르게 시장을 내어줄 수밖에 없었다. 더불어 자본주의 발전에 필요한 석탄, 철 등의 자원 생산량도 미흡해 산업화를 이루기가 어려운 상황이었다. 무엇보다 개항 이후 조선 정치의 문란으로 자본주의 제도를 받아들이는 속도가 너무 느렸기 때문에, 자본주의 사회로 변신을 기대하기 어려웠다. 경제적으로 낙후(落後)되고, 군사력도 허약하며, 정치력도 빈곤한 조선은 결국 식민지로 전락될 수밖에 없었다.

- 1. 일본은 자본주의 사회로 전환할 수 있는 제반 여건을 갖춘 상태 서구의 기술은 물론, 제도, 생활습관까지 철저히 받아들여 자본주의 사회로 전환에 성공했다.
- 2. 일본의 제국화는 자본주의 성장과 함께 달성되었으나, 자본주의 사회로 전환하지 못한 조선은 식민지로 전락하고 말았다.

3) 브레이크 없이 전쟁을 향해 달리는 일본

일본은 1894년 청일전쟁에서 대만을, 1905년 러일전쟁에서 뤼순과 다롄, 그리고 뤼순-장춘간 철도와 주변 토지를 획득했고, 1910년에는 한반도를 식민지로 삼았다. 일본이 쇠망해가는 청나라도 아닌, 유럽의 강국 러시아를 이긴 것은 세계를 놀라게 했다. 비록 영국의 지원이 있었다고 하지만, 황인종의 나라 일본이 백인종의 나라 러시아에게 승리한 것은, 백인 우월주의에 빠져있던 서구 열강들에게는 작은 충격을 주었다. 19세기 중엽 이후 미국에는 값싼 임금을 받고도 일하러 온 중국인, 일본인이 크게 늘어나고 있었다. 이들이 미국인의 일자리를 빼앗고 있다는 경계심이 생기기 시작했다. 러일전쟁에서 일본이 승리하자 미국에서는 일본이 미국을 습격할 수도 있다는 우려를 했다. 미국은 1907년 일본인 이민을 배척하는 연방이민법을 시행해, 일본을 견제하기 시작했다.

일본은 1914년 제1차 세계대전(1914~1918)이 발발하자, 영국과 동맹관계를 내세워 독일에 선전포고를 한다. 그런데 영국은 독일이 차지하고 있는 산둥반도의 이권을 일본이 장악하게 되면, 중국에서 영국의 이익이 줄어들 것을 우려해, 일본의 참전을 반대했다.

영국의 우려는 사실이 되었다. 1905년 러일전쟁에서 일본이 승리한 이후, 동아시아에서 일본해군과 맞설 서양의 해군은 산둥반도 칭다오에 주둔한 독일해군뿐이었다. 하지만 독일 함대는 순양함 2척과 경순양함 3척에 불과했다. 일본은 독일함대를 격파했고, 독일이 부설한 칭다오(青島)에서 지난(齊南)을 연결하는 자오지(胶濟) 철도를 빼앗았다. 일본은 요동반도를 사실상 점령한 상태에서, 산둥반도마저 독일로부터 빼앗아 버리자, 베이징을 양쪽에서 공격할 수 있는 땅들을 차지하게 되었다. 일본은 1차 세계대전에 연합국의 일원으로 참전하여 별다른 희생을 치르지 않고도, 독일이 가졌던 산둥반도의 일부와 적도 북쪽 독일령 남양군도를 얻었다. 독일은 유럽전선에 전념하느라, 아시아의 이권에 관심을 가질 수가 없었다. 일본은 이를 노렸던 것이다.

일본은 1915년 중국내 이권을 일방적으로 차지하기 위해 중화민국 정부에게 21개조 요구사항을 제출했다. 일본의 무리한 요구로 인해 중국내에서 반일(反日), 배일(排日) 운동이 크게 일어났다. 그럼에도 일본은 압도적 무력을 통해 중국내 이권을 하나 둘 차지했다. 1925년 이후 영국의 대중수출은 일본에 뒤처지기 시작했다. 그러자 영국은 일본에게 중국 남쪽까지 진격하지 말라고 권고하기도 했다. 일본이 빠르게 동아시아에서 제국으로 성장하자, 서구 열강들은 차츰 일본의 성공을 견제하기 시작했다. 세계 1, 2위의 경제, 군사 대국이 일본을 멀리하기 시작하자, 일본 역시 미국과 영국을 일본의 성장을 방해하는 존재로 여기며 반감을 갖게 되었다.

1929년 세계 대공황이 발생하자, 아시아, 아프리카 등에 많은 식민지를 갖고 있던 서구 열강은 블록경제를 형성해 위기를 탈출했지만, 독일, 일본, 이탈리아 등 후발 제국주의 국가들은 경제 위기를 탈출하기 어려웠다. 그러자 일본은 위기를 탈출하기 위해 중국대륙을 병참기지로 만들어 국가 위기를 극복하고자 했다. 1932년에는 괴뢰국인 만주국을 세워, 사실상 만주를 식민지로 만들었다. 1912년 신해혁명으로 청나라가 멸망하고, 중화인민공화국이 등장했다. 하지만 여러 군벌(軍閥)들이 지역을 나누어 지배하고 있어 대륙 전부를 통치하지 못했다. 분열된 중국 상황이 일본의 대륙 진출을 쉽게 만들었다. 러시아, 독일, 영국, 미국 등은 모두 유럽에서 벌어진 세계대전에 참여하느라 동아시아에 대규모 병력을 보낼 여유가 없었다. 이런 상황에서 일본은 쉽게 영토를 확장할 수 있었다. 일본의 만주 점령은 국제적으로 많은 비난을 받게 된다. 국제연맹이 1933년 일본의 철병을 요구하자, 일본은 이를 거부하고 국제연맹을 탈퇴한다. 일본은 세계를 적으로 돌리기 시작했다.

1차 세계대전 이후 전쟁은 탱크와 비행기 같은 많은 양의 석유를 소비하는 무기들에 의해 전쟁의 승패가 좌우되었다. 일본이 전쟁에서 승리하기 위해서는 석유를 비롯한 자원 확보가 무엇보다 필요했다. 일본은 부족한 자원을 영토 확장을 통해 확보하고자 했다. 1937년 중일전쟁을 일으킨 일본은 압도적인 무기와 군사 전략으로 중국군을 격퇴했다. 하지만 중국군은 영국, 러시아 등의 지원을 받았을 뿐만 아니라 수적 우세와 함께 현지 사정을 잘 아는 지리적 특성을 이용해 일본군을 괴롭혔다. 중일전쟁이 장기화되자, 일본은 점점 곤경에 처하게 되었다. 또한 일본에게 식민지를 빼앗기지 않으려고 미국(American), 영국(British), 중국(China), 네덜란드(Nutch) 4개국이 ABCD포위망을 형성해 일본을 고립시키고 있었다.

그러자 일본은 중국에 대한 연합국의 남방 원조 루트를 차단하는 동시에 대규모 천연자원을 확보하려는 계획을 세웠다. 일본은 독일, 이탈리아와 동맹을 맺고 제2차 세계대전에 참전해 영국, 프랑스, 네덜란드와 맞섰다. 1940년 나치 독일의 공격으로 프랑스 본토가 함락되자, 일본은 프랑스가 지배하고 있던 베트남에 일본군을 주둔시키며 인도차이나로 진출한다. 네덜란드 역시 나치 독일에 항복하자, 일본은 독일의 동맹국임을 내세워 네덜란드령 동인도지역(인도네시아)으로 진출했다. 일본은 네덜란드가 갖고 있던 수마트라섬의 팔렘방(Palembang) 유전을 빼앗아 버린다.

일본의 급격한 팽창을 두고 볼 수 없던 미국은 1941년 7월 26일 미국법을 적용받는 지역 내에 모든 일본 자산을 동결시켰고, 이로 인해 일본은 전쟁을 지속하는 데 필요한 물자 보급에 치명타를 입었다. 그러자 일본은 1941년 12월 7일 미국의 태평양함대의 모항인 하와이 진주만을 기습 공격하여 태평양 전쟁을 시작했다. 진주만 기습으로 미국의 12척 함선이 피해를 입었고, 항공기 수백 대가 파괴되었다. 전술적으로 완벽한 일본의 승리였다.

- 1. 일본은 청일전쟁, 러일전쟁, 제1차 세계대전, 만주사변, 중일전쟁 등에서 계속해서 승리하며, 영토를 넓혀가자 영국, 미국 등의 견제를 받았다.
- 2. 일본은 미국의 경제 제제로 타격을 받자, 진주만을 선제공격하여 태평양전쟁을 일으켰다.

4) 일본은 왜 패망했는가

청일전쟁부터 진주만 기습까지 일본은 대부분의 전쟁에서 승리를 거듭했다. 그런데 일본은 미국, 영국을 적으로 삼은 태평양전쟁에서 패배하여, 모든 식민지를 내놓게 된다. 왜 일본은 패망했을까? 그 원인을 몇 가지로 나눠 살펴보자.

첫 번째, 군부의 독선을 들 수 있다. 군대는 승리를 먹고 산다. 계속된 승리에 도취된 일본 군부는 모든 문제를 전쟁을 통해 해결할 수 있다고 생각했다. 일본 육군은 농어민의 어려움을 육군이 해결할 수 있다고 선전했다. 일본 육군의 팸플릿에는 전쟁을 '창조의 아버지, 문화의 어머니'라고 소개하고, '국방은 국가 발전의 기본이 되는 활력'이라고 정의했다. 또한 '농산어촌의 피해 구제가 가장 중요한 정책이다.'라고 하면서 마치 선거 슬로건처럼 일본 육군이 농어민의 어려움을 다 해결해줄 수 있다고 선전했다. 이러한 선전 때문인지 일본의 군부는 일본인의 열렬한 지지를 받았다.

일본은 미국을 상대로 전쟁을 시작하기 전, 미국과 국력 격차가 크다는 사실을 잘 알고 있었다. 그럼에도 일본은 이러한 국력의 차이를 야마토 정신(大和魂)으로 극복할 수 있다고 강조했다. 무모한 전쟁임에도 군부의 독선과, 이를 지지하는 열혈 지지층의 맹신이 일본을 전쟁의 구렁텅이로 빠뜨렸다. 20세기 전쟁은 단순히 정신력만으로 승리할 수 있는 고대의 전쟁이 아니다. 20세기 전쟁은 군대의 숫자나 사기보다, 경제력, 기술력, 인구, 자원 등 국가의 총력에 의해 승패가 좌우되는 총력전이다. 정신력만으로 국력의 격차를 극복할 수는 없었다. 일본은 승리할 수 없는 전쟁을 시작했던 것이다.

두 번째, 일본은 자기를 돌아보지 않았다. 청일전쟁의 승리는 쇠퇴하는 청나라와 대결에서 승리한 것이다. 러일전쟁의 승리는 영국의 도움이 컸다. 독일, 네덜란드와의 전쟁에서는 승리는, 이들이 유럽에서 세계 대전을 치르고 있었기 때문에 동아시아에 대군을 주둔시킬 수 없었기 때문에 가능했다. 만주사변, 중일전쟁의 승리는 중국이 여러 군벌들로 나뉘어져 있어서, 국력을 통일하지 못했기 때문에 가능했다. 일본은 쉬운 승리에 자만해, 일본의 실력을 객관적으로 분석하려 하지 않았다.

일본은 주요 물자의 8할을 외국에 의존하고 있었다. 일본은 자원 부족이라는 문제를 전쟁을 통해 해결하려고 했다. 하지만 전쟁에서 순조롭게 승리를 거둘 때는 문제를 해결할 수 있지만, 전쟁이 장기간 지속되면 자원 부족은 전쟁 수행 능력을 크게 떨어뜨린다. 또한 일본이 동아시아에서 가장 빠르게 자본주의 국가로 전환되었지만, 과학 기술력에서는 서구 열강에 비해 여전히 뒤쳐져 있었다. 오랜 시간 축적된 서구의 기술력을 단기간에 앞설 수는 없었다. 태평양 전쟁에서 승패를 좌우했던 전투기, 항공모함, 구축함 등의 성능에서 미국의 것보다 뒤처졌다. 그럼에도 일본은 자국의 이러한 약점들에 대해 깊이 고민하지 않았다.

세 번째, 상대를 제대로 알려하지 않았다. 1941년 미국의 국민 총생산은 일본의 12배에 달했고, 철강생산은 12배, 석유 생산도 776배나 많았다. 그럼에도 일본은 선제공격을 통해 미국의 해군을 격파하면, 이러한 차이를 순식간에 줄일 수 있을 것으로 예상했다. 일본은 진주만 기습 성공으로 미국이 해군력을 회복하려면 오랜 시간이 걸릴 것으로 예측했다. 하지만 당시 세계 최대의 산업생산능력을 가진 미국은 빠르게 해군력을 회복했고, 점차 일본과 해군력 차이를 벌여갔다. 1939년만 해도 일본은 미국보다 2배나 많은 전투기를 생산했다. 하지만 1941년 미국은 일본보다 4배나 많은 전투기를 생산했다. 일본은 미국의 제조능력이 전쟁에서 얼마만큼 위력을 발휘할 수 있을 것인가를 제대로 분석하지 않았다. 또 미국은 풍부한 석유자원을 갖고 있어, 전투기와 함정 등을 운영하는 것에 문제가 없었지만, 일본은 연료 부족으로 인해 전투기의 출격 횟수에 제한을 둘 수밖에 없었다. 일본은 미국의 힘을 제대로 알지 못했다. 『손자병법(孫子兵法)』에 "적을 알고, 나를 알면 백번 싸워도 위태롭지 않다(知彼

知己百戰不殆)"라고 했다. 요시다 쇼인은 "적을 무찌르기 위해서는 적을 알아야 한다. 서양 외적과 대항하기 위해서는 적대하기보다 오히려 그들의 힘을 알고자 그 나라에 가서 살필 필요가 있다."고 가르쳤지만, 일본은 이를 잊어버렸다.

네 번째, 일본은 제국 내부 문제를 해결하지 못한 상태였다. 1903년 오사카에서 열린 제5회 '내국권업박람회'에서 '학술인류관'에 대만인, 아이누인, 류큐인과 함께 두 명의 조선 여인을 전시했다. 1907년에 메이지 천황 40주년 기념 박람회에서도 조선 남녀 두 명을 조선 동물 2마리로 취급해 전시했다. 일본은 한때 조선인을 동물, 전시품으로 취급할 만큼, 조선인에 대한 차별이 심했다. 1923년 9월 간토(關東) 대지진이 벌어져 사람들의 불만과 불안이 커지자 이를 무마하기 위해, 일본 정부가 조선인이 우물에 독을 탔다거나, 방화했다는 등의 유언비어를 퍼트리며 사회적 소수자에 대한 증오를 선동해 한국인을 희생양으로 삼았다. 이로 인해 수많은 한국인이 살해당하는 간토대학살(關東大虐殺)이 벌어졌다.

그런데 일본이 전쟁에 필요한 총알받이로서 한국인이 필요해지니까, 일선동조론(日鮮同祖論), 내선일체(內鮮一體) 등을 주장하고 나섰다. 일본인과 한국인은 조상이 같다. 일본인과 한국인은 한 몸이라며, 한민족을 말살하려는 시도를 했다. 일본은 한국인을 강제로 징병해 최전선에 내보냈다. 또 광산 등 힘든 노동 현장에 한국인을 징용해 보냈다.

일본은 1937년 중일전쟁을 일으킨 후, 중국군 잔당을 수색한다는 명목으로 6주간 중국군 포로와 난징 시민들을 무참히 학살한 난징대학살(南京大虐殺)을 일으켰다. 또한 만주 하얼빈에 주둔한 731부대에서는 사람을 실험동물로 취급해 온갖 생체실험을 저지르는 만행을 저지르기도 했다. 또한 군대에 강제로 여성들을 끌고 가서 군인들의 성욕 배출구인 위안부(慰安婦)로 삼는 만행을 저질렀다.

제국주의 시대에는 자국민이 식민지민보다 우월하다는 것을 인종적, 종교적, 선천적 특징 등을 내세워 선전하고, 피지배민족이 발전하기 위해서는 지배민족의 지도와 교화가 필요하다고 강제로 주입하는 일이 흔하게 벌어졌다. 일본도 마찬가지였다. 일본 군부는 한반도와 만주, 대만 등을 지배하면서, 일본인의 우월성에 대한 과신을 하게 되었다. 또 피지배민족을 일본인을 위한 도구로 사용했다.

1940년 6월 일본은 "서방 세력에 독립된 자급자족적인 아시아 각국의 군사적 경제적 동맹 블록"인 대동아공영권(大東亞共榮圈)을 선언했다. 일본의 대동아공영권 주장에는 일본이 모든 나라들을 이끌고 나간다는 의식, 일본을 중심으로 동아시아가 뭉쳐야 한다는 의식이 들어 있다. 일본은 결코 다른 아시아인과 일본인을 동등하게 대우하려 하지 않았다. 오랜 세월 일본은 섬에 고립되어 살았다. 외국의 좋은 문물을 빠르게 흡수하려는 장점이 있었지만, 섬나라 특유의 배타성을 버리지 못했다.

탈아입구(脫亞入區)는 일본 개화기에 일본이 나아갈 길로 제시된 사상으로, '아시아를 벗어나 구라파(歐羅巴, 유럽)에 들어간다.'는 의미다. "서구인들은 언제나 일본, 중국, 한국을 같은 문화를 가진 비슷한 나라들이라 생각하는데, 이는 일본에게 걸림돌이 될 뿐이다. 나쁜 친구를 사귀는 사람은 다른 사람들에게 나쁜 인상을 주기 때문에, 일본은 이웃의 나쁜 아시아 나라들과 관계를 끊어야 한다는 것이다." 는 탈아입구를 주장하던 일본이 갑자기 아시아의 맹주를 자처하며 한국인, 중국인에게 일본과 함께 서양에 맞서자고 주장하는 것은, 과거의 주장을 스스로 뒤집는 것이었다. 일본이 단기간에 입장을 바꿀 때 한국인, 중국인이 쉽게 동조할 수는 없다.

영국, 프랑스 등 일본보다 오래 식민지를 경영했던 서구 열강들은 자치권 부여와 같은 당근을 제시하면서, 1차, 2차 세계대전에 식민지인의 참전을 독려했다. 아프리카, 인도 등지에 많은 식민지인들이 영국, 프랑스편이 되어 독일, 이탈리아와 전쟁을 했다. 하지만 일본은 영국, 프랑스에 비해 식민지를 경영한 기간이 짧았다. 식민지 경영의 노하우(Knowhow)가 부족했다. 일본은 조선에서 민족 말살정책을 펼치며 단기간에 식민지인을 전쟁에 동원하려고 했지만, 성공할 수가 없었다. 중국인은 일본을 상대로 격렬하게 저항했다. 일본은 중일전쟁을 단기간에 끝내지 못한 상황에서 태평양 전쟁을 시작해야 했다. 미국은 다양한 나라에서 이주해온 사람들이 세운 나라였지만, 단기간에 미국인이란 정체성을 확립하고 내부의 단합된 힘을 외부로 분출할 수 있었다. 하지만 단기간에 식민지를 확보한 일본은 미국처럼 내부의 단합된 힘을 발휘할 수가 없었다. 일본은 일본만의 힘으로 사실상 세계와 맞서야 했다. 대동아공영권 건설, 황인종 대 백인종의 대결은 일본인이 가진 희망 사항이었을 뿐이었다.

성공 가도(成功街道)를 달릴 때에는 잘 드러나지 않던 문제들이 위기가 닥칠 때면 한꺼번에 드러나기 마련이다. 일본도 마찬가지였다. 일본의 경직된 계급주의 문화, 자기보다 좋은 것은 잘 받아들이지만, 만만하거나 좀 부족한 것은 차별하는 이지메 문화, 창의성보다 모방함으로서 서구 열강을 따라갔던 후발국가의 문제점 등이 한꺼번에 쏟아져 나왔다. 빠른 성장이 일본의 장점이었지만, 너무 성급하게 영국, 미국을 따라잡으려는 조급함이 일본의 단점으로 드러났다. 식민지와 점령지에서 사람들을 지배하고 차별함으로써 일본인의 우월감과 자존심을 만끽했지만, 그들의 저항으로 되돌려 받았다. 군부를 중심으로 연속된 승리에 도취되어 주변을 돌아보지 못했던 일본은 순식간에 위기를 맞았다.

일본이 진주만 기습에 성공한 지 불과 6개월 후인 1942년 6월 5일에 벌어진 미드웨이 해전에서 일본군은 미군에게 대패했다. 미드웨이 해전을 기점으로 태평양전쟁에서 일본이 수세에 몰

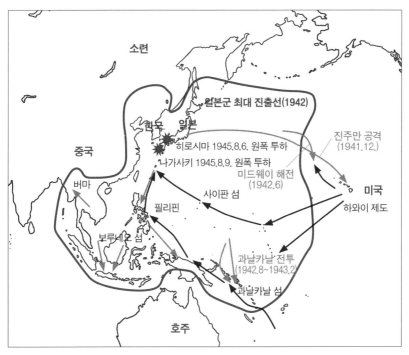

태평양 전쟁 지도

리기 시작했다. 특히 1944년 6월 19일부터 20일까지 벌어진 마리아나 해전(또는 필리핀해 해전)으로 태평양전쟁은 사실상 결판이 났다. 이 해전에서 일본은 항공모함 3척을 비롯해 다수의 전투함과 항공기를 잃고 결정적으로 패배했다.

일본은 전력의 차이를 메우기 위해 야마토 정신으로 무장한 자살 특공대인 가미카제(神風)를 내보냈다. 일본에서는 가미카제가 애국심과 자기희생의 상징으로 미화되기도 하지만, 국가가 군인에게 자살을 명한 것은 개인의 인명을 극단적으로 가벼이 여기는 최악의 인권유린이었다. 가마카제가 전쟁 상황을 되돌릴 수는 없었다. 일본은 패배를 받아들이지 못하고 끝까지 저항하다가 더 많은 희생자를 내고 말았다. 자기중심적인 생각에 빠져, 현실을 냉정하게 보지 못한 결과, 일본은 더 큰 패배를 당했다.

- 1. 일본은 군부의 독선, 일본 자신과 적인 미국을 알지 못했고, 제국 내부의 문제를 해결하지 못한 상태에서 전쟁을 시작했기 때문에 패망할 수밖에 없었다.
- 2. 일본이 성공 가도를 달릴 때는 드러나지 않던 문제들이, 위기가 닥쳤을 때 한꺼번에 드러나, 일본을 패망으로 이끌었다.

기타자토 시바사부로(北里柴三郎, 1853~1931)
- 일본 세균학의 아버지

구마모토현 출신인 그는 구마모토 의학교에서 3년간 공부한 후, 1875년 도쿄의학교에 진학해 의학을 공부했다. 1883년 의학사(醫學士)가 된 그는 졸업 후 내무성 위생국에 취직한다. 그는 1885년 독일 베를린 대학에 유학하여, 세균학의 아버지 로베르트 코흐(Robert Koch, 1843~1910)에게 배우게 된다. 로베르트 코흐는 1877년 탄저병, 1885년 콜레라의 구체적인 원인물질이 병원균인 탄저균과 콜레라균임을 규명했다. 1882년에는 결핵균을 세계 최초로 발견했다. 코흐는 세균의 표본 고정법, 염색법, 현미경 촬영법도 창시했다. 그는 1891년 베를린 국립전염병연구소 초대 소장이 되었으며, 1905년 노벨 생리·의학상을 수상했다.

코흐의 가르침을 받은 시바사부로는 1889년 세계 최초로 파상풍균만을 추출하는 파상풍균 순수배양법에 성공한다. 1890년에는 '파상풍균 항독소'를 발견한다. 또한 균체를 소량씩 동물에게 주사하여 혈청 속에 항체를 새로 만들어내는 혈청요법을 개발한다.

또한 1890년 혈청요법을 디프테리아에 응용하여, 동료인 에밀 폰

베링(Emil von Behring)과 공동으로 디프테리아 치료 혈청 및 파상풍 혈청을 발견했다. 시바사부로는 일본인 최초로 1901년 노벨상 후보 자가 된다. 하지만 노벨 생리·의학상은 공동연구자인 베링이 단독으로 수상했다. 비록 상을 받지는 못했지만, 그는 세계적인 명성을 얻었다. 1892년 귀국한 그는 일본의 취약한 의료체제를 개선하고 전염병 위협으로부터 사람들을 구하는 일을 시작한다. 그는 후쿠자와 유키치의 원조를 받아, 사립 전염병연구소 초대 소장이 된다. 그는 자신의 스승인 코흐처럼 전염병 예방과 세균학 연구에 매진한다. 1894년 홍콩에서 발발한 흑사병의 병원체인 페스트균을 알렉상드르 예르생과 거의 동시에 발견하기도 했다. 1914년 사립 기타자토연구소를 설립하고, 광견병, 인플루엔자, 발진티푸스 등의 혈청 개발에 매진한다. 게이오대학 의학부 창설을 주도해 초대 의학부장과 부속병원장으로 활동했다. 그는 일본의사회 초대 회장으로 활약하는 등 일본의 의학과 세균학 발전에 큰 공을 세운 인물이다. 2024년 7월 발행된 일본 1천 엔 지폐에는 그의 초상이 그려졌다.

일본은 시바사부로의 연구와 활동을 기반으로, 이후 731부대를 만들어 생물전을 기획하고, 생리·의학 노벨상 수상자를 4명이나 배출한 생리·의학 분야 강국이 되었다.

소프트뱅크
- 일본 최대 IT그룹 & 투자회사

소프트뱅크는 한국계 일본인 손 마사요시(孫正義, 1957~)가 1984년
에 창업한 기업이다. 그의 할아버지 손종경(孫種慶, 1899~1968)은 가난
한 농민으로, 1930년대 말 농토를 잃고 가족과 함께 일본 규슈에서
광산 노동자로 일했다. 부친인 손삼헌(孫三憲, 1936~)은 대구에서 가난
한 농민의 아들로 태어나, 일본에서 파칭코 사업으로 재산을 불렸다.
손삼헌은 아들에게 "너는 천재다."라고 말해주면서 자신감을 심어주
었다. 마사요시는 사업가가 되기로 결심하고, 미국 유학을 가서 UC버
클리 대학에서 경제학과 컴퓨터과학을 공부하고, 경제학 학사를 취득
한다. 그는 마이크로칩을 활용한 번역기를 만들어, 1980년 미국에서
유니손월드라는 벤처기업을 설립하기도 했다. 그는 19세 때 세운 인
생 50년 계획을 달성하기 위해 1980년 일본으로 돌아와, 1981년 후
쿠오카에서 직원 2명과 함께 소프트뱅크를 창업하고, 소프트웨어 유
통 및 컴퓨터 서적 출판 사업을 시작한다.

그는 값싼 전화회선을 찾아주는 시스템인 NCC BOX 개발에 성공
하여 큰돈을 번다. 이후 그는 1990년대부터 M&A를 통해 사업을 확

장하여, 세계 최대 IT 전시 및 출판 그룹을 갖게 된다. 그는 2006년 소프트뱅크 모바일의 전신인 보다폰 재팬 등을 성공적으로 인수하는 등, 사업을 키웠다. 소프트뱅크는 소프트웨어 유통, 모바일, 브로드밴드, 전기, 유선통신, 미디어 분야 등의 사업을 하는 소프트뱅크 텔레콤, 라인야후 등을 자회사로 거느리는 일본 최대 IT그룹이 되었다. 마사요시는 먼 미래를 내다보는 능력이 탁월하여, 야후!, 알리바바, 슈퍼셀 등에 투자해 막대한 이익을 남겼다. 특히 20명 규모의 작은 회사인 알리바바 CEO 마윈의 프레젠테이션을 듣다가 6분 만에 2,000만 달러 투자를 결정했는데, 15년 만에 수백억 달러로 불어났다. 그는 이후에도 한국의 쿠팡 등 발전 가능성이 있는 스타트업 기업에 막대한 투자를 하고 있다.

마사요시는 1990년대 후반부터 지금까지 일본 최고 부자 순위 상위권에 항상 이름을 올리는 자산가로 등장했다. 2000년대 초반 닷컴 버블 붕괴로 그의 재산이 10분에 1로 줄어들기도 했었지만, 그는 과감한 투자로 다시 기업을 일으켰다. 소프트뱅크는 일본의 IT산업을 이끌어온 기업이자, 일본 최고 투자회사로 성장했다.

소프트뱅크는 과감한 투자와 M&A로 기업을 키워, 일본 최고의 IT그룹이자 최고 투자회사로 성장했다.

13

일본과 한국의 현재

1) 패전국 일본, 세계 넘버2로 올라서다.

1945년 일본은 히로시마와 나가사키에 2발의 원자폭탄을 맞고, 미국에게 무조건 항복을 선언했다. 항복과 함께 일본은 모든 점령지, 식민지에서 권리를 잃어버렸다. 천황과 정부가 그대로 존속했지만, 일본은 1945년 8월 15일부터 샌프란시스코 강화조약이 체결된 1952년 4월 28일까지 연합국(사실상 미국)의 관리체제에 들어가 있었다. 1945년 말 일본 전역에는 35만 명 이상의 미군이 주둔했다. 영국 등 영연방 점령군도 최대 4만 명이 일본에 주둔했었다. 미국은 일본이 미래에 미국에 잠재적 위협이 되는 것을 막기 위해, 일본 산업의 해체를 시도했다. 일본인의 생활수준을 1930년대 초반으로 후퇴시키는 것이 목표했다.

그런데 패전국 일본은 1차 세계대전의 패전국인 독일처럼 갑자기 경제가 몰락하지 않았다. 제1차 세계대전의 패전국인 독일은 패전 책임으로 막대한 전쟁 배상금을 승전국에게 지불해야 했다. 이를 참지 못한 독일은 결국 제2차 세계 대전을 일으켰다. 제2차 세계 대전 종결 후, 미국과 영국, 소련 등 승전국은 패전국인 독일, 일본, 이탈리아에게 과도하게 전쟁 배상금을 물릴 경우, 다시 전쟁이 일어날 수도 있다는 두려움을 갖게 되었다. 그 결과 일본의 전쟁 배상금은 크게 낮아졌다.

일본은 20세기 초에 이미 산업화를 이루었고, 세계 5위권 경제 강국이었다. 독일, 프랑스는 제2차 세계대전에서 자국 영토가 전쟁터가 됨으로써 경제적 파탄을 겪었지만, 일본은 자국의 산업시설 피해가 거의 없었다. 패전 직후, 극도로 경제가 혼란했지만 곧 경제가 부흥하기 시작해 1948년 말에는 전쟁 전의 70% 수준까지 경제가 회복되었다.

게다가 일본에게는 행운이 또다시 다가왔다. 제2차 세계대전 이후 세계는 미국 중심의 자본주의 진영과, 소련 중심의 공산주의 진영으로 크게 양분된다. 미국은 공산주의 세력의 확대를 경계했다. 특히 소련의 태평양 진출을 막고자 했다. 게다가 1948년 북한이 공산화되고, 1949년 국공내전에서 중국 공산당이 승리하자, 미국은 일본을 공산주의 세력 확산을 막는 방파제로 삼았다. 미국은 자국의 과다한 산업생산물로 인한 수출 시장 확대를 위해 유럽에 뉴딜 정책을 실시해 유럽의 경제 부흥을 도왔다. 동아시아에서는 공산세력 확대를 억제하기 위해 일본의 민주화와 비군사화를 촉구하던 기존의 점령 정책을 수정해, 기업 활동을 활성화시키고, 군비를 보유하도록 하는 정책으로 전환했다.

1950년 소련과 중국의 지원을 받은 북한이 남한을 침략해오자, 일본에 주둔한 대규모 미군이 한반도로 이전 배치되었다. 일본은 한국전쟁에서 미군을 비롯한 연합군에 필요한 물자를 생산 공급하는 기지가 되었다. 이를 통해 일본의 경제는 다시 부흥할 수가 있었다. 한국전쟁은 일본의 경제 부흥에 결정적 계기가 되었다. 또한 1960년대 베트남 전쟁은 일본의 고도성장의 토대가 되었다. 일본은 미국의 전쟁에 적극 협력하면서, 항공기와 함정 수리, 전쟁 물자 공급 등 전쟁 특수를 누렸다. 또한 미국에서 군사 분야와 관련 없는 산업이 퇴조하는 틈을 타서, 기계, 자동차, 가전제품 등의 수출을 늘리며, 일본은 경제적으로 크게 성장했다. 1968년 일본은 서독을 제치고, 미국 다음가는 세계 2

위의 경제대국이 되었다.

1950년대 중반부터 1973년 석유 파동이 일어날 때까지 일본은 연평균 10%의 고도성장을 이루며, 미국과 유럽 각국의 경제성장보다 2배 이상 빠르게 발전했다. 석유 파동으로 위기를 맞이했지만, 일본의 소니, 파나소닉 등의 대기업은 축적된 기술력을 바탕으로 싸구려 이미지를 벗어버리고 세계 전자제품 시장을 장악했다. 토요타, 혼다 등 자동차 기업들은 미국 차보다 기름을 덜 소비하고 고장도 덜 나는 제품을 만들어 미국 시장을 장악하기 시작했다. 1995년 일본 GDP는 미국의 72.6%까지 상승했고, 세계 경제에서 차지하는 비중도 17.8%에 도달할 만큼 일본의 경제력은 최고 수준에 이르렀다.

일본의 빠른 경제 성장에는 분명 행운이 따른 것도 사실이지만, 일본의 장점이 있었기에 가능했다. 일본은 자신보다 강한자에게는 머리를 숙이고, 그들의 장점을 배우려고 노력하는 나라다. 1945년 패전 이후, 일본은 19세기 말에 그랬던 것처럼 많은 인재들을 미국에 유학을 보냈다. 그들은 미국의 앞선 과학과 기술을 배워왔고, 이를 일본에 전파했다. 미국은 일본에 산업기술을 전수해 주기도 했다. 반면 일본은 미국의 기술을 몰래 훔쳐오기도 했다. 일본은 자동차, 전자 등 최첨단 산업에서 미국이 앞선 기술을 배워와, 그대로 재현하거나 더욱 값싼 제품을 만들어 다시 미국 등에 수출했다.

　또한 일본의 노동자들은 교육수준이 높고, 특유의 성실함이 몸에 배어 있다. 회사에 폐가 되어서는 안 된다는 메이와쿠 의식은 자신이 맡은 일에는 최선을 다하는 최고의 노동자를 만들었다. 일본 제품이 불량률이 적은 이유는, 자신이 맡은 일을 제대로 못하면 남에게 피해가 될 수 있다는 의식을 가진 노동자들이 일을 철저히 했기 때문이다. 일본의 기업들은 한번 고용하면, 노동자를 여간해서 해고하지 않는다. 평생직장에 다닌 노동자들은 미국과 유럽의 노동자와 달리 노사분쟁을 거의 일으키지 않았으며, 훨씬 오랜 시간을 노동했다. 그 결과 일본 노동자의 생산성은 미국과 유럽을 능가할 수 있었다.

　일본은 산업생산에 필요한 자원이 부족하고, 미국과 서유럽 등 세계 주요 시장과 거리가 떨어져 있다는 불리함에도 불구하고, 한 분야에 전문가가 되고자 하는 직업정신으로 무장한 일본인의 장점으로 이를 극복해 냈다. 또한 오랜 상업의 역사를 가진 일본인은 고객에게 늘 친절히 대함으로써, 고객을 사로잡을 수 있었다. 일본인의 이런 장점들이 일본 경제 성장의 원동력이었다.

SUMMARY

- 1. 패전 후 일본의 빠른 경제 성장에는 공산주의를 막기 위해 일본의 경제부흥을 원한 미국의 정책, 한국전쟁과 베트남전쟁 특수와 같은 행운이 일정 부분 기여했다.
- 2. 투철한 직업정신을 가진 일본인들은 평생직장에서 훨씬 많은 시간을 일해 노동 생산성이 미국과 유럽을 능가했고, 이런 장점들이 일본 경제 성장의 원동력이 되었다.

2) 일본이 발전을 멈춘 이유

2000년을 몇 년 앞둔 1990년대 세계의 미래학자들은 미국, 유럽연합(EU), 일본을 세계 경제 3대 축으로 보고, 21세기 세계 경제 패권을 어디가 쥘 것인가를 논의하기도 했다. 당시 일본의 1인당 소득은 미국이나 유럽연합을 앞서고 있었다. 그런데 미국은 1985년 9월 미국 뉴욕에 있는 플라자 호텔에서 프랑스, 서독, 일본, 영국 등 세계 5대 경제선진국 재무장관 및 중앙은행 총재 모임을 갖고 환율에 관한 합의인 플라자 합의(Plaza Accord)를 이끌어냈다. 이를 계기로 미국의 달러 가치가 안정화되고, 일본 엔화의 가치가 크게 상승하면서 일본의 산업 경쟁력이 약화되고, 미국의 무역 적자는 크게 줄었다.

플라자 합의로 일본의 엔화 가치가 급격히 상승하자 수출 단가가 오르면서 일본 경제에 불황이 닥쳤다. 엔고(円高)로 인한 불황이 닥치자, 일본은 저금리 정책을 시행해 엔화 가치를 떨어뜨리고자 했다. 저금리 정책은 부동산과 주식 투자를 가속화시켰고, 일본에 거품 경제를 초래했다. 달러 가치로 환산한 일본의 경제규모는 크게 커졌지만, 일본 산업계의 경쟁력은 약화되고 있었다. 여기에 1991년 폭등한 부동산 가격이 단번에 폭락하며 일본의 거품경제가 꺼지기 시작했다. 더욱이 1997년 아시아 외환위기가 닥치자 일본경제의 국제 경쟁력은 크게 약화되었다. 1998년부터 은행, 증권사, 건설업체, 부동산 회사 등이 연쇄 도산하면서 일본의 경제는 극도의 침체를 겪게 된다.

거품경제의 붕괴 이후 일본에는 잃어버린 30년이란 말이 생겼다. 1980~90년대 세계를 호령하던 일본 경제규모를 회복하는 데 30년이 걸렸다는 말이다. 하지만 1994년 일본의 GDP(국내총생산)가 5조 달러였는데, 2023년 일본 GDP는 4조 2천억 달러로 도리어 줄어들었다. 아직도 일본은 1990년대 초반의 세계 경제에서 차지하는 위상을 되찾지 못하고 있다. 일본은 왜 경제 성장을 멈추고, 도리어 퇴보하고 있을까? 일본 경제의 침체는 미국의 견제가 가장 큰 원인이다. 플라자 합의는 세계 기축통화인 달러화의 가치 안정과 미국의 재정적자를 줄이는 것이 목적이었지만, 또 하나는 일본에 대한 견제였다. 미국의 강요에 의해 일본이 플라자 합의에 서명함으로써, 일본은 엔화의 가치 급등이란 문제를 안게 되었다. 미국은 미국산 자동차의 강제 수입을 강요하는 등, 일본과 전면적인 무역 전쟁을 벌였다. 미국은 미국의 세계패권을 위협하는 제2위 국가를 온갖 수단과 방법을 동원해 주저앉히는 전략을 구사해왔다. 1970년대 소련, 1980~90년대 일본, 그리고 2010~20년대 중국이 그 상대다.

일본은 현재 GDP 대비 국가 부채 비율이 220%로 세계 주요 경제대국 가운데 가장 높다. 따라서 금리를 낮게 유지해 이자 부담을 줄일 수밖에 없다. 저금리정책을 지속하다 보니, 일본 엔화에 투자하려는 사람이 적고, 그 결과 엔화의 가치가 크게 낮아졌다. 반면 미국은 고금리정책을 지속하고 있어 달러가치는 계속 높아지고 있다. 그 결과 달러로 환산한 일본의 GDP가 엔고 시절인 1990년대 보다 낮아진 것이다. 환율로 세계 경제를 좌우하는 방법은 영국, 미국처럼 오랫동안 금융 산업을 발전시킨 나라들이 가진 비장의 무기다. 일본은 세계 패권국가 미국에게 경제적 도전장을 내밀었다가, 경제 전쟁에서 미국에게 패한 것이다.

하지만 일본의 경제적 쇠퇴를 미국의 세계 패권 전략에 당했기 때문만으로 설명할 수는 없다. 경제성장이 빠르게 진행할 때에 잘 보이지 않았던 일본의 단점, 문제점들이, 위기가 닥치자 한꺼번에 드러났기 때문에, 일본이 장기 경제 침체에 빠진 것이다.

미국은 다수의 해외 이민자를 받아들여 젊은 노동자를 끝없이 수혈하는 반면, 일본은 초고령 사회로 진입해, 생산에 종사할 청년의 숫자가 계속 감소하고 있다. 노동력의 감소가 일본 경기침체를 장기화한 하나의 요인이 되고 있다. 또한 일본이 세계 최고 부국이 됨에 따라, 일본인은 더 이상 외국에 나가 배우려고 하지 않는다. 해외유학생의 숫자가 인구가 훨씬 적은 한국보다 적어졌다.

미국이 1990년대 혁신(Renovation) 열풍이 불어 기업 경영부터 모든 것을 바꾸려고 노력한 반면, 일본은 상명하복(上命下服)의 문화가 강해, 기존의 기업문화를 바꾸기가 어렵다. 업무 처리에서 대부분의 국가들이 컴퓨터로 처리하고 있음에도, 여전히 일본에서는 글을 종이에 써서 문서를 만들어 처리하는 옛 방식을 고수하는 기업, 정부기관이 있다.

일본인은 지도자가 나서서 새로운 방향을 제시해주고, 함께 가자고 할 때는 모두가 잘 따라한다. 하지만 지도자가 아닌 하급자가 새로운 방향을 제시해서 이렇게 가자는 주장을 했다가는 분수에 넘는 행위를 했다고 비난을 받기 쉽다. 따라서 아래로부터의 개혁이 쉽지 않다. 그렇기 때문에 창의성이 필요한 컴퓨터, 인터넷을 활용한 정보통신(IT - Information Technology) 산업에서는 일본의 경쟁력이 뒤처지고 있다. 일본의 신분 해방은 위에서 주어진 것이고, 여전히 신분 차별이 분명히 존재하고 있다. 일본에서 자민당 정권이 장기독재를 지속할 수 있는 이유는, 국민들이 정치는 오랜 정치 명문가 자손들이 하는 것으로 받아들이고 스스로 정치에 참여하려는 의식이 적기 때문이다. 평범한 일본인은 자신의 위치를 먼저 파악하고, 스스로 자기 직분에만 최선을 다하려고 할 뿐, 사회 전체를 변화시키는 큰일은 자신의 몫이 아니라고 생각한다. 일본의 젊은이들이 패기가 부족하다고 평가받는 것에는 혁신적인 행동을 하면 와(和)를 깬다는 비난을 받기 쉬운 일본의 문화 탓도 있다.

주어진 일에 최선을 다하는 일본인은 제조업의 시대였던 20세기에는 최고의 노동자였지만, 독창성, 순발력, 다양성 등이 중요한 21세기 정보통신의 시대에는 변해야만 한다. 일본은 빠르게 성장하는 정보통신 분야에서 경쟁력을 갖추지 못해, 한국, 미국, 중국 등에게 뒤처지고 있는 실정이다. 물론 그럼에도 각 분야에 최선을 다하는 직업정신을 가진 일본인의 장점은 여전히 21세기에도 경쟁력을 갖고 있다.

SUMMARY

■ 1. 일본이 미국의 경제패권을 위협함에 따라, 미국은 플라자 합의를 통해 일본의 엔화 가치를 높여 일본 경제를 침체에 빠지게 했다.

■ 2. 주어진 역할에 충실한 일본인들은 제조업에서는 최고의 경쟁력을 가졌지만, 독창성, 순발력, 다양성 등이 중요한 정보통신 산업에는 경쟁력이 높지 않다.

3) 세계 최빈국 한국, 선진국이 되다

1945년 일제 식민지로부터 갓 독립했을 때, 한국은 세계에서 가장 빈곤한 나라였다. 식민지 모국인 일본이 남겨놓은 약간의 산업시설조차 1950년 한국전쟁을 겪으며 대부분 다 파괴되어, 경제를 성장시킬 동력조차 없었다. 국제금융기구인 국제통화기금(IMF)과 세계은행(WB)에 한국이 가입한 1955년 1인당 GNP(국민소득)는 65달러로, 아프리카의 가나, 가봉보다 낮았다. 한국은 미국의 원조물자로 국민들이 겨우 연명할 만큼 세계에서 가장 가난했던 나라였다. 1950년대 한국의 수출품은 텅스텐(중석), 흑연, 철광석, 마른오징어, 김 등 광산물과 수산물이 대부분이었다.

한국전쟁 직후 전후 복구를 위해 원조금을 지원하던 미국국제개발처(USAID)는 한국의 경제 관리 능력을 '밑 빠진 독'이라고 혹평했다. 1950년대 한국정부는 부패했고, 무능했다. 이승만 정부는 일본에 대립각을 세웠고, 미국에도 고분고분하지 않았다. 미국은 한국이 공산화되지 않기 위해 지원해 주었지만, 차츰 경제지원을 줄이고자 했다.

그런데 1961년부터 한국은 미국의 지원을 바탕으로, 일본과 국교 정상화를 시도하며 경제발전을 시도했다. 베트남전쟁은 일본뿐만 아니라, 한국에게도 기회가 되었다. 미국은 베트남전쟁에 많은 병사를 파병하고 있었다. 미군을 대신할 병사를 동원하기 위해 한국을 설득했다. 한국은 베트남 파병의 대가로 미국 자금을 들여올 수 있었다. 베트남 전쟁 특수로 한국의 산업은 빠르게 성장할 수 있었다. 1968년 혹은 1974년까지 북한은 한국에 비해 1인당 GDP가 높았다. 한국은 북한과 체제경쟁을 한 탓에, 경제를 빠르게 성장시킬 필요가 있었다. 미국은 공산주의를 막기 위해 동아시아에서 미국-일본-한국의 경제적 협력을 강화할 필요성을 느끼고 있었다. 그 결과 한국과 일본의 국교가 정상화되며, 일본자금과 기술이 한국에 들어올 수 있었다.

미국은 노동집약적 산업을 국외로 이전시키고, 첨단 산업으로 산업구조를 변화시키고 있었다. 이런 상황에서 한국은 산업기술을 전수받아 섬유, 합판, 신발 등 노동집약적인 경공업 중심으로 성장을 시작했다. 이후 전자, 철강, 조선, 화학 등 중화학공업 분야에 성공적으로 진입해 1970년대에는 타이완, 싱가포르, 홍콩과 함께 아시아의 4대 신흥공업국으로 등장했다. 경제 개발에 진심이었던 박정희 대통령과, 정주영, 이병철 등 유능한 기업가들이 나타나 새로운 사업들을 계속해서 성공시켰다. 이들 세 사람이 같은 시대에 활동한 것은 한국에게는 행운이었다. 한국인 노동자는 어느 나라 노동자들보다 열심히, 오래 일을 했다. 국민들 모두가 매년 성장하는 한국의 경제 발전을 실감했고, "하면 할 수 있다."는 자신감을 갖게 되었다.

1980년대에는 달러화, 국제유가, 국제금리가 모두 낮아졌다. 미국이 일본을 견제하기 위한 플라자 합의 결과로 엔화의 가치가 상승하여, 일본과 수출 경쟁품목이 많은 한국 상품의 가격 경쟁력이 크게 높아졌다. 1988년 서울 올림픽 개최로 인한 투자확대까지 일어나며, 한국은 3저 호황을 맞이하며 경제를 크게 성장시켰다.

한국은 1986년 1Mega Dram을 개발하며 반도체 산업에서 선진국을 추격하기 시작했다. 이때 반도체 분야에서 선두를 달리던 일본은 1986년, 1991년, 1996년 3차례에 걸쳐 미일반도체협정을 체결한다. 미일간의 반도체 무역 불균형을 해소하기 위한 협정의 결과, 1990년대 말 일본의 반도체 업체들은 대거 몰락하고, 그 기회를 틈타 한국의 반도체 산업은 크게 성장할 수 있었다. 2000년부터 한국은 메모리 반도체 분야에서 세계 1위로 올라서며, 한국이 선진국으로 올라서는 데 큰 역할을 했다. 기술집약적 산업이면서도, 노동집약적 산업인 조선업의 경우, 미국이 한때 세계 1위였지만, 일본에게 1위를 넘겨주었다가, 지금은 한국이 중국과 함께 세계 1~2위를 다투고 있다.

한국의 경제 성장에는 미국과 일본의 산업계 동향과 밀접한 관련이 있다. 한국 역시 미국의 세계 전략 변화에 영향을 받아 기회를 얻어 성장할 수 있었다. 한국은 1960년대 세계 최빈국에서 2020년 경제규모에서 세계 10위(2023년 세계 14위)로 상승했다. 일본은 제2차 세계대전 이전에도 선진국이었다. 그런데 한국은 식민지를 경험한 세계 최빈국에서 2023년 1인당 GDP에서 일본에 거의 근접한 수준까지 도달했다.

1995년 노벨 경제학상을 받은 로버트 루카스(Robert Lucas) 미국 시카고대 교수가 한국의 경제 발전을 연구한 논문에 「Making a Miracle」란 제목을 붙였다. 미국의 국제정책에 잘 편승했다고 해도, 한국의 경제 성장은 분명 기적에 가까울 만큼 놀라운 것이다.

■ 1. 1960년대 초까지 세계 최빈국이었던 한국은 2020년 세계 10위의
   경제대국으로 성장하는 놀라운 기적을 만들었다.

■ 2. 한국은 미국의 세계 전략 변화에 따라, 기회를 얻어 경제 성장을 이
   뤘다. 특히 플라자 합의, 미일반도체협정은 일본의 경제침체와 한국
   경제 성장의 계기가 된다.

4) 한국이 선진국이 될 수 있었던 이유

2023년 한국은 수출액 세계 7위, 수입액 세계 9위다. 인구 5천
만 이상, 1인당 GDP 3만 달러 이상인 국가는 전 세계에서 미국,
영국, 프랑스, 독일, 일본, 이탈리아, 그리고 한국뿐이다. 7개국
가운데 한국을 제외한 6개국은 2차 세계대전의 승전국 또는 패
전국으로, 오래 전부터 세계 패권을 다투던 나라들이다. 패권을
넘보는 나라도 아닌, 과거 식민지였던 나라 가운데 유독 한국만
이 이들과 어깨를 견주는 자리까지 올라왔다. 반도체, 가전, 자
동차, 조선, 통신, 문화산업, 철강, 화학 등에서 한국의 경쟁력은
세계적 수준이다. 한국이 선진국이 될 수 있었던 이유는 몇 가
지로 나눠볼 수 있다.

첫 번째는 한국인이 가난을 탈피하고자 하는 의지 때문이라고 할 수 있다. 1960년대 경제개발 계획을 발표한 박정희 정부는 "잘 살아보세"라는 단순한 구호를 내세웠다. 농촌의 잉여인력들에게 열심히 일을 하면 잘 살 수 있다는 구호는 효과적이었다. 신분제도가 붕괴된 한국에서는 돈이 새로운 계급을 구분하는 척도였다. 돈을 벌어 사회적 지위를 올리려는 욕망이 한국사회 전체를 뜨겁게 달궜다. 자신이 돈을 많이 벌어 계급을 상승시키지 못하면, 자식을 교육시켜서 자식이라도 잘 살게 하겠다는 사람들이 많았다. 가난한 농민들은 똑똑한 자식 한명의 교육을 위해 다른 가족의 희생을 감수하기도 했다. "호랑이와 사자가 싸우면 배고픈 동물이 이긴다."는 말처럼 1960년대 초 한국인들은 너무나 굶주려 먹고사는 것을 해결할 수만 있다면 어떤 고통이라도 감내할 의지를 갖고 있었다. 농촌에서 무작정 상경한 젊은 이들은 노동 악조건과 밤샘 노동에 구애받지 않고 죽도록 일했다. 1960~70년대 수많은 공장에서 한국인은 노동 삼권마저 제대로 보호받지 못하는 가운데 밤낮으로 일했다.

새뮤얼 헌팅턴(Samuel P. Huntington)은 『문화가 중요하다(Culture Matters)』라는 책에서 1960년대 비슷한 경제 상황에 있었던 한국과 가나가 30년 후, 한국은 비약적인 발전을 이루었지만, 가나는 그렇지 못한 것은 문화가 달랐기 때문이라고 설명한다. 한국인이 가진 교육, 근면, 검약, 조직, 극기정신, 기강 등이 한국의 빠른 발전의 요인이었다고 설명한다. 19세기 말 한국을 방문한 외국 선교사들은 한국인을 게으른 사람으로 묘사하기도 했다. 하지만 이것은 한국인의 본질을 보지 못한 선입견일 따름이다. 사람들이 게으른 것은 일자리를 찾지 못해서 게으른 것이고, 잘 사는 방법을 몰라서 그냥 가만히 있던 것뿐이다. 무엇을 하려고 해도 할 수 없는 사회적 조건 때문에, 잠재 역량이 닫혀 있었던 것이다. 1960년대의 경제개발은 한국인에게 잘 살고자 하는 의욕을 분출할 길을 만들어 준 것이다. 조선 후기 신분 상승 욕망을 표출할 출구가 생기자, 거대한 신분 해방 열풍이 불었던 것처럼, 한국인의 남들만큼 잘 살아야겠다는 의욕은 오래도록 잠재된 한국인의 특징이다.

두 번째는 교육의 힘이다. 한국인의 교육열은 세계적이다. 비록 한국 대학의 질적 수준은 미국에 미치지는 못하지만, 대학진학률 만큼은 세계에서 가장 높은 수준이다. 높은 교육 수준이 곧 높은 급여를 받을 수 있는 조건이 되기에, 교육에 대한 투자는 미래에 대한 투자, 계급 상승의 수단으로 기능했다. 조선시대 과거가 신분 유지 및 상승의 통로가 되었던 것처럼, 현대 한국인들에게 명문학교 진학은 곧 계급 상승 및 유지를 위한 가장 중요한 통로가 되었다. 한국인의 높은 교육열로 인해 우수한 노동력을 확보할 수 있었고, 산업분야에 우수한 인재들이 나타나 한국 경제를 발전시킬 수 있었다. 특히 돈이 되는 분야에 우수한 인재들이 모이다 보니, 1970~80년대에는 전자, 기계, 화학 등 첨단 산업에 인재가 몰려 산업 발전에 큰 역할을 했다. 다만 2000년대 들어와 안정적으로 돈을 벌 수 있는 의대에 쏠림 현상이 벌어지고 있어, 성장잠재력이 떨어지고 있다.

세 번째는 개방의 힘이다. 조선은 해금령으로 인해 바다로 나가지 못하고, 쇄국 정책을 펼쳤다. 그러나 고려 중엽 이전에는 동아시아 해양무역은 한국인이 주도했다. 가야, 백제, 고구려, 신라, 발해, 고려 모두 해양강국이었다. 세계 해양 무역의 역사를 주도한 포르투갈, 에스파냐, 네덜란드, 영국 등이 본래부터 해양강국이었던 것은 아니다. 제도, 사상, 문화의 변화에 따라 바다를 멀리하기도 하고, 바다로 적극 진출하기도 한다. 명나라, 도쿠가와 막부 시기 일본 모두 한때 먼 바다로 진출한 역사를 갖고 있지만, 스스로 바다로 나가는 것을 막은 역사도 갖고 있다. 한국사도 마찬가지였다. 한국역사가 정체되었다거나, 반도에 갇혀 있었다는 것은 잘못된 역사인식이다.

한국은 1967년 관세와 무역에 관한 일반협정(GATT)에 가입하고, 1994년 세계무역기구(WTO) 회원 가입, 2004년 칠레와 자유무역협정(WTA) 체결을 시작으로 세계 3대 시장인 북미, 유럽, 중국과 자유무역협정을 체결한 유일한 국가가 되었다. 한국은 무역의존도가 매우 높은 나라다. 자원이 부족한 반면, 국내 시장이 크지 않기 때문에 경제 성장을 위해서는 전 세계와 열린 무역을 할 수 밖에 없었다. 외국과의 활발한 무역을 하며 치열한 경쟁을 해왔기에, 한국의 산업경쟁력은 높아졌다. 자국 산업 보호를 위해 지나친 보호무역을 하기보다, 적극적으로 시장을 개방함으로써 한국 산업의 경쟁력이 높아진 것이다.

최근 한국은 K-POP을 비롯해, 드라마, 영화 등 문화산업 분야에서 세계적인 강국으로 인정받고 있다. 일본은 자국 내 소비시장만으로도 문화산업이 발전할 수 있지만, 한국은 국내 시장이 협소하기 때문에 처음부터 세계시장을 무대로 음악, 드라마, 영화를 만들어냈다. 이 점이 한국의 문화산업이 경쟁력을 가지게 된 원인이라고 할 수 있다.

네 번째는 한국인의 자유의지다. 한국인은 오랜 세월 권위주의 정권의 통치를 받았음에도, 4.19혁명을 비롯한 최고 권력자를 몰아낸 시민 혁명의 역사를 갖고 있다. 불과 20~30년 전 만해도 한국의 아이들의 장래 희망에는 "나는 대통령이 될 것이에요"가 있었다. 계급사회가 온전한 나라에서는 상상하기 어려운 말이다. 한국인의 자유의지는 일본인과는 크게 다르다. 한국인은 조직문화에 충실하지만, 그렇다고 조직의 부품으로 사는 것에 만족하지는 않는다. 남보다 잘 살고 싶어 하는 욕망이 강한 편이다.

그러면서도 일본의 메이와쿠처럼 남에게 폐를 끼치는 것 자체를 두려워하지 않지만, 그래도 남을 배려하는 문화, 남에게 피해를 주면서까지 나의 이익을 챙겨서는 안 된다는 염치라는 문화를 갖고 있다. 일본의 메이와쿠 문화가 사람들을 소극적으로 만들었다면, 한국인은 일본인에 비해 적극적이다. 한국인은 스스로 무엇인가를 바꾸려는 의지가 강하다. 한편으로는 정의감으로 표출되기도 하고, 남의 일까지 지나치게 참견한다는 모습으로 드러나기도 한다.

한국인은 1919년 조선왕조와 결별하고, 민주주의 정부인 대한민국 임시정부를 수립했다. 비록 한국에 권위주의 정권이 오래 집권하고, 민주주의 원칙을 무시한 권력자들이 자주 등장하기는 했지만, 현재 한국은 민주화에 성공한 나라라고 할 수 있다. 민주화에 성공한 나라답게 한국인은 잘못된 정치, 잘못된 관행을 고치려는 의지 또한 강하며, 개인의 의견을 자유롭게 개진하는 문화가 만들어진 나라다.

한국인은 강한 역동성을 갖고 있다. 외국인들이 한국에 와서 가장 신기하게 여기는 것 가운데 하나는 "빨리 빨리" 문화다. 음식을 먹을 때에도 국에 밥을 말아서, 순식간에 먹는 한국인은 느린 것을 참지 못한다. 스스로 무엇인가를 하려하기 때문에, 빨리 빨리 문화가 뿌리 내린 것이다. 한국인의 역동성, 강한 개성은 속도, 차별화, 창의성이 중요한 정보통신 분야, 문화산업 분야 등에서 강점을 드러내고 있다. 이런 점들이 한국의 경제 성장에 큰 도움이 되었다.

- 1. 한국이 비약적인 경제발전에는 한국인의 가난을 탈피하려는 적극적인 의지, 높은 교육열, 세계와의 폭넓은 소통, 강한 자유의지가 원인이 되었다.
- 2. 한국이 다른 나라와 달리 경제적 성공을 거둘 수 있었던 것은 한국문화의 힘이 절대적이었다.

요시노 사쿠조(吉野作造, 1878~1933)
- 일본의 의회정치 사상가

요시노 사쿠조는 다이쇼(1912~1926) 시기를 대표하는 정치학자다. 그는 미야기현의 상인 가문에서 태어나 센다이에서 고등학교를 마친 후, 도쿄제국대학 법학과를 수석으로 졸업했다. 그는 중학교 시절 기독교로 개종한 후, 기독교 사회주의 운동의 지도적 인물이 된다. 1910년부터 1913년까지 구미에서 유학을 한 후, 귀국하여, 도쿄제국대학 교수가 된다. 그는 '민본주의(民本主義)를 주창하며, 일본 사상계를 이끌었다.

그가 democracy를 민주주의가 아닌 민본주의로 번역한 것은 천황주권론과 정면 대결을 피하기 위함이었다. 그는 일본의 특수한 천황제를 인정한 가운데 정당정치와 보통선거를 바탕으로 한 의회민주주의를 주장했다. 국민이 필요한 것을 행하는 것이 정부의 기본 목표이므로, 이를 위해 국민의 정치 참여 확대, 보통선거제도의 실시, 정당내각제 실시, 민간에 의한 군대의 통솔, 귀족원을 민선기구로 전환 등 국내정치 개혁을 촉구했다. 그는 '다이쇼 데모크라시' 의 이론적 틀을 제시한 인물로 평가받는다.

　사쿠조는 이처럼 민본주의 정치사상을 내세웠지만, 결국 현실에 타협한 제국주의 일본의 지식인이었다. 그는 1916년 5월 조선과 만주를 시찰한 후, 「만선을 시찰하고서」 논문을 발표해, 일본 지배하에 있는 조선의 분위기와 조선총독부가 진행해 온 식민통치에 대해서 심도 있게 분석했다. 그는 일본의 강압적 무단통치와 민족심리를 무시한 동화정책에 반대했다. 그러나 그는 조선의 반일감정 때문에 한국인을 동화하는 것이 불가능하므로 반대했을 뿐, 식민지배 자체를 부정하지 않았다. 그는 조선에서 3.1운동이 일어나자, 한국인 차별 대우의 철폐, 무력통치 정책의 폐지, 아일랜드식 자치 식민지를 대안으로 제시했다.

　그는 한국인 학살을 일본인의 치욕으로 여기는, 3.1운동의 지지자로 알려져 있다. 하지만 그는 식민지 경영의 성공을 원했던 현실 타협론자였다. 그는 제국주의 일본이란 환경을 넘어서지는 못했다.

일본의 민본주의자, 의회민주주의자로 평가받은 요시노 사쿠조 역시 식민통치를 긍정하는 제국주의 일본의 지식인이었다.

유니클로
- 사양산업인 의류산업에서 미래를 본 회사

유니클로(ユニクロ, UNIQLO)는 야나이 타다시(柳井正, 1949~)가 1949년 아버지가 창업한 양복점 오고리 상사(小群商事)를 1984년에 물려받아 설립한 회사다. 그는 맥도날드가 햄버거로 엄청난 매출을 올리는 것을 보고, 그 방식을 의류 판매에 도입하면 큰 기회가 열릴 것이라고 봤다. "매일 입는 와이셔츠 같은 것도 서점처럼 누구나 부담 없이 구경하고 입어보고 살 수 있는 매장이 있으면 좋지 않을까?"라는 콘셉트를 잡고 히로시마에 'Unique Clothing Warehouse'라는 명칭으로 유니클로 1호점을 개점했다.

유니클로 SPA(Specially store retailer of Private Level Apparel) 모델이 탄생했다. SPA 모델은 패스트 패션(Fast Fashion)으로 불린다. 유니클로의 지주회사 이름을 패스트 리테일링(Fast Retailing)이라 붙인 것은 '패스트푸드'처럼 빠른 의류 소비를 하겠다는 의미를 담은 것이다. SPA는 제품 기획과 디자인에서 생산, 물류, 판매까지 수직 통합 구조를 만들어 일괄 관리하는 사업 모델이다. 제조와 유통을 겸하기 때문에, 원가 절감과 빠른 상품 회전이 가능하다. 야나이 타다시는 직원들에게 유독 결단하고 실행하는 것을 강조한다. 유니클로는 1990년대 일본 경제 침체기에 가성비 높은 의류로 인정받아 인기를 얻기 시작했다. 1998년 도쿄 진출을 시작으로 일본에서 1위 의류업체가 된다. 2001년 영국을 시작으로, 중국, 홍콩, 한국, 미국 등 세계로 진출했다. 일본과 한국에서 1위를 비롯해 아시아 시장을 지배하고 있는 유니클로는 2016년 미국의 GAP을 누리고, 스페인의 ZARA, 스웨덴의 H&M에 이은 세계 3위 패스트 패션 업체가 되었다.

이러한 성공을 바탕으로 야나이 타다시는 일본 최고 부자에 등극하기도 했다. 그럼에도 그는 현재 위치에 만족하지 않고 계속해서 유니클로의 변화를 추구하고 있다. 그는 유니클로를 패스트 패션 기업이 아니며, 제조 소매 기업에서 '정보 제조 소매 기업으로 바뀌어 갈 것이라고 했다. 그는 유통 과정을 뜯어고쳐 소비자가 싼 값에 질 좋은 의류를 사게 하겠다는 마음을 먹고 실행에 옮겼다. 의류산업은 오랫동안 저성장, 저수익 사업으로 인식되어 왔다. 그러나 유니클로는 진부한 사업방식을 재정립하고, 변화를 감지해 빠르게 대처함으로써 새로운 성장기회를 포착해 고성장을 이룩했다.

사양산업으로 치부되던 의류산업에서 유통과정을 뜯어고쳐, 싼 값에 질 좋은 의류를 생산 판매한 유니클로는 고성장을 이뤄 세계적인 패스트 패션 기업이 되었다.

| 맺음말 |

우월감과 열등감을 넘어 공존의 시대로

1) 국제정세 변화와 한국과 일본

　21세기 세계는 빠르게 변화하고 있다. 일본이 장기 경제 침체에 빠진 동안, 중국이 빠르게 경제를 성장시켰다. 1980년대 초반 세계 최빈국 가운데 하나였던 중국은 개혁개방을 외치며, 자본주의 국가와의 협력을 강화하며 경제를 성장시켰다. 2010년 중국은 일본을 제치고 세계 2위의 경제대국으로 떠올랐고, 2024년 현재 중국의 경제규모는 일본의 3배 이상으로 커졌다. 세계는 현재 미국과 중국 2개의 강대국에 의해 좌지우지되고 있다. 한때 미국과 견주던 일본의 위상은 크게 추락했다. 일본의 식민지였던 한국은 1970년 세계 최빈국이던 시절을 뒤로 하고, 일본과 1인당 소득이 거의 같아졌다. 일본의 인구는 한국에 비해 2.4 배가 많다. 따라서 한국의 GDP는 일본의 40% 정도지만, 그렇다 고 일본이 한국을 과거처럼 무시할 수 있는 수준은 아니다. 반 도체, 디스플레이, 조선 등 일부 산업에서는 한국이 일본을 앞서 가고 있다.

공산권의 맹주는 러시아에서 중국으로 바뀌고 있다. 군사력은 러시아가 아직도 우위에 있지만, 경제력에서 중국이 러시아의 10배에 해당될 만큼 커진 상황이다. 세계 최강대국 미국의 주적 은 러시아에서 중국으로 변했다. 한때 미국 경제를 위협하던 일 본은 더 이상 미국의 위협이 되지 않는다. 미국이 일본을 경제 적으로 압박할 필요성이 사라졌다. 한국은 세계적인 경제 강국 이지만, 미국의 입장에서는 아직 견제할 상대는 아니다. 미국은 일본, 한국을 중국의 영향력 확대를 막기 위해 협력해야 할 동맹 국으로 여기고 있다.

그럼에도 한국과 일본은 엄청난 인구를 가진 세계 최대의 무 역국가 중국과의 교역을 중단할 수는 없다. 중국과 미국 사이에 서 한국과 일본은 자기의 이익을 최대한 가져가기 위해 노력해 야 하는 시점이다. 점점 산업 경쟁력을 높이고 있는 중국산 제 품, 서비스와도 경쟁을 해야 한다. 중국은 희토류, 요소수 등 중 국이 세계시장을 과점하는 특정 상품에 대해 수출 규제 등을 통해 한국과 일본을 경제적으로 압박하기도 한다.

또 무섭게 성장하는 중국의 군사적 위협에도 대처해야 한다. 세계 패권을 노리는 중국이지만, 외국에 대한 이해는 매우 부족한 나라다. 주변국 위에서 군림하는 역사만을 가졌던 중국은 한국과 일본을 동등한 파트너 관계가 아닌 위에서 찍어 내리고 복종하는 수직적 관계를 강요하려고 한다. 2016년 중국은 한국이 THAAD(Terminal High Altitude Area Defense), 즉 탄도탄 고고도 요격체계를 배치하자, 한국에 경제보복을 단행했다. 중국 외교부는 "소국(小國)이 대국(大國)에 대항해서 되겠느냐, 너희 정부가 사드 배치를 하면 단교 수준으로 엄청난 고통을 주겠다."고 으름장을 놓기도 했다. 중국은 일본이 지배하고 있는 센카쿠 열도에 대한 도발을 지속하고, 오키나와를 지나 태평양으로 나가려는 야심을 노골적으로 드러내고 있다.

한국의 입장에서는 이런 중국의 압력을 극복하면서, 지속적이면서도 안정적인 경제 성장을 통해 국민들의 삶의 질을 높이고, 남북통일을 달성해야 하는 과제를 갖고 있다. 일본은 오랜 경제 침체에서 벗어나, 러시아, 중국의 위협을 극복하고 정치 경제의 안정을 유지하려는 과제를 갖고 있다. 러시아, 중국, 북한 공산주의 진영 3개국과 이웃한 한국과 일본은 미국과 함께 공산주의 확산을 막는 동시에, 안정적인 국제 질서 유지 및 경제의 지속적 발전을 위해 노력해야 하는 상황이다. 이런 상황에서 한국과 일본의 협력은 매우 필요하다.

　그럼에도 2019년 7월 일본 경제산업성이 한국에 반도체 및 디스플레이 관련 핵심 소재 수출을 제한하는 발표를 하면서, 한일 무역 분쟁이 일어났었다. 경제적으로 상호의존적인 두 국가는 무역 분쟁으로 인해 서로 피해만을 입었다. 외교 갈등을 경제 제제로 대응하는 일본의 시도로 인해, 두 나라 모두 손해를 입었다. 한국과 일본이 갈등하는 상황이 중국의 영향력 확대를 막으려는 미국의 입장에서는 달가운 것이 아니다. 미국은 한국과 일본을 한데 묶어 대중 방어를 위한 협력국가로 만들려고 하고 있다. 최근 한미일 협력이 강화되고 있는 것은 미국의 세계전략과, 그 속에서 이득을 챙기려는 일본과 한국의 이해관계가 일치하기 때문이다. 한국의 산업구조는 일본을 필요로 하고, 일본 역시 한국을 필요로 한다. 양국 협력의 필요성이 높아지고 있는 시점이다.

미국과 중국의 대립구도가 점점 심화되는 국제정세에서, 한미일 3국의 협력이 중요해지고 있다.

2) 한일 양국의 협력은 서로에 대한 이해와 존중부터

한국과 일본은 혈연적으로 가장 가까운 이웃 나라이며, 많은 역사를 공유한 나라다. 하지만 국경을 접한 대부분의 나라들이 그렇듯이 서로에게 안 좋은 기억들도 많다.

한국은 고대에는 일본에게 문화를 전수해준 스승의 나라였음에도, 근대 시기 일본에 의해 식민지로 전락당한 경험을 갖고 있다. 독일의 경우 제2차 세계대전에서 피해를 입은 국가들에게 진심어린 사과를 했다. 하지만 일본은 그러한 사과가 없이 전쟁을 일으킨 사람들을 공개적으로 칭송하고 그들을 신으로 모시며 제사까지 지내고 있다. 이런 일본의 태도가 한국인들은 불만이다. 또한 독도에 대해 일본이 끝없이 도발하는 모습 또한 한국인이 일본을 신뢰하지 않는 이유다. 일본은 한국인의 신뢰를 얻을 수 있도록 노력을 해야 하고, 한국도 마찬가지다.

일본에는 과거 한국은 식민지였기 때문에, 한국을 얕잡아 보는 시선이 있다. 그런데 한국이 최근 급성장을 통해 일본과 비슷한 생활수준에 올랐다고 일본을 대등하게 바라보는 것을 좋지 않게 생각해, 한국을 혐오하는 사람들도 많다. 일본이 경제적으로 침체되고, 한국이 발전하는 것에 대한 질투심을 노골적으로 드러내는 경우도 많다. 특히 반도체, 조선, 디스플레이, 문화산업 등 한국이 앞서가는 산업에 대해 일본이 견제하는 경우가 늘어나고 있다. 하지만 세계 경제는 이미 복잡한 분업체제로 접어들어, 한국의 반도체 수출이 늘수록, 반도체 부품을 생산하는 일본의 수출도 늘어나게 되어 있다. 서로 협력하여, 양국의 장점을 결합하는 것이 서로에게 도움이 될 수 있다.

한 국가의 운명에는 흥망성쇠의 변화가 있기 마련이다. 한때 흥했다고 하더라도, 망해갈 수가 있고, 쇠퇴했다가도 다시 부흥하는 경우가 있다. 1950년대에는 일본의 성장 잠재력이 한국보다 높았지만, 지금은 한국이 성장 잠재력이 일본보다 높은 시기다.

일본은 한국의 역동성을 배워야 할 시점이다. 대중들이 정치를 바꾸기도 하는 한국의 민주주의 문화는 일본도 배울 필요가 있다. 아랫사람이 과감하게 자기 의견을 내고, 개개인의 개성을 존중하는 문화를 일본도 만들어야 한다. 그렇지 않다면 일본은 창의성과 빠른 의사결정이 필요한 정보통신 산업에서 점차 뒤처질 수밖에 없다.

반대로 한국인은 일본인의 철저한 직업정신을 반드시 배워야 한다. 한 분야의 전문가를 인정해 주는 문화는 특히 배워야 한다. 각 분야의 전문가들이 더 많이 나와야 더 정교한 솜씨가 요구되는 명품 시장에서 살아남을 수 있다. 한국의 '빨리 빨리'는 자칫 '대충 대충'이 될 가능성을 항상 갖고 있다. 남이 보든 안 보든, 자신의 할 일에 최선을 다하는 문화는 분명 일본의 장점이고, 한국이 배워야 한다.

양국이 서로 협력하고, 서로의 장점과 단점을 배울 수 있다면, 두 나라는 보다 큰 발전을 할 수 있다. 두 나라가 서로 협력하고 서로에게 배우기 위해 먼저 할 일은 상대를 존중하고, 나와 다름을 인정하고 서로를 알려는 노력이다. 일본은 한국인의 높은 자존심을 이해해야 한다. 한국인의 오랜 신분 해방의 열망, 강한 삶의 의지를 이해할 필요가 있다. 한국이 일본의 식민지가 된 것은, 한국인이 못나서가 아니다. 한국에게는 여러 불행이 겹쳤을 뿐이고, 일본에게는 당시 여러 가지 행운이 닥쳤기 때문에 조선을 지배할 수 있었던 것이다. 19세기 인류는 인종론, 진화론 등 같은 인간을 차별하는 학문을 발전시키며, 제국주의, 식민주의를 정당화시켰다. 하지만 인류는 인종별로, 종족별로 우열을 가릴 수가 없다. 단지 지리적 조건, 시간적 여건, 운 등이 결부되어 서로 다른 역사상을 만들어 가는 것 뿐이다. 인류가 서로 존중해줄 때, 다른 이들로부터 배우고자 할 때, 인류는 더 크게 발전할 수가 있다.

서로에게 양보만을 구하지 말고, 서로에게 우열을 따지지도 말며, 서로를 존중하는 가운데 서로의 장점을 배울 수가 있는 것이다. 한국과 일본도 서로에 대한 불신을 털어버리고, 미래를 위해 함께 나아가야 한다. 그래서 나는 일본을 더 알고자 하고, 일본인들에게 한국을 더 알리고자 한다. 나는 친일파가 아닌, 지일파가 되고자 한다.

한국과 일본은 가장 가까운 이웃이며, 혈연적으로도 가장 가까운 사이다. 양국이 서로의 장점을 배우고 협력한다면, 두 나라는 보다 큰 발전을 할 수가 있다.

더 읽어두면 좋은 책

가토 요코 저, 윤형명 외 옮김,『그럼에도 일본은 전쟁을 선택했다』, 서해문집, 2018년

국사편찬위원회 편,『이방인이 본 우리』, 두산동아, 2009년

국중호,『흐름의 한국 축적의 일본』, 한국경제신문사, 2018년

김후련,『일본 신화와 천왕제 이데올로기』, 책세상, 2012년

로널드 토비 저, 허은주 옮김,『일본 근세의 '쇄국'이라는 외교』, 창해, 2013년

박종인 저,『대한민국 징비록』, 와이즈맵, 2019년

성희엽 저,『조용한 혁명:메이지 유신과 일본의 건국』, 소명출판, 2016년

새뮤얼 헌팅턴 외 저, 이종인 옮김,『문화가 중요하다』, 김영사, 2001년

신상목 저,『학교에서 가르쳐주지 않는 일본사』, 뿌리와 이파리, 2017년

요시노 마코토 저, 한철호 옮김,『동아시아 속의 한일 2천년사』, 책과 함께, 2005년

우메사오 다다오 편저, 최경국 옮김,『일본 문명의 77가지 열쇠』, 창해, 2007년

이계황 저,『일본 근세사』, 혜안, 2015년

일본사학회 저,『아틀라스 일본사』, 사계절, 2011년

정재정 저,『주제와 쟁점으로 읽는 20세기 한일관계사』, 역사비평사, 2014년

제러드 다이아몬드 저, 김진준 옮김,『총, 균, 쇠』, 문학사상, 2005년

조경달 저, 최덕수 옮김,『근대조선과 일본』, 열림책들, 2015년

홍하상 저,『일본의 상도』, 창해, 2009년